돌봄이 돌보는
세계

취약함을 가능성으로,
공존을 향한 새로운 질서

돌봄이 돌보는
세계

조한진희
×
다른몸들
기획

동아시아

채효정
조한진희
정희진
전근배
오승은
염윤선
안숙영
백영경
박목우
김현미
김창엽

돌봄은 진실을 묻는다

조한진희

"이 옷의 비밀이 뭔지 알아? 우리를 투명 인간으로 만들어 준다는 거야."

청소 유니폼을 입은 이들이 복도 바닥에 붙어 일을 하고 있고, 넥타이를 맨 말끔한 차림의 사람들이 그들을 걸림돌 피하듯 비껴간다. 켄 로치Ken Loach 감독의 영화 〈빵과 장미〉에 등장하는 이 장면과 대사는 청소노동뿐 아니라, 존중받지 못하고 투명하게 지워지는 다양한 돌봄노동을 상징적으로 보여준다.

그런데 코로나19 바이러스가 창궐하자, 한없이 투명했던 돌봄노동이 사회적으로 가시화되기 시작했다. 코로나19 팬데믹을 계기로 존재했지만 잘 보이지 않던 수많은 문제가 수면 위로 떠올랐고, 그중 다행히 돌봄이 있었다. 재난은 돌봄이 얼마나 절박하고 중요한 필수노동인지 깨닫게 만들었다. 그리고 팬데믹 3년을 겪고 있는 2022년 지금, 돌봄이 뜨거운 관심을 받고 있다. 지난 수십 년 아니, 불과 5년 전과 비교하더라도 한국사회에서 돌봄이 이토록 뜨거운 관심을 받는 건 다소 놀랍다. 돌봄은 위기가 아닌 적이 없었고 돌봄문제가 꾸준히 논의되기는 했지만, 언제나 주변화되어 있었다. 그러나 요즘은 진보와 보수, 시민사회와 정부, 여야 할 것 없이 모두 돌봄을 적극적으로 말하고 있다. 이를 반영하듯 2022년 대선과 지방선거에서는 돌봄 국가책임제, 돌봄청, 돌봄 혁명, 손주 돌봄 수당 등을 비롯해서 돌봄에 대한 구호와 정책이 어느 때보다 많이 쏟아져 나왔다.

그러나 코로나19가 시작된 2020년 초만 해도 돌봄에 대한 사회적 관심이 그다지 크지 않았다. 어린이집과 학교가 문을 닫고, 노인과 장애인 주간보호소가 폐쇄되고, 재택근무로 인해 집 안에서의 돌봄이 폭발적으로 증가했을 때, 주로 돌봄 위기에 놓인 어린이들의 현실이 간헐적으로 기사화되기 시작했다. 제도화됐던 돌봄이 집으로 몰려들면서 돌봄 과로로 인한 비명이 흘러나왔고 돌봄 노동자들의 열악한 현실에 대한 문제도 제기됐으나, 그다지 주목받지 못했다.

'마스크 대란'이 한창이던 때, 고용노동부는 취약계층 노동자를 위한 마스크 긴급 지원 대상에 배달 기사, 영세 제조

업체 노동자, 선박 근무 선원 등을 포함시키면서 요양보호사와 간병인 등 돌봄 노동자는 계속 배제했다. 재난 상황에서 무엇보다 중요한 돌봄이 제대로 인식되지 못하고, 돌봄 노동자들의 희생을 에어백 삼아 유지되는 사회가 분노스러웠다. 그런 배제가 자연스럽게 이루어진 것은, 돌봄은 취약한 사람에게나 필요한 보조적 노동이자 중요하지 않은 영역이라는 의식이 전제되어 있었기 때문일 것이다. 개인적으로 코로나19가 시작된 직후, 코로나19를 주제로 책이나 잡지의 원고를 청탁받거나 사회적 발언을 요청받으면 항상 돌봄을 주제로 삼았다. 돌봄이 방역이며, 성별화된 비민주적 돌봄노동이 재난을 심화시킬 수 있고, 코로나19 정책에 대한 성별영향평가가 필요하다고 강조했다.¹ 그때마다 이토록 '위급한' 시기에 '겨우' 돌봄 같은 지엽적 내용을 다룬다는 비판을 마주해야 했다. 창백하고 초췌한 우리 사회의 돌봄 현실을 보는 듯했다.

이후 한국여성민우회에서 2020년 2월부터 8월까지 16개 주요 언론사의 기사에 '코로나'와 '돌봄'이 얼마나 많이 등장했는지 분석했는데, 그 자료를 보면 흐름을 알 수 있다. 코로나 단일 단어 언급 기사는 7만 8,667건이었고, 그중 돌봄을 언급한 기사는 1,253건으로 1.59%에 불과했으며, 이 중 돌봄위기를 심층 분석 대상으로 삼은 기사는 1.05%에 불과했다. 반면 경기회복, 고용 유지, 소득 보전 같은 경제적 측면에 초점을 맞

여는 글

춘 기사는 상당했다. 이에 대해 한국여성민우회는 코로나19로 인해 여성 및 가족에게 돌봄 책임이 전가되는 현상이 다시 드러났음에도, '누군가를 돌봐야 하고 돌봄을 받아야 하는 다수의 삶에 큰 위협이 되는 현실'의 심각성에 비해 너무 적은 보도량이었다고 지적한다. 이는 언론이 누구의 어떤 위기에 주목하고 있는가에 대한 문제의식을 던진다.[2]

다행히 이후 많은 이들의 노력으로 돌봄문제의 심각성에 대한 논의가 사회적으로 좀 더 확장되기 시작했고, 무척 반가웠다. 그런데 주로 돌봄 노동자의 처우, 돌봄노동의 성불평등, 돌봄의 공공성 강화가 분절적으로 등장했다. 그리고 거기에서 담론이 더 확장되지 못하는 듯했다. 재난은 일상적으로 존재하던 문제를 확장 혹은 가시화하는 계기로 작용하고, 그 문제를 사회적으로 '해결'해 나가는 기회가 될 수 있다는 점에서 이런 현실이 아쉽고 답답했다. 물론 제기된 주제들은 모두 시급히 해결되어야 할 문제이다. 그러나 돌봄에 대해 좀 더 입체적 논의를 하지 않고는, 우리가 직면한 돌봄문제를 제대로 풀기 어렵다. 돌봄의 다층적 현실을 읽어내지 못한다면, 한국뿐 아니라 전 지구적인 돌봄위기 사태를 제대로 파악하고 대안을 모색하기 어렵다.

가령 세계 인구의 절반이 대체출산율(현재 인구가 유지되는 출산율) 이하의 국가에 살고 있다. 아시아 여성이 남성보다 적어도 2배 이상의 무급노동을 하는 현실[3]과 한국을 포함한 동아시아에서 출생률이 급감하는 것은 우연이 아닐 것이다. 저출생은 신자유주의가 내재한 재생산위기 현실에 적응한 결과일 수 있고, 기대수명은 증가하고 출생률은 낮아지면서 인구 구성 자체가 매우 달라지고 있다. 세계적으로 돌봄 수요가 가파르게 증대하는 것이다. 그럼에도 한국에서 돌봄 공백을 해소하기 위해 국제 이주를 통해 돌봄 노동자를 더 많이 확보하는 게 돌봄문제의 대안인양 제시하는 것은 바람직하지도 않을 뿐더러 점점 더 가능하지도 않다는 의미이다.[4]

이에 질병과 인권을 중요한 이슈로 다루고 있는 사회운동 단체 '다른몸들'*에서는 돌봄문제에 대한 분절적 논의를 연결하고 돌봄을 교차적·다학제적으로 바라보고 논의하는 게 시급하다고 생각했다. 물꼬라도 트고 싶은 마음에 2020년 여름 대중강좌 기획을 시작했고, 2021년 3월부터 세 달에 걸쳐 강좌를 진행했다. 그동안 인간의 의존성을 보편으로 간주하는 돌봄에 대한 관점은 사회변혁의 씨앗을 품고 있다고 생각해

---

* '다른몸들'에서는 질병권(잘 아플 권리)을 말한다. 누구의 도움도 필요 없는 독립이 허구이듯, 건강하고 장애가 없는 몸을 시민으로 전제하는 것은 부적절하다고 주장해 왔다. 우리 사회 표준의 몸, 기본의 몸을 '아픈 몸'으로 설정하여 질병, 장애, 노년 등의 조건을 특수화하고 취약계층화하지 않는 것이 필요하고, 아픈 몸과 안 아픈 몸을 분절적으로 나누지 않음으로써 돌봄과 의존의 이분법적 주체로 구분하지 않아야 한다고 강조했다. 해당 강좌와 이 책도 질병권 운동의 일환으로 기획되었다.

왔는데, 강좌를 진행하면서 다양한 토론을 통해 이를 더 확신하게 되었다. 막연히 '돌봄위기'가 아니라 '돌봄 부정의'라고 말할 때, 현실을 좀 더 명징히 설명할 수 있다는 것도 확인했다.

'돌봄의 사회화'가 해결하지 못한 과제

현재 인류는 돌봄 균형이 깨진 세계에 살고 있다. 인간은 햇살, 공기, 물 그리고 다양한 식물과 동물에 의존해서 살아왔다. 자연은 인간을 돌보고 있었건만, 자연의 일부인 인간은 상호 돌봄을 하지 못하고 자연 위에 군림하며 착취하기 시작했다. 그 결과 지구의 재앙은 가속화되었고, 인수공통감염병의 증가 및 짧아지는 주기의 팬데믹을 경험하고 있다. 재난대응에 돌봄은 필수이지만, 돌봄 자체가 재난적인 위기에 처해 있다는 오래된 지적은 코로나19 이후에야 비로소 사회적으로 제대로 들리기 시작한 것으로 보인다.

물이나 산소처럼 돌봄 역시 인간에게 필수적인 요소임에도 이토록 저평가된 배경에는 생산노동과 재생산노동을 분리하고 재생산노동을 여성에게 떠넘겨 온 역사의 흐름이 있었다. 근대적 인간관과 독립성의 강조에서 인간의 의존은 벗어나거나 극복해야 할 숙제로 여겨졌다. 성장 및 개발중심사회

돌봄은 진실을 묻는다

는 무한히 노동할 수 있는 몸을 추앙하면서, 적극적으로 의존하는 몸을 쓸모없는 몸으로 규정해 왔다. 돌봄노동을 저임금으로 유지하기 위해서는 저평가가 필수적이다. 전 지구적으로 확대되고 있는 돌봄위기는 기존의 세계관으로는 더 이상 인류의 지속이 가능하지 않음을 확인시켜 주고 있다. 인간과 자연 간의 돌봄 부정의를 해소해 나가기 위해서는 인간 세계에 돌봄 정의를 세우는 과정이 전제되어야 한다.

　　역사적으로 돌봄을 둘러싼 현실을 여러 맥락에서 진전시킨 것은 페미니스트들의 힘이었다. 집 안에 갇혀 숨막혀하는 돌봄을 사회화하는 것이 성 평등의 중요한 과제라고 보았기 때문이다. 이들은 돌봄을 '노동'으로 명명하고, 돌봄노동을 개인 간의 사랑과 헌신의 문제가 아닌 '사회적 문제'로 만들었다. 즉, 누군가를 보살피고 돌보는 일은 여성의 생물학적 본능이나 필연적 노동이 아님을 선언하며, 돌봄노동을 자연화하고 탈가치화해 왔던 역사에 저항했다. 1972년 '가사노동에 대한 임금 캠페인'을 펼친 페미니스트 학자 실비아 페데리치Silvia Federici는 "그들은 그것이 사랑이라고 말하지만, 우리는 부불노동unpaid work(돈을 지불하지 않는 노동)이라고 말한다"라며 목소리를 높였다. 가족이라는 사적 영역도 공적 영역처럼 권력, 위계, 경제가 개입하는 공간임을 밝혀내며, 돌봄을 정치의 장으로 불러냈다. 어머니, 아내, 딸, 며느리로서 돌봄을 수행하는 것을 당연한 의무이자 역할로 규정하는 것에 대한 대항적 문제의식이 싹트면서, 돌봄의 사회화 논의가 적극적으로 진행될 수 있었다.

물론 돌봄노동의 사회화는 그간 페미니스트뿐 아니라 많은 시민의 요구였다. 그리고 정부나 자본 입장에서도 여성의 임금노동시장 유입을 위해 일정 정도 돌봄을 사회화시키는 게 필요했다. 한국에서 돌봄의 사회화는 IMF외환위기 이후 2000년대에 들어 일자리 창출 사업의 일환으로 본격화되었다. 이 과정에서 돌봄노동의 의미나 성별화된 현실에 대한 대안적 모색, 돌봄중심사회에 대한 논의들은 뒤로한 채 돌봄의 사회화가 시장화 형태로 진행됐다.

그리고 그 결과, 돌봄은 빈곤층 여성에게 저임금으로 외주화되었다. 돌봄노동은 여성과 남성 간에 민주적으로 재분배되지 않고, 저소득 여성과 고소득 여성 간에 재분배되는 현실을 낳았다. 결과적으로 젠더 질서와 계층구조를 유지하고 공고히하는 데 기여하고 있는 것으로 보인다. 이는 오랫동안 페미니스트를 비롯한 수많은 이들이 돌봄노동의 가치 재평가와 불평등문제를 지속적으로 제기하면서, 돌봄노동을 시장화(상품화) 방식으로 사회화한다면 새로운 불평등을 심화시킬 것이라고 우려했던 목소리에 귀 기울이지 않은 결과이기도 하다.

그리고 우리는 이제 돌봄을 혐오하는 사회에 살게 된 것

같다. 물론 어느 때보다 많은 이들이 돌봄의 보편성이나 필수
노동으로서의 의미를 강조한다. 하지만 동시에 나이 든 부모,
어린 자녀, 질병이나 장애가 있는 이들을 돌보는 노동으로부
터 탈주하고 싶은 욕망을 점점 더 품게 된 것 같다. 그러니까
나는 하기 싫고, 누군가 저비용으로 알아서 해주었으면 하는
일, 그것이 돌봄이 처해 있는 정직한 현실 아닐까? 하지만 인
간은 돌보는 행위를 통해 자신이 확장되고 타인에 대한 연민
과 연대감이 깊어지는 경험을 하기도 한다. 돌봄의 기쁨이 복
원되는 사회가 돌봄이 살아 있는 사회일 것이다. 따라서 돌봄
노동의 의미와 가치를 재평가해야 한다는 주장은 이제 적극적
으로 수용되어야 한다. 이는 우리 사회가 그동안 무엇에 어떤
가치를 부여해 왔는지, 그 가치체계를 묻는 근원적 질문이기
도 하다.

열 가지 키워드로 '돌봄'을 그리다

　　이 책을 기획하면서 돌봄문제의 다층위성을 복원하고
유기적으로 돌봄을 살펴볼 수 있도록 노력을 기울였다. 사회
의 구조적 문제를 고스란히 품은 돌봄의 현주소는 이 사회의
'진실'을 묻기 때문이다. 돌봄문제에는 질병, 장애, 의료, 젠더,

노동, 교육, 계급, 인종, 자본, 국가, 성장중심주의 등 다양한 현실이 얽혀 있다. 우리는 돌봄문제에 대한 분절적 논의를 연결해 보기 위해 다양한 키워드를 가지고 돋보기로 비추듯 현실을 살펴보고자 했다. 그리고 활동가나 전문가뿐 아니라 적극적 돌봄이 필요한 이들의 목소리도 전면에 배치했다. 돌봄 담론에 질병이나 장애 등으로 돌봄받는 이들의 경험이 더 많이 축적되어야 하고, 동시에 이들이 돌봄문제에 진취적으로 개입하는 주체가 되어야 한다는 고민에서였다.

이 책에서 말하는 돌봄은 '사회 서비스'의 개념을 넘어선다. 집 안에서 '고통'스럽게 이루어지고 있는 돌봄을 사회가 '처리'해 주는 대안 모색이 핵심도 아니다. 돌봄이 우리 사회에서 취급되어 온 방식과 경로를 검토하면서, 돌봄노동을 투명하게 만들며 유지되어 온 지금의 사회를 비판하고, 생명을 유지시키고 연결하는 돌봄이 내재하고 있는 변화의 잠재력을 탐색한다. 그리고 우리는 묻고 싶었다. 돌봄이 다른 질서를 상상하고 사회적 전환을 이끌어 내는 장이 될 수 있지 않을까?

코로나19는 병원균을 박멸함으로써 감염성 질병을 퇴치할 수 있다는 믿음이 결코 현실화될 수 없음을 깨닫게 했다. 항생물질에 대한 내성을 획득한 감염성 질병이 진화하는 속도는 새로운 항생물질을 개발하는 속도를 압도하고 있다. 우리는 돌봄위기뿐 아니라, 기후위기와 체제 전환이라는 숙제 앞

돌봄은 진실을 묻는다

에 놓였다. 돌봄이 품고 있는 대안적 사회의 상상력과, 기존 사회질서와 규범에 도전하는 위협적인 잠재력을 발견하는 데 이 책이 작은 도움이 되길 바란다.

이 책에서 돌봄 노동자의 삶에 대해서 더 다루지 못한 게 아쉬움으로 남는다. 개인적으로 2019년부터 돌봄 노동자들과 생애사 쓰기 작업을 하고 있는데, 이 책과 책의 토대가 된 강좌 기획에 그분들과의 경험이 큰 영향을 미쳤다. 대부분 60~70대 요양보호사인 참여자들이 쓴 글 속에는 1970년대 '공순이'에서 2000년대 돌봄 노동자로 살기까지의 과정이 담겨 있다. 이들의 삶을 통해 국가와 사회가 여성노동을 어떻게 활용해 왔는지 고스란히 느낄 수 있었고, 상품이 된 돌봄노동에 침윤된 계급과 젠더 불평등을 촘촘히 이해할 수 있었다. 생애사 쓰기 수업은 여성 및 노동자의 관점으로 삶을 돌아보는 것에 초점을 두고 진행했는데, '팔자'나 '운명'이 아닌 '자본'과 '가부장제' 등으로 삶을 재해석하며 수없이 흥분하고 울컥했다. 돌봄 노동자 글쓰기 모임 '글수레' 분들이 나눠준 뜨거운 시간이 쌓여, 이 책의 구성에 큰 도움이 되었음을 밝혀두고 싶다.

이 책은 2021년 3월 다른몸들에서 주최한 연속 강좌 〈교차하는 현실 속 잘 아플 수 있는 사회를 위한 돌봄〉 내용을 기반으로 구성되었다. 강좌 홍보를 시작한 지 얼마 안 돼서 200여명이 수강을 신청했고, 자신을 활동가, 연구자, 전업주부, 돌봄 노동자, 교사, 예술가 등으로 소개했던 이들과 함께 뜨거운 시간을 보냈다. 강좌가 진행되면서 수강생들로부터 본인이 들은 내용을 주변과 나누고 싶다며, 언론 연재나 책으로 출판해 달라는 요청이 이어졌다. 강좌가 끝난 뒤 《한겨레21》에 〈돌봄을 돌보다〉라는 제목으로 연재를 진행했다. 해당 연재를 기획하고 진행해 준 박다해 기자님에게 감사를 전한다. 또한 이 책의 토대가 된 강좌는 '아름다운재단' 지원 사업 덕분에 무사히 진행할 수 있었다. 송혜진 간사님에게도 감사를 전한다. 마지막으로 해당 강좌의 수강생이었던 동아시아 출판사 조연주 편집자님이 적극적으로 출간 제안을 하고, 여러 필자의 원고를 애정을 넘치게 살펴준 덕분에 책이 세상에 나올 수 있었다. 감사를 전한다.

무엇보다 이 책은 강좌를 수강하고 적극적으로 토론해 준 시민들이 함께 완성한 책이다. 각별한 감사를 전한다. 한 권의 책이 인쇄소를 빠져나와 마침내 생명력을 부여받는 순간은 오로지 독자를 통해서이다. 전 지구적 돌봄위기 앞에 저자들과 어깨를 나란히 하고 있는 동료 시민들이, 돌봄 담론에 새로운 숨결을 넣어주길 바란다. 우리 모두가 각자 일상에서 돌봄에 대한 새로운 질문과 토론의 장을 열어주길 기대한다.

질병

나의 장애는 몇 점인가요?

: 제도 안의 돌봄 공백과 폭력

염윤선

(선천성 심장질환자, 간헐적 노동자)

부모님은 영구 3급이라도 되었으니 이것으로
감사하자고 한다. 실제로 나 또한 어떤 면에서는
감사함을 느끼기도 한다. 그러나 언제나 장애등급 판정이
스스로를 모욕하고 나의 마음과 영혼에 깊은 상처를 내어
이루어진 것임을 잊지 않고(못하고) 살아가고 있다.

나는 2개의 심실이 아닌 단심실로 태어났다. 흔히 이 질환을 '폰탄'이라고 부른다. 1970년대, 처음으로 나와 같은 기형 심장을 수술하는 데 성공한 폰탄Fontan 박사의 이름이다. 그 말인즉, 이전에는 나와 같은 유형의 기형 심장을 갖고 태어난 아기들은 살 수 없었다는 뜻이다. 같은 병명의 환자 자조모임을 찾는 글을 인터넷에 올렸을 때, 내가 신세를 한탄하고 의사들을 원망하는 것이라고 여긴 한 심장전문의는 나에게 "폰탄은 신의 영역에 도전한 것에 비견될 만하다"라고 말하기도 했다. 자조모임이나 환우회가 의사들에게 썩 환영받지 못한다는 것은 알았지만, 다시금 병을 바라보는 의사와 환자의 시선 차이를 느낄 수 있었다. 기존 폰탄 환자의 기대 수명은 35~40세이며, 나는 2022년 현재 이 나이대에 속한다.

이 글을 통해 제도적 돌봄의 부실함과 그에 따라 환자와 환자 가족이 겪는 고통에 대해 말하고자 한다. 1987년생인 나는 한국에서 폰탄 1.5세대에 속한다. 나의 탄생은 집안에 큰 재앙을 가져다주었고, 오로지 가족만이 그 재앙을 짊어져야 했다. 병원에서는 내가 한 달 내에 죽을 확률이 높다고 했고, 집안에서는 나를 절 앞에 놔두고 오자는 말이 오갔다. 결국 부모님은 물어물어 아이를 조용히 처리해 준다는 곳에 갓난아기인 나를 데려갔지만, 친할아버지가 이미 출생신고를 한 덕분에 살 수 있었다. 그럼에도 도저히 나를 키울 형편이 안 되었던 부모님은 친권을 포기하고 미국에 입양을 보내려 했다. 그러나 미국에서 돌아온 대답은 "이곳에 와도 살릴 수 없으니 입양이 불가하다"라는 말이었다. 결국 나는 한국에서 수술을 받았고, 낮은 확률에도 살아남았으며, 지금까지도 살아 있다.

이러한 이야기를 하면 사람들은 나를 '기적'이라고 부른다. 그러나 '기적'은 일회성 이벤트이다. 나에게 기적이라고 말해주었던 사람들 중 과연 얼마나 많은 수가 내가 생을 '지속'하며 살아가야 할, 같은 인간임을 고려했을까? 나는 알지 못한다. 내가 확실히 아는 것은 우리 사회는 내 삶의 질을 중요하게 여기지 않는다는 것이다.

심장장애는 2000년에 처음 '장애'로 인정되었다. 하지만

엄운선

네 살 때 받은 수술이 전부였던 나는 심각한 심장 기형을 안고 있음에도 불구하고 '장애인'으로 인정되지 않았다. 내 부모님은 아픈 자식을 둔 죄로 학년이 올라갈 때마다 담임 선생님을 찾아가 머리 숙이고 촌지를 건네며 없는 살림에 내가 제도권 교육을 이탈하지 않도록 노력했다. 그리고 이 역시 그저 불운한 가정사로 남았을 뿐이다. 가장 친했던 친구에게 나도 등록 장애인이 될 수 있다는 말을 했을 때, 친구는 내 손을 잡고 울어주었다. 장애인이 된다는 것, 제도 내 돌봄 시스템에 등록된다는 것은 비장애인인 사람들에게는 충분히 '애도'할 만한 무엇이었다.

성인 선천성 심장병 환우모임에 나갔을 때, 구성원의 대부분은 심장병인 어린 아기를 둔 엄마들이었다. 그분들은 정작 몇 없는 성인 선천성 심장병 당사자인 우리를 보며, 어린 나이에 죽지 않고 성인으로 자라난 당신 아기의 모습을 그려보려 했다. 그 모임에서는 어린이 환자들과 성인 환자들의 '만남의 밤'을 열기도 했는데, 연사로 나온 성인 환자는 역경에도 불구하고 자신의 분야에서 눈부신 업적을 이룬 사람이었다. 또 그곳에서 주최한 대표적인 캠페인으로 '심장병 아이들도 체육활동에 참여할 수 있어요'라는 행사가 있었다. 당시 그 자리에 함께했던 성인 선천성 심장병 환자들 중에는 심장장애인 등록을 하지 않은 사람이 많았는데, 그 때문인지 나는 지지와 동질

나의 장애는 몇 점인가요?

감보다는 수치심과 이질감을 느꼈다. 나름대로 죽지 않기 위해 열심히 살아왔는데, 내 노력은 너무나 하찮고, 사회적으로 의미 있는 것이 아니고, 마치 무임승차를 하려는 것처럼 느껴졌다.

사실 나이가 어릴 때, 특히 미성년일 때는 장애인 등록의 중요성을 비교적 잘 알지 못한다. 겉으로 드러나지 않는 내부장애인일수록 장애인 등록을 꺼리는 경우도 있다. 하지만 장애인 등록이 정말 필요한 시점은 성인 이후이다. 장애가 있는 몸은 비장애인의 몸과 확실히 다르며, 비장애인에게 맞춰진 국가의 '생애 설계 예측'과 다른 시간을 산다. 그래서 제도 내 장애인이 되어야 장애인 생활보호체계 내에 속할 수 있다. 아직 부족하고 많은 개선이 필요한 복지이지만, 나 또한 제도 내 '장애인'이 아니었다면 학교를 졸업하지 못했을 것이다. 비장애인에게 허락된 휴학 횟수와 장애인에게 배정된 휴학 횟수가 다르기 때문이다. 학교를 졸업하고 취업 전선에 뛰어들면 더 절실히 느끼게 된다. 물론 '장애 극복 서사'를 써 내려가는 장애인들도 있지만, 절대다수의 장애인은 장애의무고용제도에 벌이를 의존해야 한다.

제도 밖 장애인의 경우 비장애인만큼의 업무 수행 능력을 요구받기 때문에, 건강이 심하게 악화되어 세상을 빨리 떠나거나 그 전에 생을 스스로 마감하는 일도 빈번하다. 심장장애인인 나는 상태가 안 좋을 때는 혼자서 머리를 말리지 못한다. 반복된 움직임은 심장 빈맥을 일으킬 수 있기 때문이다. 청소는 상태가 정말 좋을 때만 가능하다. 장애 돌봄 서비스를 이용하고 있으며, 방 청소는 도우미 선생님에게 의존하고 있다. 이렇듯 인간이라면 기본적으로 할 줄 알아야 한다고 여겨지는 일들도 손상된 몸을 가진 사람들에게는 너무나 큰 도전이다. 그것을 해내지 못하는 스스로를 부끄럽게 여기지 않고 자신의 생을 존엄하게 여길 수 있는 유일한 방법이 현재 한국사회에서는 제도 내 장애인으로의 편입이다.

제도 내 심장장애인

2008년에 폰탄 재수술을 받았고, 혼수상태 11일, 혼수상태 중 재수술, 중환자실 두 달, 일반병동 한 달 입원을 거쳐 자력으로 일어나지 못하는 상태가 되었지만, 재활 치료만 받으면 된다는 소견하에 퇴원 승인을 받았다. 그리고 2009년에 3급 심장장애인으로 등록되었다. 보통 1급에서 3급 장애를 중증장애라 하고, 4급에서 6급을 경증장애라고 한다. 지금은 기존 1~3급을 "장애의 정도가 심한 장애인"이라 부르고, 기존 4~6급을 "장애의 정도가 심하지 않은 장애인"이라고 부른다.

나의 장애는 몇 점인가요?

심장장애는 중증장애로, 6급이 아닌 3급부터 판정을 내린다.

2014년에는 재심사 대상이 되었다. 장애 재심사 주기는 정권마다 바뀌는데, 이명박 정권 시절인 2009년에는 그 주기가 5년이었다. 박근혜 정부에 들어서면서 2년으로 단축되었다. 2006년 학교에 입학한 나는 수술 후 예후가 좋지 않아 재수술을 받고 2009년에 복학했지만, 그때까지 졸업을 하지 못하고 있었다. 결국 학업을 위해서 학교 옆으로 이사를 가야 했고, 교내 장애학생지원센터의 수강신청 우선 지원과 도우미 지원 등 여러 도움 덕분에 그나마 학교생활을 이어갈 수 있었다. 재심사 서류를 내기 위해 병원에서 각종 검사결과지를 떼었다. 당시 주치의에게 재심사 통과는 충분히 가능하다고 들었기에 나는 아무 걱정도 하지 않았다.

하지만 충격적이게도 등급 외 판정을 받았다. 나는 더이상 '장애인'이 아니게 되었다. 이는 내가 더 이상 교내 장애학생지원센터에서 여러 지원을 받을 수 없다는 것을 의미했고, 결국 학교 졸업이 좌절될 수밖에 없음을 예견하는 것이었다. 나는 즉각 이의신청서를 썼다. 오프라인 대학에 다니고는 있지만 교내 장애학생지원센터의 우선 수강신청 지원 없이는 유동적으로 시간을 관리할 수 없어 학교에 다닐 수 없고, 그나마도 잦은 부정맥 발생으로 인해 중도 휴학을 하는 경우가 많아 계절학기 또한 계속 등록해야 한다는 사실을 추가로 적었

엄윤선

다. 또한, 학교 바로 옆으로 이사를 했음에도 육교를 건너는 것조차 심장에 부담이 갈 정도로 몸 상태가 좋지 않아져서 최소 비용으로 택시를 타고 학교에 가고 있다고 썼고, 그 증거로 학교에서 떼어준 서류와 부정맥으로 인해 응급실에 내원한 기록들을 첨부했다. 나를 10년 넘게 봐온 주치의 선생님 또한 부정맥이 많이 왔던 날의 검사결과지를 하나하나 직접 첨부하고, 소견서에 재차 부정맥 횟수와 발생 날짜, 그 심각성을 다시 풀어 적어주며 내가 심장장애 2급에 해당한다는 소견서를 써주셨다.

　　나는 A4 3장을 꽉 채워 적은 이의신청서와 주치의 선생님의 상세한 소견서를 다시 제출하면 받아들여질 것이라 생각했다. 그러나 이의신청은 기각되었다. 점수가 모자랐기 때문이다. 나에게 모자란 것은 단 '2점'이었다. 장애등급 3급 심장장애 판정을 받기 위해서는 20점 이상의 점수를 받아야 했는데, 나는 두 번 연속 18점을 받았다. 심장 기형과 산소포화도 부족 등의 기준에 있어서는 점수가 깎이지 않고 모두 다 인정되었다. 내가 충족하지 못한 것은 '입원 횟수'였다. 매번 생사를 걸고 수없이 응급실을 찾았지만, 늘 당일 퇴원을 하였기에 부정맥이 아무리 많이 왔어도 단 1건도 입원 횟수로 인정되지 않았다. 지난 2009년에 심장장애인으로 인정받을 수 있었던 것은 순전히 3개월에 달하는 입원 기록 덕분이었음을 그제야 깨달았다.

환자를 담지 못하는 기준

국가법령정보센터에 따르면 9개월 동안 세 번 이상 병동 입원을 하고, 입원 기간 내에 심장의 상태가 심각하였다고 인정되어야 만점인 3점을 받을 수 있다. 이는 심장병에 대한 기본적인 사항을 이해하지 못하고 세운 기준이다. 심장병 환자들은 부정맥으로 당장 죽을 위기에 처해도 응급실에서 응급 처치를 받고 당일 퇴원을 하는 경우가 많다. 처치 후에도 심장 상태가 계속 불안정하여 24시간 관찰을 하더라도 응급실에서 행해지는 경우가 많고, 가까운 시일 내에 외래를 잡아준다. 일반 병동에 입원을 하는 경우는 그 이상으로 상태가 심각하고 관찰이 필요할 때인데, 이런 일은 매우 드물다.

심장병 환자들은 다른 응급환자에 비해 처치가 시급한 경우로 분류되기 때문에 응급실에서 모든 검사를 신속하게 진행한다. 심장 관련 검사는 24시간 이상 병동에 입원하여 행하는 경우가 거의 없다. 대부분 입원하지 않고도 검사가 가능하며, 오히려 일상에서 심장이 어떻게 활동하는지를 측정하기 위해 심전도를 부착하고 24시간 후에 다시 병원에 방문하

엄운선

는 '홀터holter 검사'를 받기도 한다. 즉, 입원을 하는 건 수술과 같은 외과적인 치료를 받아야 하는 경우뿐이다.

응급실 입원은 입원 기록으로 인정되지 않기 때문에 24시간 넘게 응급실에 있어도 장애 판정에서 점수를 받을 수 없다. 정말로 9개월 내에 세 번 이상 순수 심장 이상으로 병동 입원을 해야 할 정도라면, 그 사람은 아마 생이 얼마 남지 않았을 만큼 상태가 좋지 않을 확률이 높다. 그런 경우는 심장병으로 인한 각종 합병증을 겪게 되는 최후의 시점으로, 배에 복수가 차서 달에 한 번씩 입원하여 복수를 빼야만 한다. 인터넷에서 10분 이상 걸을 수도 없는데 등급 외 판정을 받았다는 글들을 쉽게 찾을 수 있었고, 이 입원 횟수가 심장장애인의 현실을 담아내지 못한 기준이라는 언론 기사 또한 찾을 수 있었다.

나는 내가 무엇을 하면 되는지 그제야 깨달았다. 부정맥이 와서 응급실에 간 다음 전기충격기로 맥을 정상 상태로 되돌린 후에, 그래도 병동 입원을 하겠다고 주장하여 2~3일간 입원하고, 다시 그 과정을 9개월 내에 두 번 더 반복하여 3회의 입원 횟수를 채워야 한다. 앞서 말했듯, 당시 내 몸 상태는 계단을 오르기만 해도 부정맥이 발생할 정도였다. 나는 부정맥을 겪을 수 있는 방법을 잘 알고 있었고, 그건 내게 너무 쉬운 일이었다. 그저 달리면 된다. 밖에서 몇 시간씩 뛸 필요도 없다. 집 안에서, 거실에서 약 1분에서 3분 정도 빠른 속도로 왕

복 달리기를 하면 페이스메이커pace-maker*가 삽입되어 있음에
도 내 맥박은 분당 180회를 넘겼고, 이렇게 한번 맥이 빨라지
면 응급실에 가서 전기충격기로 심장을 지지지 않는 한 정상
적인 맥으로 돌아오지 않았다. 누구나 운동을 하면 맥이 분당
180회를 넘게 된다. 그리고 충분히 휴식하면 자연스럽게 정상
으로 돌아온다. 하지만 나는 그렇지 못하기 때문에 심장병 환
자이고, 그것은 날 때부터 타고난 나의 기형적인 심장 구조 때
문이다. 너무나 당연한 이 사실을, 정부에서 인정하는 심장장
애인 되기 위하여 그들이 만들어 놓은 방식으로 기록을 남겨
야만 했다.

　　나는 2014년 초에 다시 심장장애인이 될 수 있었지만,
그것이 끝이 아니었다. 법이 바뀌어 재심사 기간이 더욱 단축
된 탓에, 2016년에 또다시 일부러 부정맥을 일으켜 9개월 내
에 세 번 이상 응급실로 실려 갔다. 나의 이런 행동은 분명 내
심장에 무리를 주었을 것이다. 하지만 그보다도 이 과정은 나
의 인간성에 대한 근본적인 모욕이었다. 이렇게 해서 재심사
를 두 번 연속 통과하고 나서야, 나는 영구장애인이 되어 더 이
상 재심사를 받을 필요가 없어졌다.

---

* 　전극을 심장에 장치하여 주기적인 전기 자극으로 심장을 수축시킴으로써 심장의 박동을
정상으로 유지하는 장치이다.

나는 심장장애 중에서도 가장 가벼운 장애인 3급 판정을 받았다. 문화비나 통신비 할인 등 각종 장애인할인제도에서 중증장애인의 경우 더 많은 혜택이 주어진다. 문재인 정부는 이러한 장애등급제도를 단계적으로 폐지하겠다고 밝히며 2019년 7월 기존의 1~3급 장애를 판정받은 중증장애인을 한데 묶어 '장애의 정도가 심한 장애인'으로, 기존의 4~6급 장애를 판정받은 경증장애인을 '장애의 정도가 심하지 않은 장애인'으로 구분하기 시작했다. 그러나 장애인연금을 받기 위해서는 중증장애인 혹은 장애의 정도가 심한 장애인이 아닌, 1급 혹은 2급 장애를 판정받아야만 한다. 바뀐 법적 용어에 따라 '장애의 정도가 심한 장애인'으로 나오되, 붙임 항목으로 연금을 받을 수 있는지 없는지가 함께 적혀 나온다.

　　최근에는 병이 더욱 심각하게 악화되었고, 근로 능력을 완전히 상실하였기에 기초수급자 신청을 하게 되었다. 나는 수급자 자격을 인정받았지만, 영구 3급이기 때문에 장애인연금이 아닌 장애 수당을 받는다. 장애인연금의 경우, 65세 이하의 사람들 중 기존 1, 2급 장애인이거나 '장애의 정도가 심한 장애인'으로 판정을 받고 붙임 항목에 연금을 받을 수 있다고 인정된 경우에 한하여 2022년 2월 기준, 한 달에 30만 7,500원의 기초 급여를 받는다. 내가 받는 장애 수당은 한 달에 4만 원이다. 또한, 영구 3급인 나는 실질적으로 정부에서 인정하는 중증장애인에 해당하지 않으므로 관련 복지 서비스에서도 내가 필요한 만큼 지원받지 못한다. 만약 지금 다시 재심사를 신청하면 2급이 나오지 않을까 싶지만, 그런 생각이 들 때면 재심사를 통과하기 위해 견뎌야 했던 악몽이 되풀이되고, 2급은 커녕 등급 외 판정을 받아 정부가 세운 '장애인'이라는 자격에서 쫓겨나 비장애인으로 재규정될까 봐 감히 엄두를 내지 못하고 있다.

나는 나보다 병세가 심각하고 더 많은 합병증을 겪고 있음에도, 등급 외 판정을 받아 '장애인이 아닌' 심장병 환자들을 알고 있다. 내 경우는 부정맥이 주된 증상이었기에 스스로 심장을 악화시킬 수라도 있었지만, 주 증상이 부정맥이 아닌 경우에는 아무리 상태가 심각해도 9개월에 3회 이상 심장에 문제가 생겨 입원을 할 수 있는 사람은 극히 드물다. 부모님은 영구 3급이라도 되었으니 이것으로 감사하자고 한다. 실제로 나 또한 어떤 면에서는 감사함을 느끼기도 한다. 그러나 언제나 장애등급 판정이 스스로를 모욕하고 나의 마음과 영혼에 깊은 상처를 내어 이루어진 것임을 잊지 않고(못하고) 살아가고 있다.

엄윤선

언어가 부족한 심장장애의 세계

여기까지가 내가 처음에 준비한 원고였다. 그리고 이 글을 친한 비장애인 친구들에게 보여줬는데, 한결같이 마지막 문장에서 뚝 끊어진 것 같다고 했다. 물론 나는 돌봄에 관한 강연을 수락하고, 그 내용을 글로 정리하는 이유를, 궁극적으로 내가 하고자 하는 말을 명확하게 할 수 있다. 나를 소개하며 '선천성 심장질환자'라고 명명한 것은, 그만큼 심장장애에 대한 인식이 매우 부족하기 때문이다. 또한, 아직도 심장장애인 등록을 위해서는 '입원 병력과 입원 횟수'라는 기준이 적용되고 있다. 나는 이러한 장애의 존재와, 현실을 반영하지 못하는 기준으로 고통받는 사람들을 알리고 싶었고 많은 이들한테 공감을 이끌어 내고 싶었다.

하지만 그럼에도 부족함을 느낀다. 친구들이 가진 "뚝 끊어진다"라는 느낌은, 사실 나 자신도 이 작업을 진행하며 느낀 점이기도 하다. 질환자로서 "내 전 생애가 모욕적이고 현재도 모욕당하고 있다"라는 말을 하고 나면 더는 할 수 있는 말이 없어진다. 그 말은 너무나도 많은 감정과 시간을 포함하고 있다. 그 뒤로는 그저 거대한 침묵만이 존재할 뿐이다. 그럼에도 친구들과 내가 느낀 감정은 '이렇게 끊임없이 노력해 왔다는 걸 적었는데 왜 건설적인 다짐이나 비전 제시로 끝맺지 않고 고통스럽다로 끝나버리지?' 하는 당혹감일 것이다. 그리고 이 감정은 내가 성인 심장병 환우모임에서 느꼈던 이질감과, 그로부터 시간을 거슬러 올라가 기적이라는 말을 들었을 때 느꼈던 당혹감과 그 궤를 같이한다.

나는 2019년부터 질병에 관한 글을 블로그에 써오고 있다. 글을 쓸 때도 가장 어려운 것이 기존의 사회 문법으로 말해야 한다는 점이다. 모든 약자들이 그러하듯, 아픈 사람이나 질환자는 세상과 단절되는 느낌을 '언어의 부재'에서 가장 통렬히 느낀다. 자신의 상황을, 고통을 비명으로밖에 표현하지 못할 때, 그러니까 자신이 가진 언어가 어떤 의미도 없는 비명밖에 없을 때, '나'는 기존 사회에 속할 수 없는 이질적 존재이자, 이상적인 인간성이 결여된 존재가 된다. 실제로 이렇듯 비가시화된 장애를 가진 환자들은 자신의 병을 부정하게 되고, 극단적으로 자살을 선택하는 경우도 있다.

나는 질병과 함께 살아가기를 택했다. 내가 살아 있는 것은 여전히 '기적'이지만, 일회성 이벤트가 아니다. 나는 힘겹게 한숨을 내쉬는, 그 한순간 한순간을 지속해서 살아가야 한다. 여기, 그렇게 살아가는 존재가 있다. 우리가 "고통스럽다", "내 인간성이 모욕당하고 있다"라고 말할 때, "그래서 하고 싶은 말이 정확히 뭐야?"라고 묻기보다는 먼저 그 고통과 슬픔과 비명에 진정으로 이입할 준비가 되어야 한다. 그때 질환자

엄윤선

들을 더 이해할 수 있고, 모두가 구성원으로서 함께 살아갈 수 있는 사회가 될 것이다.

질병 서사는 어떤 돌봄을 가능하게 할까?

질환자는 자신의 존재 자체에 낯선 느낌을 받는다. 몸이 예기치 못하게 아프다, 안 아프다 하는 상황에서는 자신의 존재를 확신하게 해주는 일반적인 '시간의 흐름'이 담보되지 않기 때문이다. 나는 언젠가 썼던 글에서 내 몸을 "시간이 드나드는 몸"이라고 정의했다. 우리 사회의 의료 현장에서 가장 지배적인 담론인 '치료' 서사에 나를 맡기면, 내 몸은 그에 맞춰 분절되고 파편화된다. 내가 나를 컨트롤할 수 없다는 무력감은 아픈 몸을 넘어서 나의 실존을 불안하게 만든다.

많은 환자가 아픈 몸만큼이나 분절된 시간과 그로 인해 흔들리는 실존에 혼란스러워하고 힘들어한다. "큰 병이 찾아오면 생활을 잃는다"라는 말도 이 지점에서 기인한다. 그래서 나는 기록하기 시작했다. 의료 행위를 받는 객체로서의 몸이 아닌, 나 자신의 생에 벌어지는 일들을 주체로서 바라보기 위해서이다. 내가 나의 질병 서사를 쓸 때 그것은 이야기가 되고, 이야기는 나 자신만의 시간의 흐름을 작동시킨다. 블로그에 글을 쓰면서 나와 같은 병명을 가진 분들을 만나기도 했고, 다른 병명이라도 정상성에서 이탈한 시간을 살아가는 사람들도 만났다. 특별한 결과를 내는 활동을 하지 않아도, 서로를 걱정해 주는 우리가 있다는 느슨한 연대로도 정말 많은 위안이 된다. 우리나라처럼 아픈 것은 숨기는 게 미덕이라고 여기는 곳일수록 더하다. 이렇듯 느슨한 연대를 바탕으로 자신을 긍정할 수 있는 것만으로도 스스로와 타인을 돌볼 수 있게 한다.

블로그를 시작하기 전에는 인스타그램을 많이 했다. 자신의 병명 혹은 '#chronicillness'라는 해시태그를 단 계정들을 팔로우하면서 안되는 영어로 메시지를 보내기도 했다. 고통으로 닫혀버린, 내 방 침대에 가장 진하고 깊은 점이 그려진 삶에서 벗어나 낯선 것을 배우는 사람처럼 용기를 내어 소통을 시작했다. 아픈 사람들의 연대는 물리적 거리를 넘어서 확장되었다. 그들은 한국의 질환자들이 어떻게 살아가는지를 묻고 격려해 주었고, 닫혀버린 내 마음을 열어 다시 세상과 소통하게 만들었다.

나는 우리 모두가 각자의 서사를 쓰고, 그 이야기를 계기로 연결되었으면 한다. 처음에는 단지 비명밖에 기록할 수 없다고 해도, 이야기함으로써 다시 조직되는 나 자신을 발견할 수 있기 때문이다. 그리고 이런 질환자들의 이야기들이 모이고, 우리 사회가 이들의 이야기에 귀 기울일 때 의료의 주체인 질환자, 돌봄 당사자, 의료 종사자 간에 더 건강한 관계가 정립될 수 있다고 믿는다.

정신장애

우리의 목소리를 들어라
: 강제 입원이 아닌, 저항과 대안의 돌봄

박목우

(조현 당사자, 동료 상담가)

정신의학은 환자의 이야기를 증상으로 해석한다.

그때 당사자는 '나는 이러한 사람이다'라는

자기 이야기를 상실한다. 과거로부터 단절되며,

공허한 의학적 객관 앞에 던져진다.

환자들은 지각과 사고가 혼미해지는 것을 경험하면서 삶에 대한 의심과 불확실성 속에 놓이게 된다. 그들은 이러한 상태에서 억제되거나 갇히는 상황을 경험한다. (…) 특히 의심과 꿈, 환각에 시달리며 질병과 죽음의 가능성으로 가득 찬 공간에 갇혀 어떤 생각도 명료히 할 수 없는 극심한 무력감, 말도 반응도 할 수 없는 무능력에 대한 불안과 위협의 감정, 극심한 비참함을 경험한다.[1]

여기서 말하는 환자들은 누구를 지칭하는 것일까? 앞의 글은 중환자실에서 환자들이 겪는 신체적 경험을 묘사한 것이다. 하지만 나는 이 글을 읽고 강제 입원을 당했던 때를 떠올리지 않을 수 없었다. 정신장애인 당사자(이하 당사자)가 말도 안 되는 이유로 결박을 당해 침대에 묶인 채 주사를 투여받는 정신병원 내의 CR실(안정실)이 떠올랐다.

혼자 이모 댁에 있을 때였다. 갑자기 보호사들이 들이닥쳐 나를 방구석으로 몰더니 반항하면 강제로 주사를 놓아 정신병원에 데려가겠다고 위협했고, 그로부터 며칠 후 나는 경찰차에 실려 정신병원에 수용되었다. 바깥세상과의 단절을 알리듯 '쾅' 하고 닫히던 철문의 소리를 아직도 잊을 수가 없다. 병원에 도착하자 입원 중이던 이들이 내게로 몰려들었다. 환자복으로 갈아입힌다며 강제로 옷을 벗긴 것이 정신병원에서의 첫 경험이었다. 무서웠다.

그리고 한 달여의 입원 생활이 시작되었다. 30평 정도 되는 공간에 20명 안팎의 사람들이 함께 수용되었다. 끊임없이 서성거리는 발소리, 말소리, TV 소리가 섞여 들려왔다. 그런 상황에서는 온전한 쉼을 누리기 힘들었다. 소리에 특히 예민해져 있었기에 더 그랬는지도 모르겠다. 휴식이 필요하다고 느꼈지만, 충분한 보호를 받을 수 있는 분리된 공간은 없었다. 아무도 입원 생활이 어떠한 것인지, 이후의 삶은 어떻게 전개될지 알려주지 않아 몹시 불안했다. 또, 자유롭게 이동할 수 있던 때와 달리 외출이 허용되지 않았기에 답답하고 숨이 막혔다. 하루 한 번 형식적으로 회진을 도는 것을 제외하면, 정신과 의사

박목우

와의 정식 만남은 입원한 지 한 달 만에 겨우 이루어졌다.

나는 내가 가지고 있는 문제만으로도 충분히 혼란스러웠지만 감금되어 갇힌 공간에서는 누구도 나의 말을 들어주지 않았다. 어디에 왔는지 설명해 주지 않았고, 이곳에 적응하기 위해 지켜야 할 규칙도 얘기해 주지 않았다. 나는 고립무원의 상태에 있었다. 약을 먹으면 정신이 몽롱하여 제대로 된 사고를 할 수 없었고, 약 부작용으로 한시도 같은 자리에 앉아 있지 못하는 안절부절증과 '정신병원'에 왔다는 낙인까지 겪으며 죽음과 같은 비참함을 견뎌야 했다. 아마도 많은 당사자에게 강제 입원의 경험이 극심한 트라우마로 남아 있는 것은 이러한 의료 시스템의 폭력성 때문일 것이다. 다른 당사자들의 이야기를 들어보면 내가 겪은 폭력성은 너무도 미미한 수준이다.

주디 챔벌린Judi Chamberlin은 그의 책 『우리 스스로On Our Own』에서 자신의 입원 경험을 자세히 묘사한다. 치료를 통해 불안한 마음을 잠재우고 따뜻한 돌봄을 받으리라 기대하며 들어간 정신병원에서 그는 끔찍한 의료 권력과 마주한다. 자신의 솔직한 감정을 표현했을 뿐인데도 CR실에 갇혀 약물을 투여받고 의사들의 진단에 따라 점점 더 통제가 심한 병원으로 옮겨 간다. 그러면서 본능적으로 그는 의사들이 원하는 착한 환자 역할을 하는 것만이 의료 시스템에서 벗어날 수 있는 길임을 깨닫는다. 퇴원 이후 여러 사회운동과 만나고 '밴쿠버 정서 응급센터'에서 대안적인 돌봄을 받으면서, 그는 몇 년에 걸쳐 경험한 트라우마에서 벗어나게 된다.

주디 챔벌린은 말한다. '문제'를 전문가들에게 떠넘기지 말고, 사랑하기도 하고 두려워하기도 하며 자신을 위해 근심하는 가족과 친구 들이 있는 공간에서 돌봄받아야 한다고. 존속 가능한 대안 시스템을 구축하기 위해서는 많은 일들을 해나가야 하는데, 그것은 평범한 시민인 우리 모두가 같이 달성해야 할 임무라고 말이다.

빼앗긴 염려를 되찾기

제도로서의 정신의학은 현상을 유지하기 위해 작동한다. 정신의학적 "현실"은 가장 관습적인 조건에서 정의된다. 관습을 좇지 않는 극적인 삶의 선택은 빈번하게 정신병/질환의 증거로 인용된다. 남편과 아이들을 떠나는 아내, "커밍아웃" 하기 등 이 모든 것들은 의심할 여지 없이 위기이지만, 그것은 과연 의료적인 문제인가? 이러한 상황에 정신의학이 연루되면, 이는 의학보다는 명백하게 도덕을 다루는 것에 훨씬 더 가깝다. 반항적인 사람을 아픈 사람으로 정의하는 것은 그 상황에 대한 그의 인식, 즉 그의 개인적 현실을 무효로 만든다. (…) 정신의학적 레이블링으로 가장 연약한 관계자의 개인적인 인식을 무효화하는 것은 의학 용어라는 가면을 쓴 순응에 대한 요구이다.[2]

지금까지의 정신의학 시스템은 전문가, 다시 말해 정신과 의사, 간호사, 사회복지사 등이 주축이 되어 당사자들에게 필요한 서비스와 치료를 독점하여 제공하는 방식이었다. 정신건강 시스템 안에서 생겨나는 이 냉담한 거리는, 당사자와 전문가 간에 의미 있는 인간적 접촉이 형성되는 것을 방해한다. 여기에 평등은 없다. 이것은 당사자의 염려를 빼앗아 그들 대신 염려를 떠맡는 방식이다.

나는 오히려 당사자들에게 필요한 것은 스스로의 가능성을 믿어주고, 그 가능성을 발견할 수 있도록 스스로에 대한 '염려'를 되찾아 주는 것이라고 생각한다. 전문가에 의해 필요와 가능성을 진단받는 것이 아니라, 당사자가 곤경에 처해 있을 때 그의 자기 돌봄 능력을 옹호하고 촉진하는 역할을 해야 한다.

아미정신건강센터의 박미옥 원장은 「정신장애인 당사자 운동에 참여한 정신건강사회복지사의 경험에 대한 연구」

에서 "정신장애인 당사자주의는 기존 정신의학 중심의 의학모델이나 재활모델과는 실천적 접근에 있어서 결이 다른 새로운 패러다임"이라고 소개한다. 전문가와 환자라는 전통적인 시각에서 벗어나 정신장애인의 능력과 잠재력에 대한 신뢰, 정신장애인이 서비스를 선택할 권리와 책임을 강조한다. 그러면서 당사자주의에 대한 교육을 통해 전문가와 당사자가 파트너십을 이루는 과정을 배우고 경험해야 한다고 말한다. 주체로서 목소리를 내는 정신장애인 당사자 운동을 기획하고 지원하는 정신건강 실천가의 가치와 철학은 수시로 검토되어야 하고, 도전을 받아야 한다고 주장한다.[3]

당사자의 삶에 있어 염려를 되찾는 것은 비단 당사자의 자기결정권을 강화하자는 말에서 그치지 않는다. 그것은 자신의 존재에서 우러나오는 새로운 가능성들을 발견해 가는 과정을 뜻하기도 한다. 지금까지 병리적으로 진단되어 왔던 자신의 본질을 다시 규정하고, 그것이 의미를 갖고 존중받을 수 있도록 권리로서 보장받으며, 다른 이들과 공존하고 상생하는 삶의 방식을 창안하는 것까지를 말한다. 그래서 자기 자신의 진실성이 부정당하지 않고, 편안히 자신을 주위 세계에 개방하고, 사물과 인간관계 속에서 친밀함을 경험하며 살아나가게 됨을 뜻한다.

박목우

친숙하게 거주하기

처음 정신장애를 경험할 때, 지금까지 이어져 온 삶에 대한 위협과 손상을 마주하게 된다. 나의 의지와 가치관, 삶의 태도 등이 전면적으로 문제가 되는 상황에 놓이는 것이다. 그리고 의학은 환자가 자신을 포기하고 의학의 언어에 순응할 때에야 비로소 그를 '정상'이라고 판단한다. 그 과정 속에서 당사자는 문제를 가지고 있지 않았을 때의 '몸'과, 기존 세계에서 가지고 있던 '표정'을 잃어버린다. 그리고 그간 자신의 밑바탕이 된 기존 세계와 친밀감을 느끼기 어려워지는 악순환에 처한다. 사회의 편견과 구조적 낙인은 이런 당사자의 상태를 악화시키고, 고통을 가중하는 요인으로 작용한다.

『돌봄의 철학과 미학적 실천』에서 공병혜는 한 뇌졸중 환자를 예로 든다. 병원에서는 두세 걸음 이상 걷지 않던 환자가 집으로 돌아가자 걷는 방법을 깨치게 된다. 병원에서 이 환자는 의지대로 몸이 움직여지지 않는 것에 절망하여 걸으려 하지 않았지만, 놀랍게도 자기 몸에 친숙한 것들로 가득 찬 공간에 있게 되자 평소 좋아하던 앞마당을 거닐었다. 그는 다시 걷고 싶다는 의지를 갖게 되었다. 환자에게 친숙한 환경이 익숙하게 반응할 수 있도록 몸을 변화시킨 것이다.[4]

이 환자의 사례는 돌봄에 대한 중요한 시사점을 던진다.

돌봄은 의학적 모델에 따라 정신장애를 분류하고 처방하는 것에 주안점을 두기보다, 우선적으로 당사자의 몸의 경험에 관심을 가져야 한다. 정신병원에 감금되기까지 당사자는 극심한 실존의 위기를 겪는다. 그러나 정신의학은 당사자의 목소리를 듣기보다 그를 수동적이고 무력한 존재로 규정하고 치료를 강제한다. 당사자는 그렇게 세상과 소통하고 연결되는 방법을 잃고, 세상으로부터 이탈해 간다.

이럴 때 다시 세상과 소통하고, 주어진 환경에 주체적으로 반응할 수 있는 능력을 일깨워야 한다. 뇌졸중 환자의 경험에서 보았듯, 낯선 공간으로 분리하고 배제하는 것이 아니라 친숙한 세계에 다시금 참여할 수 있도록 기회를 주어야 한다. 그것은 지금까지 정신의학이 해내지 못한 일이다. 오히려 평등한 존재들 간의 감성적 접근이 큰 도움이 된다. 당사자들 간에, 혹은 대안적인 시스템 속에서 서로의 안위를 묻고 위로를 제공하고, 필요할 때는 고통의 시간 속에 함께 있어주며 힘껏 돌봄을 받는다면 당사자는 예전에 거주했던 세계에 다시금 통합될 수 있다.

나 역시 매일 나 자신을 탓하며 환청과 망상 속에서 헤어 나오지 못하던 때가 있었다. 나는 왜 이렇게 잠을 많이 자지? 나는 왜 이렇게 쉽게 잊지? 나는 왜 이렇게 많이 먹지? 나는 왜 이렇게 생각이 안 나지? 누구와도 관계를 맺지 못하고 우울하게, 지난 상처로 몇십 년 세월을 웅크리며 살았다.

세상과의 불화로 인해 오래 고립되었다. 아무도 들어 준 적 없는 혼란과 상처를 가슴에 품고 떠돌아야 했던 많은 날들. 누군가 스치기만 해도 휘청거리며 갈피를 잡을 수 없었던 날들. 세상은 차가웠고 나는 외로웠다. 인생의 어느 순간부터 친숙하고 자연스러운 세상을 잃었다. 이물감을 느끼고 힘들어 하면서 하루하루 연명하듯 견뎌야 했던 날들이 길었다. 그러다가 '다른몸들'의 질병서클인 '질병과 함께 춤을'을 만났고, 그 모임의 여성들과 저항적 질병 서사를 써 내려가며 〈아파도 미안하지 않습니다〉*라는 연극에도 참여하게 되었다.

처음에는 어떤 모임의 구성원이 된다는 것을 받아들이지 못할 정도로 나 자신 안에 갇혀 있었다. 누군가에게 말을 걸고 그들의 이야기를 듣는 나로 변화하기까지, 나의 느린 속도와 웅얼거리는 말들 속에 숨은 상처와 진심을 들어주는 사람들이 있었다. 따스하고 다정한 공동체 안에서 처음으로 나의 두려움과 공포를 털어놓았고, 이들은 둥지가 어린 새를 감싸듯 비바람처럼 몰아치는 내 안의 비난과 상처로부터 나를 감싸 안았다. 서로의 이름을 부르고 그 이름을 기억하는 것이

---

* 연극 〈아파도 미안하지 않습니다〉는 아픈 몸과 살아가는 시민을 공개 모집하여 제작한 시민연극으로서, 2020레드어워드 수상 및 2021 백상문화예술대상 연극 후보에 오른 바 있다.

소통과 열림의 시간이었음을 증언해 주던 날들이었다. 그렇게 열린 감각들은 식물의 물관과 체관처럼 나 자신을 오르내리게 하며 다른 사람들과 관계 맺고 그 관계를 성숙하게 만들어 주었다. 관계가 기쁨이 될 수 있다는 것을 알려준, 다시 삶이 가능해질 수 있다는 것을 알려준 소중한 경험이었다. 그것은 어떤 약물도 어떤 병원도 줄 수 없었던 치유였다.

공병혜는 이를 "의학의 기술적 사유 방식으로부터 돌보고 보살피는 사유 방식으로의 전향"이라고 말한다. 자기 관심, 생활 습관, 가치관 등이 고스란히 내재되어 있는 몸의 능력을 보존하고 보호해 주어 자기 돌봄이 지속될 수 있도록 도와줌으로써, 가족이나 사회라는 인간관계 속에서 상호 의존하여 서로에 대한 돌봄을 주고받을 수 있게 해주는 것이다.[5]

환자는 이야기를 지닌 존재이다

당사자는 정신적 고통으로 인해 삶에서 중요하다고 여겨지는 가치를 추구할 능력이 사라지고 있다고 느낄 수 있다. 이때 당사자의 정체성에도 심각한 위기가 찾아온다. 흔히 우리는 "나는 누구인가"라고 묻는다. 나는 나의 이야기이다. 나의 이야기가 내가 누구인지를 알려준다. 나는 나의 이야기를

간직함으로써 정체성을 유지하고 내가 누구인지 이해하고 설명할 수 있다.[6]

　　정신의학에서는 환자에게 진단을 내릴 때, 환자의 이야기를 모두 증상으로 해석한다. 그 과정에서 당사자는 '나는 이러한 사람이다'라는 자기 이야기를 상실하게 된다. 자기 삶의 가치나 목표를 가지고 자기 정체성을 구성했던 과거로부터 갑작스럽게 단절되며, 공허하고 무의미한 의학적 객관 앞에 던져진다. 따라서 환자에게 대안적인 돌봄을 제공하기 위해서는 당사자가 처한 어려움을 그의 삶 전체 속에서 파악하는 것이 중요하다. 그가 열망하고 존경하는 가치들과 성취하려고 노력하는 삶의 목적들에 비추어 총체적으로 이해하는 것이 필요하다.

　　이것은 좋은 친구와의 관계와 비슷하다. 좋은 친구 사이에서 서로는 타자를 향해 자신을 개방하며 서로의 성장을 기대한다. 타자 속에서 자기를, 자기 속에서 타자를 발견하면서 자신의 부족함과 강점을 이해하고 좋은 삶을 위해 서로 변화해 간다. 당사자를 이해한다는 것은 그의 친구가 된다는 뜻이다. 위계 없이 평등한 관계에서 동등한 권리를 가진 사람으로서 당사자를 환대하는 것이다. 그리고 그가 겪었던 트라우마와 폭력의 경험을 나누면서 보다 나은 선을 실천해 가는 과정에 함께 동참하는 것이다.

　　대니얼 피셔Daniel Fisher는 자신의 저서 『희망의 심장박동』

에서 핀란드의 '오픈 다이얼로그'를 소개한다. 오픈 다이얼로그는 대화를 통해 대안적인 치유 방식을 모색하는 프로그램이다. 전 세계가 오픈 다이얼로그에 주목하는 이유는, 이를 통한 치료가 세계에서 가장 높은 초발 정신질환 회복률을 보이기 때문이다.

5년간의 오픈 다이얼로그 연구에 따르면, 참여자의 86%가 학업이나 정규직 일자리로 복귀했고, 18%가 정신장애 증상이 남아 있었으며, 14%가 장애 수당을 받았다. 참여자 중 29%만이 치료 중 신경이완 약물을 복용했다. 반면 전통적 프로그램을 통해 치료받은 사람들은 2년이 경과했을 때 기준으로 21%만이 학업이나 일자리로 복귀했고, 50%가 정신장애 증상이 남아 있었으며, 57%가 장애 수당을 받았다. 특히, 전통적 프로그램 참여자의 100%가 2년간 신경이완 약물을 처방받았다.[7]

치료 과정을 자세히 살펴보면, 오픈 다이얼로그 클리닉은 첫 연락을 받고 24시간 이내에 미팅을 주선한다. 연락은 '초점 당사자'(스트레스를 받는 사람을 그들 식으로 표현한 것), 친인척 또는 전원기관 등을 통해 받는다. 당사자와 그의 가족들뿐만 아니라 당사자의 사회적 관계망에 있는 주요 구성원을 초기 미팅에 초대한다. 직업 재활을 지원하는 지역 직장, 의료보험 회사와 같은 공식기관 종사자, 직장 동료, 이웃, 친구 등이 포함된다. 그들은 여러 프로그램에 함께 참여하며 당사자와 그의 가족을 지원한다.

처음에 팀이 만들어지면, 외래와 입원 환경에서 환자가 원활히 치료받을 수 있도록 돕는다. 당사자와 그의 가족은 참여자들이 함께하는 자리에서 서로에 대한 이해를 목표로 토론을 진행한다. 제대로 대화하는 법을 배우며 의사소통 역량을 강화한다. 오픈 다이얼로그에서는 의료진이 '초점 당사자' 및 참여자들과 최대한 평등해지기 위해 노력한다. 의료진은 스스로를 '무지'의 위치에 두고 치료에 참여한다. 의료진은 관계망 속에 있는 각 사람들의 이야기에 진실과 가치가 있다고 믿는다. 그래서 전문가이기보다는 협력자로서 일하는 것을 원칙으로 한다.

기존 정신의학 패러다임 안에서 의사들은 당사자의 모든 사고와 행동을 진단의 렌즈를 통해 바라본다. 하지만 그 고통을 완화할 수 있는 최선의 방법을 아는 사람은 스트레스를 받고 있는 당사자이다. 오픈 다이얼로그에서는 이러한 이해를 바탕으로 되레 '연민'을 가지고 환자와 관계 맺는다. 여기서 연민은 동정과 시혜의 감정이 아니다. 페마 초드론Pema Chodron의 말처럼 "연민은 치유자와 상처받은 자 사이의 관계가 아니다. 그것은 평등한 사람들 간의 관계이다. 우리 자신의 어두움을 잘 알고 있을 때만, 우리는 다른 사람들의 어두움과 함께 있을 수 있다. 우리가 공유된 인간성을 인식할 때 비로소 연민은 현

실이 된다".[8]

당사자가 완성하는 돌봄의 지식

정신장애에 대한 의학적인 담론은 넘쳐나지만 정작 당사자의 목소리를 대변하는 담론과 지식, 통계, 정보의 양은 너무도 부족하다. 이러한 현실 속에서 사람들은 돌봄이라는 이름으로 폭력을 자행하기도 하고, 누군가를 정말 돌보고 싶음에도 그 방법을 알지 못해 잘못된 돌봄의 제스처를 행하기도 한다.

의료협동조합 살림의원의 장창현 원장이 번역한 『비판 정신의학』 말미에는 보통 '광기'로 불리는 상태를 '신경 다양성'으로 다시 고쳐 쓰자고 주장한 활동가 다리엔 레이철 웰치 Darien Rachel Welch의 말이 등장한다.

저는 받아들여짐의 반대편에 있는 삶을 경험할 기회가 있다는 데에 신경 다양성의 가치가 있다고 생각합니다. 신경 다양성은 당신이 고장 났고, 손보아야 할 대상이라고 계속해서 강요받음에도 불구하고, 그 의미를 갖고 노는 것이라고 볼 수 있습니다. 또한, 인간 행동의 표준으

박목우

로 여겨지는 것들에 휘둘리지 않고, 그것이 얼마나 결함이 있으며 위험한지 인식하는 것입니다. 저는 신경 다양성이라는 꼬리표가 붙은 사람들에게 계속해서 순응을 요구하는 사회에서 그들 자신이 당당한 인간으로 일어서는 과정을 지켜봅니다.[9]

정신의학은 질문하지 말고 순응하라고 가르친다. 그러나 질문을 놓치는 순간 우리는 폭력적인 시스템의 일부가 되어 영혼과 삶을 잃어버린다. 어쩌면 이것이 현재의 정신의학이 가지고 있는 근본적인 한계일 것이다.

2021년 5월 세계보건기구에서 「정신건강 서비스 매뉴얼」을 발간했다. 여기에 '목소리 듣기 운동Hearing Voices Movement'이 사람 중심 및 권리 기반 접근법을 지향하는 '동료 지원 정신건강 서비스'의 사례로 제시되었다. 목소리 듣기 운동은 정신장애인 당사자의 경험적 지식이 주도하는 내용으로, 환청을 '병리적 증세'가 아닌 '특별한 경험'으로 전복시키는 운동이다.[10] 의학적인 관점에서 병리적으로 규정된 '환청'을 대안적으로 다시 해석해 내는 운동이 힘을 얻은 것이다.

우리는 강제 입원의 폐해에 대해 많이 이야기해 왔다. 그렇다면 이후의 과제는 이렇듯 억압적인 의료 권력의 통제에 맞서 대안적인 상상력을 키우는 것일 테다. "돌봄은 우리 시대를 위한 희망의 정치를 계획하고 그에 생기를 불어넣으며 우리의 삶을 다른 사람들의 삶과 불가분의 관계로 연결한다"라는 주디스 버틀러Judith Butler의 말처럼, "우리가 원할 수밖에 없는 게 정의로운 세상이라면, 어느 것도 타자 없이는 생존할 수 없다"라는 가야트리 스피박Gayatri Chakravorty Spivak 말처럼, "돌봄을 공기처럼 들이마실 수 있는"(조한진희) 사회를 함께 만들어가기 위해 힘을 모았으면 한다. 시대의 마지막 게토ghetto로 남아 있는 정신장애와 그것을 유지시키는 권력에 대한 공동의 투쟁은 지금 이곳에서 대안적인 삶을 살아가는 사람들로부터 시작될 것이다.

박목우

장애를 중심에 둔 돌봄사회

: 팬데믹과 장애인의 '돌봄' 그리고 불능화

전근배

(대구장애인차별철폐연대 정책국장)

* 필자의 논문 「국가의 거리: 코로나19와 장애인의 삶, 그 현황과 대책」(2020), 「코로나19 위기 동안의 장애인 활동가의 자가격리 경험에 관한 질적 사례연구」(2020), 「스피노자의 코나투스와 장애인의 '독립'의 문제」(2021) 의 일부를 참고했다.

이 노골적이며 거친 현실, 몸의 일상,

'건강한 사람'이 거의 상상하지도 못할 물질성을

경험하는 신체가 '예외적'으로 취급되는 것이 아니라

사회를 설계하는 데 중심으로 설정될 때,

그 경험을 통해 발견되는 장애화 요인을

제거해 나가며 인간 모두가 보다 유리한 생존을

담보할 수 있게 된다.

팬데믹과 함께 '커뮤니티'도 '케어'도 모두 무너졌다. 코로나19 위기 속에서 첫 사망자가 청도대남병원의 정신장애인으로 알려지며 장애인에 대한 관심이 높아졌다. 언론은 물론 청도군청 역시 사망자가 과거부터 만성 폐질환을 갖고 있었던 점, 20년 이상 폐쇄된 공간에서 생활하며 42킬로그램에 불과할 정도로 건강관리를 제대로 하지 못하는 환경 속에 있었던 점을 감염에 치명적이었던 이유로 꼽았다. 사회로부터 배제당한 몸, 그 배제로 인하여 취약해진 몸들이 고립된 곳에서부터 첫 사망과 집단감염이 시작되었고, 이는 다시 지역사회의 위기로 되돌아왔다.

　　이윽고 시설이나 병원이 아닌 지역사회를 중심으로(처

음에는 대구경북을 중심으로) 장애인 자가격리자 및 확진자, 사망자가 발생했다. 사상 최초로 정부가 휴업을 명령하고 개학을 연기한 2020년 3월이 되자, 지역서비스기관들은 하나같이 업무를 중단했다. 갈 곳 없는 장애인의 열악한 삶, 생계와 돌봄을 책임져야 하는 장애인 가족의 이중고가 수면 위로 떠올랐다. 문재인 대통령은 제40회 장애인의 날 메시지를 통해 "재난의 크기가 모든 이에게 평등하지 않다"라며 제도 개선을 언급했지만, 그뿐이었다. 대통령 메시지가 있기 이전인 3월, 제주에서는 발달장애 청소년과 그의 어머니가 세상을 떠났으며, 언급 이후인 6월에는 광주에서 발달장애 청년과 어머니의 극단적인 선택이 이어졌다.

반년이 지나서야 보건복지부는 우리나라의 첫 장애인 대상 감염병 매뉴얼이라며 몇 쪽짜리 자료를 발표했다. 하지만 "~을 해야 한다"라는 교과서적인 방향성 외에 이를 수행하는 의무 주체가 누구이며 예산은 어디에서 부담하는지, 언제까지 환경을 구축할 것인지 등 실행 방안은 명시하지 않았다. 이어 발표한 역대 최고치라는 3차 추가경정예산에 장애인을 위한 방역대책예산이나 긴급사회보장예산은 포함되지 않았다. 발달장애인 돌봄예산은 오히려 큰 폭으로 삭감되었다. 정부가 증액한 유일한 예산은 집단수용시설(장애인거주시설)예산 뿐이었다. 당연하게도 매뉴얼은 문서로만 남았으며, 지자체

어느 곳도 구체적인 이행 방안을 발표하지 않았다.

변한 것은 없었다. 2020년 겨울, 수도권을 중심으로 코로나 확산세가 다시 두드러지자 초창기와 같은 문제가 반복되었다. 자가격리 중인 장애인을 지원할 인력이 없는 문제, 보건소든 선별진료소든 생활치료센터든 병원이든 의사소통 지원체계를 갖추고 있지 않아 농인들이 정보에 접근하기 어려운 문제, 입원 가능한 병실이 부족하거나 기본적인 편의시설과 지원 인력을 갖추지 않아 입원하더라도 덩그러니 방치되는 문제 등이 약속이나 한 듯 되풀이되었다. 장애인 확진자는 여전히 감염 위험을 무릅쓰고 동반 입원한 가족과 함께 생활했으며, 가족 또한 얼마 지나지 않아 추가 감염자가 되었다. 가족이 없는 장애인은 같은 병실 환자에게 의존하거나 기저귀에 의지해야 했다.

버림과 돌봄 사이

차별받는 사람이 자신이 겪는 일에 대해 말하기란 매우 어렵다. 모든 것에 대해 말해야 하기 때문이다. 평범하게 출입할 수 있는 병원도, 마음 놓고 진료받을 수 있는 장비도 적다. 영어는 알아도 수어를 아는 의사는 거의 없고, '장애인' 판정을 내리는 전문가 중 장애인의 삶을 이해하는 사람은 많지 않다. 설명할 수 없는 많은 증상이 장애 탓으로 돌아가며, 진단할 수 있는 많은 증상도 결국은 장애 탓으로 결론 내려진다. 건강하지 않으니 장애인이고, 장애인이니 건강하지 않다는 끝없는 순환논법에 시달리다 보면 어느새 장애인은 건강하지 않은 것이 당연한 몸이 되어 있다. 그러나 장애인의 평균수명이 비장애인에 비해 짧다거나, 건강검진을 받은 비율이 현격히 낮다는 말, 코로나19 사망자 중 약 21%가 장애인이며, 장애인의 치명률이 비장애인에 비해 6배 높다는 통계 수치에는 장애나 바이러스만으로는 해명할 수 없는 불평등한 현실이 배어 있다.*

이런 장애인에게 'K-방역'은 무엇이고 'K-돌봄'이란 또 무엇인가. '코로나 패닉'을 지나 '위드 코로나'를 말하는 시기

---

* 장애라는 것이 본질적으로 코로나19 감염 위험의 증가를 불러오거나 더 심각한 질병을 초래하는 것은 아니나, 장애와 관련된 여러 요인과 장애인이 처한 상황은 장애인을 더욱 위험에 빠뜨릴 수 있다(Coleen et al., 2020). 장애인은 만성질환 유병률이 높은 모집단에 속하며, 대다수의 경우 경제적 지위가 낮고, 집단수용생활로 내몰리는 경우가 많으며, 제대로 된 건강관리가 이루어지지 못하는 등의 이유로 코로나19에 취약하다(Margaret and Suzanne, 2020). 대표적으로 Margaret 외(2020)의 연구는 코로나19에 확진된 사람들(18세~74세 기준) 중 발달장애인의 사망률(4.5%)이 비발달장애인(2.7%)에 비해 높게 나타나고, 발달장애인이 비발달장애인에 비해 코로나19와 관련된 동반질환(고혈압, 심장병, 호흡기 질환, 당뇨병)의 유병률이 높았다고 보고한다. 또한, 흑인(또는 아시아인, 히스패닉계, 아메리카 원주민)이며, 빈곤하고, 여성인 장애인이 코로나19 발병률이 더 높은 주에 거주할 가능성이 훨씬 높으며, 백인이며, 빈곤하지 않고, 남성인 장애인은 그럴 가능성이 현저히 낮다는 연구도 존재한다(Jayajit, 2020).

전근배

까지 왔지만, 장애인은 여전히 2020년 3월의 혼돈을 살아가고 있다. 많은 이들이 '포스트 코로나'를 말하며 우리 모두가 코로나 이전의 세계로 되돌아갈 수 없다고 호들갑을 떨지만, 그것은 이미 그 '세계'에 속해 있던 이들의 일이다. 같은 시대를 살아간다는 것이 동일한 시간을 공유하고 있다는 뜻은 아니다. 팬데믹이 선언되기 직전, 세계보건기구 테드로스 아드하놈 게브레예수스Tedros Adhanom Ghebreyesus 사무총장은 인류가 '미지의 영역uncharted territory'에 들어섰다고 말했다. 그렇다면 이쯤에서 다시 물어볼 수도 있지 않을까? 여전히 '미지의 영역'에 남겨진 이들은 누구인가? 그들은 왜, 그리고 어떻게 남겨졌는가?

　　나는 팬데믹에서 드러난 장애인의 돌봄 단절과 의료 공백이 어떤 개별적인 서비스나 제도들의 불충분함에서 기인하는 것, 그러니까 감염병의 대유행이라는 전례 없는 변수로 인하여 발생한 특수한 문제라고 생각하지 않는다. 이미 우리 사회가 일정한 합의로 구축해 온 기존 돌봄 시스템에 내재된 폐단이 고스란히 드러난 것이며, 시스템을 설계하고, 가동하고, 정당화하는 데 기여해 온 '돌봄 윤리'가 정상적으로 그 역할을 했을 따름이다. 이 글은 대표적인 폐단으로 '장애인' 모순, 시설화 돌봄, 돌봄 권력화를 짚는다. 이어 코로나 위기 이후 사회계약의 원리 혹은 정의의 기준이 새로운 국면을 맞이했듯, 변화를 맞은 '돌봄사회'를 위한 논의를 한편으로는 반기면서도,

돌봄이 '장애'문제에 천착하지 않는다면 오히려 앞의 폐단을
확대·강화하는 또 다른 억압의 원리가 되어 '돌봄의 불능화'를
여전히 승인할 것이라고 염려한다.

'장애인 모순'
: '장애인'이라 쓰고 '후 순위'라 읽는다

코로나19 위기가 개별 인간의 건강문제를 넘어 정확하
게는 '인간'과 '사회' 그 자체를 공격하고 드러낼 것이라던 UN
의 경고는 현실이 되었다. 한국은 물론 여러 나라에서 이미 자
신의 권리를 행사하는 데 있어서 사회적 장벽을 경험해 온 장
애인은 코로나19 시기에 더욱 주변화되었으며, 더욱 심화된
사회경제적 불평등에 놓였다. 발리더티^{VALIDITY}, 유럽자립생활
네트워크^{ENIL}, 국제장애연맹^{IDA} 등 7개 단체가 연합하여 2020년
4월 20일부터 8월 8일까지 실시한 '코로나19 장애 권리 모니터
링^{COVID-19 Disability Rights Monitor}' 조사에 따르면 134개국 2,152명의
응답을 분석한 결과, 선진국이든 후진국이든 국가의 발전 수
준과 관계없이 모든 국가에서 장애인이 정책의 후 순위로 밀
려났다.

감염병의 대유행은 '인간'으로서 장애인의 존재 가치 또

는 존재 자격을 물었다. 대유행 초기 미국 앨라배마주는 확진자가 증가하자 중증장애인, 발달장애인, 중증 치매 환자 등에 대한 인공호흡기 지원을 후 순위로 미룰 수 있다는 지침을 발표했으며, 워싱턴주는 "에너지, 신체 능력, 인지 및 일반 건강상의 여력이 없다"라고 여겨지는 환자를 외래로 전환하라고 권고했다. 이탈리아의 의료 지침은 젊고 건강한 환자가 노인 환자나 약한 환자에 비해 비교적 짧은 기간 내에 치료되기 때문에 의료자원 할당 시 나이와 장애를 고려하라고 주문했으며, 영국은 방대한 분량의 「코로나법Coronavirus Act 2020」을 제정함으로써 사회보장의 기존 원칙과 기준을 완화할 수 있는 국가자원 할당 및 효율화 조치의 근거를 마련하기도 했다.

장애인 활동가 아리 니이먼Ari Ne'eman은 너무나 자연스럽고 문화적으로 이루어지는 재난 시 차별에 대해 "많은 의사가 장애인을 살 가치가 없는 사람으로 바라본다"라며 "위기의 시대는 우리가 이 나라에서 어떤 존재인지 묻고 있다"라고 말했다.[1] 산소호흡기를 사용하는 아시아계 미국인 장애인 활동가 앨리스 웡Alice Wong은 의료적 '삶의 질quality of life' 기준이 자신과 같은 장애인의 생명을 위협하고 있다며 "우생학은 여전히 존재하며 우리의 문화, 정책, 행위들 속에 박혀 있다"라고 비판했다.[2] 일상이 무너지는 경험을 하며 실존적 공포를 느낀 대구의 장애인 활동가 이민호는 장애인의 현실은 "코로나 블루Corona

Blue가 아니라 코로나 블랙^{Corona Black}"이라며 절규했다.[3] 나는 이들의 암흑을 '우리는 결국 버려질 것'이라는 절규로 읽는다.

장애학자 토빈 시버스^{Tobin Siebers}의 말처럼 "재난은 인간 자체를 무너뜨리지 않고는 인간의 제도를 붕괴시키지 못한다".[4] 감염병 대유행이라는 특정한 상황에서 나타난 여러 사회적 조치의 불충분함은 장애인에게 단순한 제도적 미비로 경험되기보다 이전부터 존재해 왔으나 잘 드러나지 않았던, 그러나 우리 사회 공동의 권력이 합의한 '인간'의 범주에 자신은 속해 있지 않다는 걸 확인하는 과정이었다. 국가는 극심하게 혼란스러웠던 1차 대유행 시기(2020년 상반기)에 어디서부터 어디까지가 우리 사회가 인정하는 인간의 범주인지를 명확히 제시함으로써 제도에 앞서 '인간'을 먼저 손보았다. K-방역은 그 순간부터 국민을 지킴과 동시에 누가 국민인지 구별하는 '국민 감별사'가 되었다.

세계보건기구가 2020년 3월 11일 팬데믹을 선언했을 때, 이즈음 각국 장애인 단체들의 우산 조직인 국제장애연맹은 장애포괄적 코로나19 대응을 위한 가이드라인을 제시했다. 또한 UN의 한 회의 자리에서는 정부와 지역사회가 적절한 조치를 취하지 않을 경우 장애인 차별이 심각하게 증가할 것이라는 경고가 제기되었다. 그러나 우리 정부는 2020년 2월 23일 감염병의 위기 단계를 '심각'으로 격상하고, 「감염병예

전근배

방법」을 개정하여 감염취약계층 지원을 구상하는 그 순간부터 장애인을 잊고 있었다. 기존의 「재난안전관리 기본법」(이하 「재난안전법」)상 안전취약계층에는 장애인이 포함되어 있었지만, 정부가 설정한 감염취약계층에는 어린이, 노인, 임산부 및 기저질환자만 명시되었다. 과거의 숱한 사회적 경험에도 불구하고 장애인은 다시 고려 대상에서 제외되었으며, 재난 시 발생할 수 있는 차별과 추가적으로 요구되는 사회보장 전략은 검토되지 않았다.* 자연스럽게 정부의 예방, 자가격리 및 확진, 복구 및 회복 등 전체 방역 과정은 장애인의 상황을 배제한 채 설계되고 실행되었다. 그 결과 비대면과 거리두기를 중심으로 방역이 이루어진 지역사회, 자가격리가 이루어진 가정, 확진자 치료가 이루어진 병원 등 모든 장소에서 장애인은 재난의 연장을 경험했다.

---

* 코로나 이전에도 재난은 계속 일어났다. 2015년 발생했던 메르스는 국가의 감염병 대응 체계 내에서 장애인 대책이 매우 부족하다는 사실을 일깨웠다. 입원해 있던 병원에서 메르스 환자가 발생하자 자가격리 통보를 받은 뇌병변장애인이 14일간 활동 지원 서비스를 받지 못하는가 하면, 한 지체장애인은 메르스 전파에 대한 정서적 우려로 활동 지원 서비스를 이용하지 못해 고립되기도 했다. 2017년 포항 지진 사태에서도 엘리베이터를 타지 못하여 대피할 방법이 없는 신체장애인, 대피 방법을 알고 있더라도 관련 경험이 없어 실행이 어려운 시각장애인, 재난 경고를 들을 수 없는 청각장애인, 상황 자체를 인지하고 대처하기가 어려운 발달장애인 등 기존 제도가 보호하지 못하는 사람들이 있음이 드러났다. 2019년 강원도 산불 사태에서는 청각장애인이 국가재난주관 방송사인 KBS는 물론 MBC, SBS 지상파 뉴스를 통해 수어로 정보를 전달받지 못해 가슴을 졸여야 하는 일이 반복되었다. 이런 과정을 겪으며 「재난안전법」에 장애인이 안전취약계층으로 규정되었지만, 변한 것은 없었다. 한국에는 재난 통계에서 장애(인)를 반영하여 분석하는 체계조차 없다.

장애를 중심에 둔 돌봄사회

'등록된' 사람들

우리 사회는 계약상 등록된 사람들만 '장애인'으로 인정한다. 「장애인복지법」상 장애인이라 함은 "신체적·정신적 장애로 오랫동안 일상생활이나 사회생활에서 상당한 제약을 받는 자"를 말하며, 그중에서도 특별히 정부가 정하는 15개 유형의 장애 종류와 기준에 해당하여야 장애인으로 등록될 수 있다. 이는 개인이 지닌 손상을 기초로 엄밀하고 세분화된 기준에 들어맞는 몸을 선별하고 분류하는 과정이며, 여기에는 의료적 기준과 판단이 절대적인 영향력을 행사한다. 장애인복지법제가 만들어지던 1980년대 시작된 장애인등록제는 국가 차원에서 특정한 신체를 별도로 분류하여 명명하고 관리하는 체계이다. 이는 주로 장애인의 의료적 필요 또는 복지적 필요에 가장 합리적으로 대응할 수 있다는 명분으로 정당화되어 왔으나, 현실은 아주 달랐다.

장애인의 건강검진 수검률受檢率은 64.8%(중증장애인의 경우에는 54.0%)로 비장애인(74.1%)에 비해 현저히 낮다.[5] 장애인 1명당 평균 2개 이상의 만성질환을 갖고 있으며, 만성질환을 지닌 비율 역시 81.1%로 꾸준히 증가하고 있다.[6] 건강 상태가 좋은 편이라고 여기는 장애인은 전체 인구 대비 절반 수준이지만(전체 인구 31.0% 대비 장애인 14.9%), 병원에 가고 싶어도 가지 못하는 미충족 의료 경험을 겪은 비율은 2배에 달한다(전체 인구 8.8% 대비 장애인 17.2%).[7] 2017년 「장애인건강권법」이 제정되었지만 의료계의 관심은 매우 낮다. 의료 모델에 따라 특정 신체를 '장애인'으로 규정하여 관리해 왔음에도 불구하고 정작 이들은 의료체계와 사회보장에서 한 번도 우선순위로 고려된 적이 없다. 병원은 장애인을 판정하지만, 장애인이 병원을 자유롭게 이용할 수 있는 것은 아닌 것처럼 말이다.

　　오히려 의료적 접근이 필요한 때마다 '등록된 사람들'은 먼저 배제되었다. 의료자원의 배분에서, 방역 설계와 대응의 과정에서, 굳이 재난이 아니더라도 모든 공공정책과 예산 수립의 과정에서 '장애인'은 후 순위의 다른 이름이 되었다. '장애인'이 된다는 것은 필요한 권리를 실질적으로 보장받는 일이 아니라 '특정한 등록 집단만의 문제'로 장애문제가 협소해지고, '덜 중요한 존재'로 낙인찍히는 과정이었다. 그렇다면 장애인에 대한 차별이 재난 시에 더 심각해지는 이유는 재난이 심화되어서라기보다, 우리 사회에서 장애를 정의하고 등록하는 목적 자체가 본래의 의도(가령, '별도 취급')대로 원활히 작동한 것이라고 보아야 할 것이다. 이는 우리가 앞으로 '돌봄사회'를 설계할 때 '장애'를 어떻게 사회계약의 예외 조항처럼 별도 취급하지 않으며 대안적으로 포착하고 다룰 수 있을지 물음을 던진다.

"그 안에 가만히 있으라"

별도 취급의 구체적인 방식은 무엇보다 자본주의적 효율성의 원칙에 따라 구축되었다. 동료 시민의 범주에 포함되지 못한 채 늘 '장애인'으로 분류되어 가장자리에 머물러야만 했던 사람들은 재난이 닥치자 어느새 맨 앞줄이 되어 있었다. 한 지방의 폐쇄 병동에서 20년간 격리 수용되어 있다 갑작스럽게 죽음을 맞은 아무개 씨의 삶은 경계 바깥에 덩그러니 놓인 존재가 얼마나 고립된 채 버려져 있었는지 보여주었다. 공동체는 특정 감염병과 종교에서부터 그 원인을 찾으려 애썼지만, 그를 '치료한다', '보호한다'라는 명목으로 공동체 밖으로 밀어내고 가두었던 것 역시 바로 그 공동의 권력이었다.

우리 사회가 오랜 기간 암묵적으로 합의하고 있는 '돌봄의 종착지' 또는 '돌봄의 종말지'는 시설이었다. 어떠한 이유로든 취약해진 몸들이 시장경제의 운영에 방해가 되지 않도록, 그 가족들이 원활히 경제 전선에 뛰어들 수 있도록 지정된 장소에 취약한 몸을 밀어 넣어 배치했다. 이들은 구획된 장소에서 (그곳으로 보낸 이들이 덜 미안할 정도의) 최소한의 생존을 보장받으며 살았다. 국가는 민간을 통해, 민간은 집단수용이라는 방식을 통해 가장 적은 돈으로 가능한 한 많은 몸들을 관리하고자 했다.

전근배

이는 코로나19 집단감염의 도화선이 되었다. 한국뿐 아니라 전 세계적으로 코로나19로 인한 사망자 중 절반 이상이 장애인거주시설, 요양원, 폐쇄 병동과 같은 집단수용시설에서 발생했다.* UN과 세계보건기구, 국제 장애 단체들이 조속한 퇴소·퇴원과 지역 생활의 보장, 근본적인 회복과 복구를 위한 시설 폐쇄와 탈시설 전략 강화를 주문하고 있지만, 우리나라는 정반대의 조치를 취하고 있다. 팬데믹 선언 이후 집단수용시설에 이루어진 공적 조치의 핵심은 '그 안에 가만히 있으라'라는 것이었다.

정부의 공적 조치는 크게 코호트격리cohort isolation, 예방적 코호트격리, 입소자 통제로 구분할 수 있다. 코호트격리는 감염자가 발생한 병원이나 시설을 통째로 봉쇄하는 조치이고, 예방적 코호트격리는 확진자가 발생하지 않았더라도 지역사회 감염이 확산 추세에 있을 때, 지자체가 각 시설에 일정 기간 동안의 예방적 조치로서 코호트격리를 권고·명령하는 것이

---

* 미국 연방질병통제예방센터CDC가 코로나19 사례 보고서 양식에 장애가 식별될 수 있도록 기재하는 것과는 달리 국내에서는 장애(인)와 코로나19 확진 및 사망 간의 관계를 검토할 수 있는 별도 데이터가 수집되고 있지 않다. 관련 연구 역시 특별히 보고된 바 없다. 부분적으로 2020년 10월 국정감사에서 코로나19 누적 사망자 422명(2020년 5월 기준) 대비 37.4%가 정신질환을 가졌고, 환자 104명 중 102명이 확진되었던 청도대남병원 환자 치명률은 8.8%(평균 연령 58세)로 국내 50대 치명률에 비해 20배나 높았음이 알려졌으며, 세계보건기구에서 보고하는 바와 같이 코로나19 사망자의 절반 이상이 시설이나 병원과 같은 장기수용시설에서 나타났다는 사실이 이따금 보도되고 있을 뿐이다.

장애를 중심에 둔 돌봄사회

다. 동일 시설에서 확진자가 발생한 경우 초창기에는 집단 전체를 묶어 관찰하는 코호트격리를 취하였으나, 의료적으로도 유효하지 않으며 오히려 내부 감염률을 높인다는 지적에 따라 지금은 잘 이루어지지 않고 있다. 다만 확진자가 발생하면, 감염병 치료시설이 없는 병원임에도 알아서 치료하라고 코호트격리를 시키는 조치를 두고, 일부 요양병원은 사실상 병상 등 한정된 의료자원을 활용하는 요양병원과 같은 곳에 머무는 환자들을 배제하는 조치라고 반발하기도 했다.

　　예방적 코호트격리는 팬데믹 이후 새로 생긴 개념이다. 경기도, 대구시 등이 예방적 코호트격리를 「재난안전법」 제46조 제1항 제1호 및 동법 시행령 제53조와 「행정절차법」 제48조(행정지도의 원칙)에 의거하여 시설장에게 권고한 바 있고, 경상북도는 동법 제41조(위험구역의 설정) 및 제46조(시·도지사가 실시하는 응급조치 등)에 의거하여 사회복지시설을 위험구역으로 설정하고 응급조치로서 권고가 아닌 행정명령을 행한 바 있다. 중앙대책본부는 이러한 예방적 코호트격리 사례를 모범적이라고 평가하며 타 지역에서도 이를 참조하여 유사시 적용하라고 안내했다. 그러나 장애 운동가들은 '위험구역'이라면 즉각 떠나야지 왜 그대로 머무르게 두냐고 강하게 반발해 왔다. 실제로 예방적 코호트격리 행정명령의 근거가 된 「재난안전법」 제41조는 재난이 발생했거나 재난 발생 우려가 있는 경우 위험

　　　　　　　　　　　　　　　　　　　　　전근배

구역으로 설정하여 "위험구역에 출입하는 행위나 그 밖의 행위를 금지 또는 제한"하는 것만이 아니라 "위험구역에서의 퇴거 또는 대피"가 이루어지도록 하고 있다. 즉, 위험구역이니 들어가지 말고, 거기에서 나오라는 취지의 내용을 정부와 지자체는 위험구역에 격리시킨 채 나오지 말라는 근거로 활용한 것이다.

마지막으로 정부는 시설 관계자 중 입소자만을 특정하여 면회, 외출, 외박을 원칙적으로 금지해 왔다. 이는 팬데믹 선언이 있기 전인 2020년 2월부터 각 사회복지시설들에 통지한 내용이다. 지침을 위반하여 감염이 발생할 경우 구상권을 청구할 것이라고까지 경고했기에 통제의 강도는 매우 높았다. 정부의 의도는 성공했고, 시설 거주인은 재난지원금을 받았지만 가까운 슈퍼마켓조차 가기 어려울 정도로 고립되었다. 연말연시, 명절 등 '특별방역대책'이 있을 때마다 이 통제는 거듭 강조되었는데, 그 결과 수용시설은 'K-방역'의 모순을 그대로 보여주는 가장 상징적인 공간이 되었다. '위드 코로나'가 선언된 이 후에도 이들은 여전히 시설을 떠나지 못했다.

장애를 중심에 둔 돌봄사회

시설화 돌봄: 모든 돌봄은 정의로운가

'K-방역'에는 두 가지 세계가 존재했다. 하나는 5인 이상 집합 금지가 강제되는 사회이고, 또 하나는 이미 5인 이상이 밀집하여 생활하고 있는 곳이 '방역'으로 권장되는 사회였다. 대다수의 장애인 집단수용시설은 팬데믹 이전이나 이후나 외출, 외박, 면회 금지가 일상이었기에 입소자도 돌봄 제공자도 정부도 사회도 이를 문제라고 인식하지 못했다. 하지만 이는 매우 자연스럽게 문화적으로 용인된, 재난위기 시 입소자에게 가해진 낙인 조치이자 기본권 침해이다.

그러나 이 모든 조치는 '돌봄'이라는 이름으로 이루어졌다. '보호'를 명분으로 취해졌다. 사실 공식화된 재난은 그간 비공식화된 재난의 연속, 즉 '일상'이 만든 결과에 지나지 않는다. 장애인의 삶은 가족의 보호나 국가가 정한 구획 안에서 제공되는 서비스에 의존하도록 내맡겨져 왔다. 이 때문에 두 곳 중 장애인시설(수용시설은 말할 것도 없거니와, 장애인만이 다니는 복지기관, 학교, 작업장 등)이 거리두기로 인해 무너지자, 곧 가족들이 죽어나기 시작했다. 장애인 부모 운동 활동가 최용걸은 팬데믹 초창기 정부가 제공한 장애인 복지제도 중 실제 작동했던 서비스를 분석하여 단 두 가지 제도만이 운영되었다고 발표했다.[8] 그중 하나는 수용시설이었으며, 나머지 하나는 활동 지원 서비스였다. 전자는 서비스라기보다 장애인이 생활하는 집단 거주공간의 성격이므로 제외하면, 지역사회에서 작동된 사회보장제도는 활동 지원 서비스 이외에는 존재하지 않았다.

　　이유는 단순하다. 활동 지원 서비스는 장애인 개인에게 직접 지원하는, 우리나라의 유일한 1:1 지원제도이기 때문이다. 모여야 하는 기관으로 장애인이 가는 것이 아니라, 필요한 장애인에게 지원자가 직접 찾아오는 형태이니 위기 상황에도 그나마 작동을 멈추지 않았던 것이다. 장애인 자가격리자가 발생했을 때에도, 확진자가 발생했을 때에도 가족이나 간호사를 제외하고 직접 곁에서 그들을 돌본 대안 인력 역시 활동지원사(활동 지원 서비스 제공 인력) 이외에는 존재하지 않았다. 학교, 복지관, 주간보호시설이 문을 닫을 때에도 정부가 그나마 대안으로 제시한 것은 활동 지원 서비스 추가 지원이었다. 왜냐하면 그것 외엔 없기 때문이다.

　　한국이 2008년 비준한 「유엔 장애인권리협약」은 지속적으로 인간으로서 장애인의 자율성과 지역사회의 포용을 강조하며, 모든 적절한 지원을 통하여 장애의 유형과 정도, 연령 등과 관계없이 장애인이 지역사회에서 살아가는 것을 유일한 규범으로 제시해 왔다. 수용시설정책과 자립생활정책이 양립할 수 없다는 협약의 일반 논평(조약이 보장하는 구체적 권리의 범위와 내용을 설명하는 문서) 중 탈시설에 관한 직접적인 방향을 제시하고 있는 일반 논평 5호는 이렇게 시작한다.

"역사적으로 장애인은 삶의 모든 영역에 걸쳐 개인의 선택과 통제의 권리를 부정당해 왔다. 많은 장애인이 스스로 선택한 지역사회에서 자립 생활을 할 수 없는 것으로 여겨져 왔다. 지원제도는 이용할 수 없거나 특정 거주 조건에 묶여 있고, 지역사회 인프라는 보편적으로 설계되지 않는다. 장애인이 지역사회에서 자립적으로 생활할 수 있는 가능성을 개발하는 게 아니라, 시설에만 자원이 투자된다. 이는 유기, 가족에의 의존, 시설화, 고립, 분리로 이어졌다."

코로나19 위기는 우리 사회의 장애인 돌봄이 가족 또는 특정 시설에 내맡겨져 아슬아슬하게 연명하고 있는 형국임을 드러냈다. 우리나라의 장애인 복지는 그 목적과 정신에서 사회통합을 강조하고 있지만, 그 근간이 되는 「장애인복지법」은 좁게는 집단수용시설이라는 지역사회와 분리된 별도의 집단수용정책을 국가책임주의하에 제공하고 있으며, 넓게는 지역사회 내에서도 특정한 이용시설이나 프로그램을 통해 장애인을 대상화하는 경향이 여전히 강하다. 이는 장애인 복지의 목적이나 이념이 어떻든지 간에, 실천적인 차원에서 '문제의 원인'을 장애인 개인에게 내재된 것으로 치부하여 효율적으로 관리·통제해 온 역사와 무관하지 않다.

이런 상황에서 문재인 정부 출범 이후 장애인뿐만 아니

전근배

라 노인, 정신질환자, 노숙인 등을 대상으로 추진되고 있는 커뮤니티 케어community care는 앞으로 상당 기간 우리 사회의 핵심적인 주제가 될 것으로 보인다. 그러나 커뮤니티 케어 역시 보건복지부가 "케어가 필요한 주민(노인, 장애인 등)이 살던 곳(자기 집, 그룹홈 등)에서 개개인의 욕구에 맞는 서비스를 누리고 지역사회와 함께 어울려 살아갈 수 있도록 주거, 보건의료, 요양, 돌봄, 독립생활 지원이 통합적으로 확보되는 지역주도형 사회서비스정책"으로 정의하고 있는 것과 달리, 주로 영국의 역사 안에서 정립되어 온 이 정책 방향이 한국에서 어떤 형태로 자리 잡을 것인지는 뚜렷하지 않다. 이런 가운데 2021년 8월 발표된 정부의 장애인 탈시설 로드맵은 지역사회 지원체계를 강화하는 것이 아니라 오히려 다른 시설들을 양산하여 장애인을 재배치하는 '장애인 재시설화 로드맵'이라는 비판까지 받았다.[9]

　　장애인 돌봄의 기울어진 양상은 모든 돌봄이 그 자체로 선하고 존중되어야 하는 것인가를 질문한다. 우리 사회의 돌봄은 장애에 대한 오랜 전통에 의존하고 있다. 손상된 혹은 손상되었다고 여겨지는 육체와 정신은 오랫동안 개인이 지닌 결함으로 간주되어 왔다. 손상을 보편적 인간상에서 벗어난 일탈의 상태이자 비정상적인 것으로 인식해 온 전통 아래에서, 전 사회의 관심사는 처벌이나 보호, 통제나 교정, 때로는 격리나 절멸을 통하여 이 '다른 존재들'을 분리시켜 가능한 한 멀리 떨어뜨려 두고 해당 신체를 기술적으로 관리하는 데 초점이 맞춰졌다. 코로나19는 이런 전통적인 돌봄체계가 지닌 한계를 병원과 시설 등을 통해 드러냈을 따름이다.

K-방역이 지운 몸들

무엇보다 예외적 존재가 되지 않고서는 전체에 속할 수 없고, 과거 농노가 토지에 묶여 있었듯 특정 시설에 예속되지 않고서는 최소한의 생명 보존을 이루기 어렵게끔 설계된 우리 사회의 '돌봄 윤리'는 위기의 순간에 본연의 모습을 드러냈다. 재난 속 장애인이 겪는 권리의 박탈 또는 차별문제는 한 시민이 지닌 권리의 차원이 아닌, 좁게는 국가나 기관시설, 넓게는 시민이자 부양자의 역할을 해야 할 이들의 '배려'가 사라져 발생하는 것으로 재현되기 시작했다. 동등한 인간으로 인정하지 않고 별도 취급하는 것이 바탕이 된 돌봄 윤리는 결국 모든 시민이 아닌 '그래도 되는 존재들'에 대한 문제로 축소되었다.

가령, 장애인이 보건소나 선별진료소에 접근하지 못하여 겪는 문제는 '취약계층'에 대한 관심이 부족하여 생기는 공백으로, 마스크를 착용하기 어려워하는 발달장애인의 사례 역시 주변 시민의 인식 개선과 이해가 필요하다는 정도로 다루어졌다. 이러한 재현은 비단 언론만이 한 일은 아니다. 나 역시 장애인과 그 가족이 겪는 문제를 공론화하면 할수록 결과적으로 불쌍한 장애인, 그래서 돌봄이 필요한 존재라는 인식만이 남게 될 것이라는 걱정이 커져갔다. 그럼에도 불구하고 그조차 '활용'하며 당장의 공백을 메우는 것에 몰두하기만도 벅찼고, 그럴 때마다 가슴에는 설명하기 힘든 무언가가 계속 남았다.* 이후 무대책 상황에서 홀로 자가격리에 들어갔던 장애 운동 활동가 김시형과의 인터뷰에서 그때 그 감정이 무엇이었는지 조금은 짐작할 수 있게 되었다.

"자가격리가 되고 내가 할 수 없는, 내가 못 하는, 나의 통제가 미치지 않는 것들과 만났을 때 이 장애가 드러나는 거지. 자가격리는 나를 이루고 있는 대부분의 정체성을 상실시켜. 내가 남성이든 팀장이든 뭐든 나머지 정체성은 다 상쇄가 돼. 오로지 장애라는 정체성만 남을 때의 무기력함… 나는 그런 걸 느껴. 그랬을 때 사회성이 없어지지. 사회적 인간이 아니라, 그냥 장애인 ○○○이 되는 것 같아."

자가격리는 그가 다시 '아, 내가 장애인이었지' 하고 깨

---

* 코로나19 팬데믹 상황에서 장애인 자가격리자와 확진자에 대한 무대책 상황을 최초로 알린 대구 장애 운동 단체의 2020년 2월 성명서의 제목은 심지어 "문재인 대통령과 권영진 시장님에게 간곡히 호소드립니다. 살려주십시오!"였다.

　　　　　　　　　　　　　　　장애를 중심에 둔 돌봄사회

닫는 시간이었다. 국가의 방역은 그에게서 '장애인'을 제외한 인간으로서의 모든 속성을 지워버렸다. 그는 '장애인의 몸'이 되었고, 집은 몸과의 조율이 끊겨 버린 '시설'이 되었다. 아무것도 할 수 없다는 무기력과 공포가 그를 지배했다. 국가는 아무렇지 않게 그를 '장애인'으로 사적화시키고, '격리자'로 공적화하였다. 그 결과 그는 벌거벗다 못해 몸을 잃어버린 시민으로서만 K-방역에 포섭되었다.

우리는 보건소에 접근할 수 없는 장애인을 위해 '이동검체팀'을 만들어 방문 검사를 시행했지만 보건소의 환경은 여전히 변하지 않았다. 대중의 인식 개선 덕분에 마스크 착용의무화에 따른 과태료 부과 대상에서 발달장애인은 면제될 수 있었지만, 더 나아가 본인에게 맞는 방역의 기술과 방법을 얻을 수는 없었다. 예외적인 대상에 대한 예외적인 조치는 이루어졌지만, 애초에 그 예외를 만들어 온 시스템은 공고해졌다. 나는 말로는 왜 장애인이 재난에 취약한가를 질문하기보다 어떻게 장애인이 재난에 취약해져 왔는가를 질문해야 한다고 강조해 왔지만, 그 실천에 있어서는 장애인을 방역의 '취약계층'으로 설정했을 뿐 재난위기 시대를 해결해 나가기 위한 '주체'로서 장애인을 바라보지 못했다. 제도 이전에 '시민', '인간' 자체에 공백이 있었다.

전근배

돌봄 권력화: 돌보는 자와 돌봄을 받는 자

이런 '배려'의 본모습은 곧 드러났다. 서울시가 사회적 거리두기 단계를 강화하며 건물 외벽에 내걸었던 "어느 마스크를 쓰시겠습니까?" 포스터는 소위 대박이 났다. 직관적인 전달력과 표현 때문이었다. 왼편에는 집에서 마스크를 쓴 사람이 소파에 앉아 독서를 하고 있으며, 오른편에는 산소마스크를 쓴 환자가 병상에 누워 있다. 이는 공익이라는 감투를 쓰고 감염병의 문제를 개인화하고, 장애인(특히 호흡기를 착용하는 장애인)의 삶을 비참하면서도 공동체에 부담이 되는 것으로 혐오 발화하는 캠페인의 전형이었다. 오른편에 누워 있는 이가 청도대남병원 폐쇄 병동에 갇혀 있던 정신장애인인지, 콜센터의 노동자인지, 학교에서 마스크를 착용하지 못한 발달장애인인지 포스터는 질문하지 않는다. 그저 방역에 도움이 되는 몸과 방역을 위협하는 불필요하고 소모적인 몸을 나누고, 왼편의 사람은 오른편의 사람의 비용을 같이 부담하고 있다는 논리만 보여줄 뿐이다.

이런 인식과 재현은 돌봄에 관한 문화를 보여준다. '부양하는 자'가 있어야 '부양받는 자'도 존재한다. '돌봄을 제공하는 자'와 '돌봄을 제공받는 자'가 구분된다. 이 구분 안에서 '먹여주고 재워주는 것', '돌봐주는 것'과 같은 행위가 가장 중

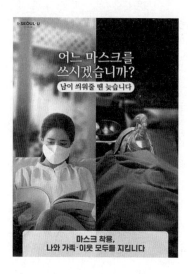

"어느 마스크를 쓰시겠습니까? 남이 씌워줄 땐 늦습니다." 서울시는 2020년 8월 말 옛 서울시청사인 서울도서관 외벽에 대형 포스터를 게시했다. 마스크를 쓴 채 소파에 앉아서 책을 읽는 여성과 산소호흡기를 착용한 채 수술실에 누워 있는 환자의 모습이 극명하게 대비된다.

요한 윤리가 되고, 그 행위 이외의 것은 중요하게 다뤄지지 못하고 일정 정도 '그래도 되는 것'이 된다. 그 순간 우리 사회는 질문을 멈추고, '돌봄의 이유'를 잃어버린다. 그렇게 되면 돌봄은 기계적인 노동이 된다. 돌봄은 진정 누구를 위한 것인지, 우리 사회의 돌봄이 무엇을 이루려고 하는지, 돌봄에 합당한 과정과 자세, 태도는 또 어떠해야 하는지, 어떤 맥락에서 갈등이 발생하며 이를 해결하기 위한 원칙은 어떻게 만들어 갈 것인지와 같은 모든 사회적 논의는 단순한 돌봄의 행위나 기술에 압도되어 부차적인 것이 된다.

위기의 순간이 될 때면 더욱 그렇다. 코로나19 1차 대유

전근배

행 당시 가장 먼저 거리두기를 시작한 곳은 정부와 지자체를 비롯해 국민연금공단이나 발달장애인지원센터 등과 같이 장애인 복지 전달 과정에 관계하는 (준)공공기관들이었다. 정부와 지자체는 장애인의 방역 상황에 대해 그다지 관심을 가지지 않았고, 활동 지원 서비스와 같이 일상생활에 직결된 서비스를 신청받아 그 실태를 조사하는 국민연금공단은 방문 조사를 멈추었다. 발달장애인지원센터는 지역 발달장애인의 상황에 대한 모니터링체계조차 갖추고 있지 않았다. 주요 복지기관들은 정부와 지자체의 방침만을 기다릴 뿐이었다.* 공공이든 민간이든 이토록 쉽게 돌봄을 멈춘 데에는 제도가 정지한 순간 이제까지 제도를 지탱해 왔던 '배려'의 전달체계 이외에 이를 대안적으로 작동시킬 수 있는 사회적 감각이 존재하지 않았기 때문이다. 이전에는 이런 현상을 '윤리의 상실'이라고 일컬었지만, 어쩌면 이것이 돌봄 윤리의 본모습이라고 할 수도 있겠다.

---

* 국가인권위원회가 2020년 11월 조사한 결과에 따르면 장애인복지관을 비롯하여 기관이나 시설을 통해 제공되는 서비스의 경우 평소 이용하던 사람이 휴관(폐쇄)으로 인해 이용하지 못하게 된 비율이 서비스 종류별로 적게는 62%(발달 재활 서비스), 많게는 97%(장애인복지관)로 나타났으며, 이종성 국민의힘 의원실은 2020년 9월 8일 기준 전국 장애인복지관·주간보호시설 1,033곳 중 약 80%에 달하는 822곳이 휴관 중이라고 밝혔다.

장애인은 돌봄의 주체가 될 수 있을까?

　　장애인의 돌봄은 '부양'의 문제로 줄곧 인식되어 왔다. 아이를 돌보는 양육養育이든, 어른을 돌보는 봉양奉養이든 자신의 힘만으로 생활이 어려운 이들에게 취해지는 원조가 보통 부양扶養이다. 한자 문화권에서 '돌봄'의 의미와 가장 밀접하게 관계된 말이 '양養'이라는 설명도 있다. 가족을 중심으로 짜여진 부양 구조에 대한 문제의식으로 '발달장애 국가책임제', '정신장애 국가책임제'와 같은 요구가 나타났지만, 이 역시 결국 누가 부양을 할 것인가의 문제에 그친다. 이 때문에 탈시설에 반대하는 시설 운영자들과 시설에 장애인을 맡긴 부모들은 "탈시설은 사형"이라고 말한다. "시설은 감옥"이라는 탈시설 장애인의 목소리보다 이들의 요구가 더욱 중요한 문제로서 정치적으로 다루어진다.

　　"돌봄은 곧 부양"으로 납작해지는 현실은 너무나 당연하게 당사자의 서사를 허락하지 않는다. 돌보는 행위 이외에는 묻지도 따지지도 않는 방식의 장애인 돌봄은 '돌봄을 제공하는 자'와 '돌봄을 받는 자'를 구분하고 전자를 권력화하는 결과를 불러왔다. 많은 반민주주의적 행태가 그러하듯 돌봄의 권력화는 돌봄의 주체를 '권리를 지닌 자'에서 '(권리 실현의) 의무를 이행하는 자'로 역전시켰으며, '돌봄받을 권리를 지닌 자'에

　　　　　　　　　　　　　　　　　　　전근배

게서 시민의 자격을 박탈했다. 나아가 돌봄을 받을 자격이 있다는 사실을 국가나 정부에 증명하라고 요구하기에 이르렀다.

　　가령, 장애인은 자신의 필요나 상황보다 '장애인' 모순으로 점철된 장애 판정과 급여 판정 시스템을 통과하여야 어떤 서비스를 받을 수 있는지 결정된다. 권리로서의 성격이 박탈된 돌봄은 능력에 따라 누릴 수 있는 하나의 상품이 되었으며, 그만큼 개인화되기도 했다. 수용시설로 입소하는 과정에서 장애인의 선택은 의도적으로 배제되지만, 수용시설을 나오려고 할 때에는 이후 스스로 삶을 유지할 의지(소위 '욕구')가 있는지 또는 시설을 나올 수 있는 능력이 있는지(소위 '자립 생활 역량')를 확인하는 용도로 적극 활용된다. 의사결정이 어렵거나 그 능력이 확인되지 않은 이들은 범죄 등으로 시설이 폐쇄될 때마저 "무응답은 곧 시설 서비스 욕구"라며 다른 시설로 손쉽게 전원되어 왔다. 누군가를 어디에 배치하여 부양을 받게 할 것인가, 무엇을 제공하여 부양할 것인가를 결정하는 이 권력은 장애인의 돌봄정책 전반에 관여한다.

　　돌봄의 권력화는 제공자의 이해만을 강화한다. 위기의 순간 제공자의 권리에 비해 장애인의 권리는 쉽게 침해된다. 외출, 외박, 면회 금지와 같은 통제 조치는 장애인과 밀접촉이 불가피한 노동자들과, 운영자를 제외한 입소자들에게만 이루어졌다. 예방적 코호트격리 명령으로 14일간 시설에 강제 수용된 운영자와 사회복지사들의 "우리는 인권이 없냐!"라는 외침은 아이러니하게도 그간 수용 '대상자'였던 장애인의 삶을 적절히 표현해 주었다.

　　그러나 3년 내내 입소자들의 사회 교류가 전면적으로 차단되었다는 사실은 그다지 문제 삼지 않았다. 오히려 그들은 위험구역인 집단시설에서의 조속한 퇴소와 주거지 및 돌봄 인력 제공 등과 같이 구조적인 방역 조치를 담은 장애인 단체의 '긴급 탈시설' 주장은 적극적으로 반대했다. 코로나19 위기 동안 적지 않은 사회기관들이 아무렇지 않게 장애인의 돌봄을 멈출 수 있었던 이유, 방역을 이유로 비장애인에게는 감히 내리지 못할 조치(가령, 외출 금지)들을 간편하게 취할 수 있었던 배경에는 그간 우리 사회가 통용해 온 '돌봄'이란 이름의 권력이 있다.

　　이런 점에서 장애인이 자신의 권리를 표현하는 언어로 '돌봄'을 채택하는 데에는 망설임이 생긴다. 앞에서 설명한 것처럼 '돌봄'은 그 제공자와 대상자를 구분하며 우리 사회에서는 특히 전자만을 주체로 인식하는 경향이 있다. 좁게는 돌봄을 제공하는 인력이나 기관을 지칭하며, 넓게는 지자체와 국가를 의미할 수 있다. 그렇다면 지금 논의되는 '돌봄사회'의 구상은 돌봄의 대상에만 머물러 온 시민들의 권리에서 출발하는 것인가, 아니면 돌봄 제공자의 권한이 강화되는 사회를 말

　　　　　　　　　　　　　　　　　　　　　전근배

하는 것인가? 나는 가부장의 월급이 많아지면 가정폭력이 줄어든다는 인과관계가 위험하듯, 돌봄 제공자가 편해지면 돌봄 대상자가 된 시민들의 삶의 질 또한 높아질 것이라는 막연한 기대를 경계한다. 또한, '돌봄'은 그 자체가 무조건적으로 선하다는 인식을 은연중에 내포함으로써 돌봄의 내용과 방식에 대한 고민을 간과하게 만들 수 있다. 장애인을 관리하는 일정한 규범적 틀로서 자리매김하고 있는 현재 제도의 내용과 방식, 그로 인한 관행들이 막연히 '선'의 이미지로 은폐될 수 있다.

　'돌봄'이라는 관념은 종종 상호성, 호혜성, 의존성이라는 페미니즘의 언어와 맞물려 사고되기도 한다. 이러한 접근은 모든 인간 존재의 취약성을 드러내고, 그에 대응할 수 있는 관계를 구축하며, 보편적인 사회계약의 새로운 시작점을 제공한다. 하지만 다른 한편으로, 모든 인간의 속성을 단순화하여 상상함으로써* 현실적 본질로서의 신체와 그와 밀접하게 관계되는 권력 불평등을 간과하게 만든다. 결국 예속의 문제를 인정하지 않거나 도외시한 채, 공동체의 역할을 '어머니'와 '자식' 관계의 확장 정도로 환원하기도 한다. 따라서 우리 사회가 장애인을 주체로 인정하지 않고 장애 경험에 충분히 집중하지

---

* 예를 들어, 취약성을 얼마나 다양하고 복합적으로 상상할 수 있는가, 늙음으로써 갖게 되는 취약성과 손상으로서의 취약성은 동일한 무게인가 등에 대한 논의로 확장될 수 있다.

장애를 중심에 둔 돌봄사회

않는다면 '돌봄사회'는 의도하든 의도하지 않든 '시설사회'의 면모를 벗어나기 어려울 것이다.

새로운 계약의 조건: '돌봄의 불능화'를 넘어

장애 운동 활동가 노금호는 마르크스의 '소외'에 대한 사유를 빌려 다음과 같이 장애인의 소외가 어디에서 기인하는 것인지 이야기한 바 있다.

> 장애인의 소외는 어디에서 오는가? 사회 일반에서 인정되는 가치를 창출하는 행위 자체와 결과로부터 차단당하고, 그런 행위의 주체로부터 애초 배제되면서. 그리고 그 가치의 산물을 타인이 오롯이 전유하며 그것을 받아먹어야만 생존할 수 있는 '나머지 존재'가 됨으로써. 그로 인해 '이상' 또는 '잉여'로 취급되어 사회 일반과 단절되고, 모든 권리들이 양도·이전·상실·소원해진 가운데 자연과 인간 집단으로부터 분리되어 유적 존재로서의 의미를 실제적으로 갖지 못하면서. 그리하여 결국에는 그 자신으로부터 자기의 인간적 가능성들 자체를 포기하지 않고서는 도저히 존재하지 못하게끔 내몲으로써.[10]

앞에서 살펴본 팬데믹 상황에서 드러난 장애인 돌봄의 '장애인' 모순, 시설화 돌봄, 돌봄 권력화는 모두 인간의 돌봄이 한 인간을 어떻게 불능화(장애화disablement)해 가는가와 관계된다. 장애인에게 돌봄은 생존·필수·지원·보장·도움·보살핌과 같은 의존과 연결된 경험이기도 하지만, 격리·감금·보호·분리·배제·시혜·동정·통제·구속과 같은 예속을 부르는 경험이기도 하다. 장애인은 도움이 필요한 대상이고 비장애인은 그를 부양해야 하는 존재라거나, 장애인은 '미성숙'하기 때문에 자신의 삶을 선택하고 통제할 수 없다거나, 돌봄을 받는 사람은 의존적이고 수동적이며 전문적인 개입을 필요로 한다는 생각의 기저에는 장애인은 사회적으로 유의미한 존재가 아니라는 인식이 자리 잡고 있다. 그래서 그들을 돌보는 일은 '좋은 일'이지만 '중요한 일'은 아니다.

대표적으로 영국에서는 1980년대를 거치며 '커뮤니티 케어'라는 용어가 현저하게 강조되었는데, 여기에서 '케어'는 돌보아 주는 전문가에 대한 의존을 뜻했으며, 더 정확하게는 보살핌을 받고 보호받는 지역사회로의 종속 또는 의존 dependence upon the community을 의미하는 것이었다.[11] 따라서 이런 관점에 기초한 커뮤니티 케어 정책의 확대·강화는 장애인들에게 '영원한 자식으로서의 역할'을 요구하는 것이었으며, 이에 저항하는 것은 곧 '배은망덕한 자식ungrateful bastard'이 되는 길이

장애를 중심에 둔 돌봄사회

었다.[12] 비록 국가의 사회복지 방향이 종전의 대형병원과 시설이 아닌 지역사회를 중심으로 전환되는 것이었다고는 하나, 장애인의 입장에서 이는 권력관계의 변화라기보다 케어 공급자의 변화에 불과했다. 즉 '도움을 주는 사람'이나 '전문가'에게 상당한 권력이 위임되고 확산되는 과정이기도 했다. 장애인에게 '돌봄'은 어떻게 권리의 언어가 되고, 불능화를 벗어나 자력화의 수단이 될 수 있을까?

장애를 중심에 둔 '돌봄사회'를 상상하기

아이라 바이옥Ira Byock이 『가능한 최고의 돌봄The Best Care Possible』에서 소개한 바에 의하면, 인류학자 마거릿 미드Margaret Mead는 인류의 문명화 또는 시민됨civilization의 첫 번째 증거로 1만 5,000년 전의 것으로 추정되는 '치유된 대퇴부'를 꼽았다. 자연 세계에서 뼈가 부러져 움직일 수 없게 된 한 인간이 사냥물과 은신처를 제공받고 치료를 받으며 뼈가 아문 흔적이 발견된 것이다. 흔히 이를 증거로 '돌봄'이 인간의 근원적인 존재 양식이라고 일컫는다. 아마 다친 이는 사냥 나간 사람이 돌아올 때까지 음식을 준비하거나, 외부 존재들로부터 은신처를 지키며 내일 먹이를 구해야 하는 이에게 휴식을 제공하지 않았을까?

그렇지 않더라도 다친 이를 치료하면서 겪은 여러 경험, 가령 어떤 식물이 몸에 좋은지 알아내는 일 등은 다친 사람과 그를 보전하기 위해 애썼던 사람 덕분에 공동의 지식으로 축적되었을 것이다.

스피노자는 그의 정치론에서 "인간은 시민으로서 태어나는 것이 아니라 시민으로 만들어지는 것"이라고 규정한다.[13] 사실 '돌봄'은 시민으로 만들어지는 모든 과정에 관여한다. 심지어는 그 죽음에까지도 관여한다. 돌봄은 시민으로서 죽고, 이후에도 시민으로서 기억될 수 있도록 한다. '케어'의 스피노자식 해석이 가능하다면 그것은 '(자기) 보존' 또는 '(자기) 보전'일 것이며, 그가 말한 대로 모든 존재의 본질인 코나투스conatus의 다른 표현이라고 할 수 있다.* 인간의 역사는 자기 보존의 역사이다. 자연 상태의 인간이 각자의 부적합하고 불안정한 생물학적 생존 상태를 벗어나고, 자신의 신체성을 보존하는 데에만 몰두하는 공리주의적 규범에 압도되지 않으면서, 더 큰 자연의 질서를 인식하여 보다 양질의 생존에 적합한 관념을 만들고 현실화시켜 가는 과정이다. 따라서 돌봄은 인간의

---

* 스피노자는 『에티카』 제3부에서 "각각의 사물은 자신 안에 존재하는 한에서 자신의 존재 안에 남아 있으려고 한다"(정리6)라고 규정하며 "각 사물이 자신의 존재 안에서 지속하고자 하는 성향conatus은 그 사물의 현실적 본질"(정리7)이라 말한다. 코나투스는 스스로를 보존하고자 하는 성질(보존성)과 스스로를 높이려는 경향(완전성)의 속성이다. 즉, 코나투스는 개체들 속에 필연적으로 내재하는 근원의 힘이라고 할 수 있다.

장애를 중심에 둔 돌봄사회

존재론이자 인식론이며, 윤리학이자 정치철학에 관한 문제와도 관계된다.

앞에서 지적한 '장애인' 모순, 시설화 돌봄, 돌봄의 권력화는 너무나 일상적인 것이 되어서 마치 그것이 장애인에게 내재하는 '특성'이자 장애인을 대하는 돌봄의 '전문성'처럼 여겨지기까지 한다. 그러나 장애가 피할 수 없는 인간의 본질인 것처럼 장애인의 돌봄 역시 모든 인간 돌봄의 미래이다. 장애인의 돌봄 현실이 결국 우리 사회의 돌봄 현실이자, '비장애인' 다수가 겪을 돌봄의 미래를 예고한다(이것은 장애등록 여부와는 관계없다).

그렇다면 새로운 돌봄은 어떻게 구상되어야 할까? 나는 '돌봄 대상자'를 별도로 규정하여 취급하지 않으며(또는 가능한 한 보편화하며), 돌봄을 구현하는 가장 정의로운 방식을 찾고, 돌봄에 내재해 있는 지금의 권력관계를 인정하여 오히려 평등하게 갈등할 수 있는 관계를 재구축하는 방식으로 이루어져야 한다고 생각한다. 그리고 그 중심에는 '장애인'이 있다. 여기에서 말하는 '장애'는 기존의 등록 장애의 기준을 지칭하는 것이 아니라 보편적인 생의 조건으로서 인정할 수밖에 없는 몸의 현실을 말한다. "우리 모두 장애인이 될 수 있다"라는 가정이 아니라, "우리는 모두 장애인이며, 반드시 장애인이 된다"라는 의미이다.

인간은 사고와 같은 우연적인 요소가 아니더라도 나이 듦이나 병듦과 같은 필연적인 이유로 결국 장애와 만날 수밖에 없다. 그러나 우리 사회에 너무나 만연하여 하나의 전제처럼 여겨지는 비장애중심주의와 능력주의는 특정인의 몸을 자연적이고 사회적인 것으로 인정하는 한편, 누군가의 몸은 병리적이고 개인적인 것으로 구별했다. 이러한 이데올로기 안에서 우리는 숨 쉬고 있는 인간의 현실적인 문제에도, 그러한 몸이 살아가야 할 사회의 문제에도 제대로 대처하지 못해왔다.

시버스는 '건강함' 혹은 '비장애 상태'는 기껏해야 인간의 임시적인 정체성일 뿐이라고 주장한다. 그는 '장애'를 인종, 젠더와 마찬가지로 사회 분석을 위한 하나의 틀로 활용하자고 제안한다. 이는 손상과 장애를 서로 교통 가능한 범주로 바라보며, 인간 모두에 속한 보편적 문제로서 장애를 바라보는 접근이다. 그에게 중요한 것은 범주를 구분하는 것이 아니라 흩트리는 것이며, 이러한 접근은 특정한 몸만을 선별하고 때로는 배제하는 이데올로기를 분석함으로써 '사회적 몸'을 확장한다.

장애를 지닌 몸은 발가락으로 밥을 떠먹고, 손과 귀로 책을 읽으며, 소리를 지르면서 안정감을 찾는다. 바닥을 기고, 입으로 서명하며, 때로는 경직된 팔과 발로 행인을 걷어차기도 한다. 이 노골적이며 거친 현실, 몸의 일상, '건강한 사람'이

거의 상상하지도 못할 물질성을 경험하는 신체가 '예외적'으로 취급되는 것이 아니라 오히려 사회를 설계하는 데 중심으로 설정될 때, 그 경험을 통해 발견되는 장애화 요인을 제거해나가며 인간 모두가 보다 유리한 생존을 담보할 수 있게 될 것이다.* '장애'를 중심으로 돌봄사회를 구상하는 일은 결국 장애인으로 등록된 사람들의 문제를 인간 보편의 필연적인 문제로 직시하는 일이며, 자연의 필연이자 인간 세계의 수많은 우연에도 불구하고 우리가 어떻게 공동체를 이루어야 스스로의 자기 보존과 더 큰 완전성에 유리해질 수 있는 것인가를 탐구하는 일이다.

---

* 일부러 '유리한 생존'이라는 표현을 쓴다. 돌봄은 도덕적인 어떤 것이 아니라 실질적으로 생명의 조건에 유리한 원리여야 한다. 가령, 장애인을 고려하는 방역체계는 도덕적으로 그것이 옳기 때문에 추가적인 비용을 투입해야 하는 것이 아니라, 가능한 한 모든 몸들을 고려해 나가는 방역의 설계가 애당초 사회 전체의 유지와 인간 생존에 유리하기 때문에 그러해야 한다. 마찬가지로 '안전'과 '정의'는 대척점에 있는 것이 아니라, 정의로워야 더 안전하다. 나는 '돌봄사회'에 관한 논의가 고고해서는 안 되며, 돌봄 윤리 혹은 돌봄 정의 역시 매우 세속적이어야만 사회를 바꾸는 힘이 조직될 수 있다고 생각한다.

전근배

의존과 질병의 '정상성'

: '셀프서비스'의 시대에서 돌봄이 흐르는 사회로

조한진희

(다른몸들 활동가)

보호를 강조할 때 약자는 영원히 약자로 남는다.

우리는 이제 그 너머를 질문해야 한다.

어떤 조건이 특정 존재를 약자로 만드는가?

약자를 약자로 만들지 않을 수 있는 사회는

어떻게 가능한가?

"내 손으로 밥숟가락 뜰 수 있을 때까지만 살겠어!"

자기 손으로 밥조차 떠먹을 수 없는 상태는 인간다운 삶이 아니라는 말들도 거침없이 이어진다. 이런 말을 들을 때마다 떠올린다. 요양원에 누워 계신 여전히 반짝이는 눈빛의 다정한 친척 할머니, 애초 자신의 손으로 밥을 먹어본 적 없는 중증장애가 있는 동료들, 그리고 질병으로 몸의 기능이 급격히 변화(상실) 중인 젊고 아픈 몸들.

물론 저 말은 '그런 몸'들을 혐오하겠다는 의지의 표현이 아니라, 자신의 의지로 몸을 통제할 수 없는 상태에 대한 두려움에서 기인한 것일 테다. "벽에 똥칠할 때까지 살아라" 같은 말이 욕으로 쓰이는 것도 비슷한 맥락이다. 적극적으로 의존하고 돌봄을 받아야 하는 몸을 무능력과 수치로만 여기는 사회에서, 그런 '수치스러운 몸'이 된다는 공포는 죽음보다 삶을 두렵게 만들고 있다.

두려움은 충분히 이해할 수 있다. 하지만 이러한 사회에서, 어떻게 돌봄노동의 가치가 제대로 평가받을 수 있으며 돌봄중심사회로의 전환이 가능할 수 있을지 의문이다. 물론 생명체로서 신체 기능이 약화되는 것에 대한 두려움은 본능에 가까울 것이다. 하지만 죽고 싶을 만큼의 두려움을 갖는 게 필연은 아니다. 키테이Eva F. Kittay를 비롯한 페미니스트들은 영유아부터 노인에 이르기까지 생애 주기에 따라 의존의 정도가 다를 뿐, 절대적인 의존 상태를 겪지 않는 인간은 존재하지 않는다고 말해왔다. 인간에게 의존은 보편이자 '정상'임을 강조한 것이다.

그러나 이 말에 고개를 끄덕이는 이들조차, 취약성이 적극적으로 발현되는 몸(적극적 돌봄이 필요한 몸)에 대해 수치와 혐오를 뱉는다. 그리고 '의존이 필요한 상태'는 '독립적인 완전한 인격체'에 부합하지 않는 문제적 상태로 인식한다. 의존은 독립의 결여이며, 적게 의존할수록 독립적이라고 여긴다. 무엇보다 무언가에 의존할 수밖에 없는 인간의 '취약성'을 개인의 상태로 인한 것이라고 여기며, 취약한 사람을 상냥하게 돌보는 착한 사회를 만들자고 말한다. 그러나 알다시피 취약성은 피

조한진희

부 아래의 문제이기도 하지만, 피부 바깥의 문제이기도 하다.

길치, 사회문제로 사유하기

나는 건강문제로 오랫동안 외출을 다소 제한하며 살고 있다. 이는 나의 체력문제이기도 하지만, 이 사회가 아픈 몸들이 안전하고 편안하게 돌아다닐 수 있도록 설계되어 있지 않기 때문이기도 하다. 의존과 취약성에 대한 설명을 위해 '길치'로서 헤맸던 이야기를 좀 길게 해야겠다.

일전에 경춘선 ITX청춘열차를 타러 갔다. 워낙에 공간감각이 떨어지는 '길치'인 데다가, 특히 청량리역처럼 복잡하고 사람 많은 곳에 가면 공간 지각력이 더욱 떨어진다. 게다가 여러 해 동안 사회적 움직임을 최소화하며 살면서 주로 집 근처 텃밭이나 병원, 도서관 같은 공간에 머무는 시간이 많다 보니 번잡한 도심에 갈 때는 다소 긴장하게 된다.

그날도 여느 때처럼 걱정을 안고 기차 시간보다 40분 먼저 역에 도착했다. 헤매는 것을 염두에 둔 시간이었다. 청량리역은 8개 노선이 지나는 곳인 만큼 엄청나게 넓은 공간이 주는 위압감과 번잡함을 품고 있었다. 표지판을 보고 경춘선 방향을 따라갔지만, 교통카드를 찍고 들어가는 지하철용 개찰구만 보일 뿐, 기차용 개찰구를 찾을 수 없었다. 지나가는 사람 여럿에게 물었지만 잘 모른다는 답변이 돌아왔고, 오히려 이주 노동자로 보이는 몇몇이 나에게 와서 경춘선 타는 게이트가 어디냐고 물었다. 그 넓은 청량리역을 헤매는 동안 안내데스크는커녕 지나가는 승무원 단 한 명을 볼 수 없었다.

한참을 헤매다가 불현듯 기차표를 예매할 때 "승차권의 QR코드를 이용"하라던 메시지가 기억났다. 혹시나 해서 지하철 개찰구로 다시 가보니, 지하철 카드를 찍는 곳 아래 아주 작게 QR코드를 찍는 곳이 보였다. 그 개찰구에서 스마트폰의 코레일 앱을 열고 QR코드를 찍고 드디어 들어갔는데, 이번에는 승강장을 찾을 수 없었다. 앱 속 승차권에는 승강장 번호가 공란이었다. 청량리역은 수많은 노선이 지나는 만큼 승강장이 많았고, 경춘선을 어디서 타야 하는지 찾느라 헤매는 시간이 이어졌다. 나중에 인터넷에 검색을 해보니 탑승시간 15분 전부터 앱 화면에 승강장 번호가 표기되는 시스템이었다. 너무 낯선 시스템이라 긴장한 탓에 휴대폰 앱 승차권에 작게 안내되어 있는 글씨를 놓쳤던 것이다.

마침내 길고 긴 헤맴 끝에 드디어 승강장을 찾아내서 달려갔는데, 이미 기차는 저만큼 출발하고 있었다. 허탈함과 함께 어디를 향하는지 모를 분노가 일었고, 곧 무력감이 밀려왔다. 어떤 이들은 청량리역 같은 공간에서 표지판만으로 길을

조한진희

찾는 게 식은 죽 먹기겠지만, 나처럼 대도시의 시스템으로부터 다소 멀어진 사람이나 노년층에게는 그렇지 않다. 밖에서 보기에 번쩍번쩍한 청량리역 내부는 누군가에게는 이렇듯 미로 같은 지옥이다. 그리고 무력함과 소외감을 느끼는 장소이기도 하다. 점점 더 복잡해지는 사회에서 이 '무능력한 몸'으로 얼마나 더 살아낼 수 있을까? 도대체 이 도시는 어떤 몸을 기준으로 설계되어 있는 것일까?

이후 서울시에 청량리역 이용 개선 민원을 제출했다. "청량리역은 도대체 어떤 몸을 가진 이를 시민으로 상정한 공간인가요? 공공장소는 다양한 시민에게 편의를 제공할 의무가 있습니다. 곳곳에 안내데스크를 설치하고 안내 인원을 배치하기 바랍니다. 스마트폰을 비롯한 기기와 정보 이용에 익숙하지 않은 시민들을 '약자화'하고 배제하지 말아주십시오."*

---

* 민원을 제기한 당시 《한겨레》에 〈잘 아플 권리〉라는 칼럼을 연재하던 중이었고, 해당 지면에 민원 제출 내용을 언급하며 사회적 이슈화를 시도했다. 그 덕분인지 한국철도공사 사장의 지시라며 곧장 면담을 요청해 왔다. 여러 차례 논의 끝에 결국 2021년 7월 청량리역에 알기 쉬운 표지판이 설치됐으며 안내데스크도 운영을 시작했다. 이는 나 같은 이들뿐 아니라 노인, 경계성 발달장애인, 이주민, 비서울지역시민 등의 이동권이 다소나마 나아졌음을 의미한다. 살아 있는 것은 어떤 식으로든 이동한다. 그 이동은 단순히 물리적 움직임 자체를 넘어서, 시민으로서 사회에 참여하는 과정이다. 그런 의미에서 이동 정의Mobility Justice가 보장되지 않는다는 것은 삶의 가능성과 시민권을 제한당한다는 뜻이다.

의존과 질병의 '정상성'

셀프서비스: '자립'의 사회

사실 이런 자괴감은 청량리역처럼 거대한 공간에서만 느끼는 게 아니다. 거리를 걷다가 이따금 현기증이 다소 심하게 나타나 눈앞이 일렁일 때가 있는데, 그럴 때 잠시 앉아서 호흡을 고르려고 해도 벤치 하나를 찾기가 어렵다. 결국 카페를 찾아 들어가면 '셀프서비스'인 상황이다. 그런 날은 카운터에서 음료를 들고 테이블까지 오는 게 고역이다. 몇천 원을 더 내고서라도 테이블까지 음료를 가져다주는 카페를 가고 싶지만, 이제 도심에서 그런 카페는 드물다.

나처럼 '셀프서비스'를 싫어하는 이가 또 있다. 휠체어를 이용하는 지인들 중 한 명인데, 그는 종종 '셀프서비스' 앞에서 자신이 작아진다고 말한다. 오랜만에 카페에서 만나면 지인은 아픈 사람을 매번 부려 먹어서 미안하다고 하고, 나는 "셀프서비스가 손상을 장애로 만든다"라고 답하며 웃는다. 이 말은 "손상은 손상일 뿐인데 특정한 조건이 손상을 장애로 만든다"라는 장애인권운동의 오래된 구호를 적용한 것이다.

즉, 서빙을 해주는 카페라면 그가 혼자서 음료를 주문하고 마시는 데 아무런 불편이 없다. 그러나 셀프서비스인 카페에 가면 두 다리로 보행하지 못한다는 손상 혹은 휠체어 이용자라는 특성이 '장애'가 된다. 우선 카운터 옆 음료가 제공되는

조한진희

공간이 높아서 아예 접근할 수조차 없을 때가 수두룩하다(음료를 내주고 받는 곳은 기본적으로 서 있는 사람을 기준으로 높이가 설정되어 있다). 설령 운 좋게 높이가 맞는다고 하더라도 음료를 받아서 테이블까지 가는 길이 만만치 않다. 카페의 테이블 사이 거리는 좁고, 그 사이를 베스트 드라이버처럼 휠체어를 움직여가도 결국 의자나 테이블에 부딪혀 음료가 흐르기 일쑤이다. 몸에 맞는 편의가 제공되지 않아, 그는 무기력함이나 무능력을 경험하게 된다. 즉, 특정한 상황과 관계 속에서 무언가 할 수 없게 될 때 손상이 장애가 되는 것인데, 공간 구조 안에 내재된 차별과 억압이 손상을 장애로 만든다.

손상을 장애로 만드는 가장 흔한 예는 농인에게 제공되지 않는 자막과 수어통역 서비스이다. 농인들은 자신이 한국 영화를 보기 어려운 이유는 들리지 않음이라는 특성 때문이 아니라, 한글자막이나 수어통역이 제공되지 않는 환경 때문임을 수십 년째 주장해 왔다. 자막이나 수어통역을 제공하지 않는 현실이 그들의 특질 혹은 손상을 장애로 만든다고 말이다. 그런데 사회는 자꾸 원인을 바꿔치기해서, 청각장애가 있기 때문에 한국 영화나 드라마를 보기 어려운 것이라고 우긴다.

누구나 무언가에 의존해서 살아간다. 나 같은 청인들은 음성언어에 의존하고, 농인들은 문자나 수어에 의존한다. 젊은이를 비롯한 상당수의 시민들은 기차표를 예매할 때 스마트폰 앱에 의존하고, 노인들은 대개 역의 창구에 의존한다. 청량리역 같은 곳에서 누군가는 표지판에 의존해서 갈 곳을 찾아내지만, 노인이나 나 같은 사람들은 표지판보다는 사람이 필요하다. 그런데 특정 의존 행위 혹은 의존하지 못하는 행위는 '문제'가 된다. 나 같은 청인이 음성언어에 의존하는 것은 '정상'으로 여겨져 소리 없이 방송되는 드라마는 곧 '사고'이지만, 문자나 수어에 의존하는 농인들에게 자막이나 수어통역이 제공되지 않는 것은 문제가 되지 않는다. 문제는 그들의 '의존'이다. 그래서 수어나 자막이 제공되더라도 권리가 아니라 시혜로서 주어지고, 예산이나 상황에 따라 언제든 제공되지 않을수 있는 '선택지'로 남는다.

의존과 돌봄 그리고 약자화는 권력이 작동하는 영역이다. 적극적으로 의존하는 몸이 언제나 약자화되는 것은 아니다. 과거 왕은 성인이 되어도 혼자 옷을 입지 못해 하인들이 입혀주었다. 귀족들은 이동할 때도 하인들을 대동해서 늘 돌봄을 받았다. 영화 〈바람과 함께 사라지다〉에서 비비안 리Vivien Leigh가 속옷인 코르셋을 입을 때 흑인 하인이 뒤에서 허리를 잔뜩 조여준다. 하층민 여성들은 혼자서 코르셋을 조였으나, 그런 '독립적' 행위가 자율성과 권력을 의미하지 않았다. 오히려 혼자 코르셋을 입을 줄 모르거나 하인에게 의존하는 행위가 곧 권력이었다. 귀족들의 의존은 그들을 약자화시키지 않았고, 오

조한진희

히려 더 많이 의존할수록 더욱 큰 권력의 크기를 드러냈다.

돌봄에 의존하는 것이 강한 남성성에 위배되는 일이라는 주장도 사실 면밀히 들여다봐야 한다. 혼자서는 넥타이도 제대로 못 매는 남편을 위해 아내가 아침마다 넥타이를 매주고, 아내가 건네주는 영양제를 입에 털어 넣고, 집을 나설 때는 아내가 신기 편한 방향으로 놓아준 구두를 신고 출근하는 모습. 이는 남성성 훼손이 아니라, 남성 혹은 남편으로 '대우'받는 것으로 여겨진다. 다시 강조하지만 특정 의존만이 문제가 된다. 문제는 의존하고 돌봄받는 행위 자체가 아니라, 돌봄을 둘러싼 권력과 통제권이 그 핵심이다.

사회적 약자를 잘 돌보는 게 좋은 사회인가?

스마트폰을 비롯한 다양한 기기와 앱에, 그리고 다량의 정보에 '의존하는 것'을 강조하는 시대가 됐다. 그런 것에 능숙하게 '의존'하는 것은 효율성, 적절함, 세련됨의 상징이 됐고, 잘 의존하지 못하는 사람은 구식인 것을 넘어서 일상에서 상당한 불편이나 불이익을 감수해야 한다. 이를테면 스마트폰에 익숙한 이들이 연휴 때 시각을 다퉈 기차표를 예매해 버리면, 노인들은 남은 입석으로 기차를 타야 한다. 코로나19 초기 마스크 대란 때도 마스크가 있는 약국을 알려주는 앱을 이용할 수 없었던 노년층을 비롯한 이들은, 길게 줄을 서고도 마스크를 구매하지 못해 일회용 마스크를 빨아 쓰며 버텼다. 요즘 카페나 마트에 늘어나는 키오스크 앞에서 당황하며, 뒤에 서 있는 사람들 눈치를 보느라 식은땀을 흘리는 것은 비단 노년층만의 일이 아니다.

의존과 자립에 관해 일본의 경제학자 나카무라 히사시 中村尙司는 "많은 사람에게 의존해야 자립할 수 있으며, 다양한 의존이 가능해야 종속되지 않을 수 있다"[1]라고 말한 바 있다. 연결해서 일본 도쿄대학교 교수이자 뇌성마비 장애인 구마가야 신이치로 熊谷晋一郎의 말을 살펴보면 좀 더 명확해진다.

"자립은 '의존하지 않는 것'이 아니라 의존할 것을 선택할 수 있는 상태입니다. 세상이 장애인용으로 되어 있지 않으니 장애인은 의존할 수 있는 것이 무척 적습니다. 장애인이 너무 의존하는 게 아니라 의존할 게 부족하기 때문에 자립이 어려운 겁니다. 인간은 약함을 서로 보충하고 의존할 수 있는 사회를 만들면서 강해졌어요."[2]

이는 당연히 장애에 국한된 말이 아니다. 좋은 사회는 다양한 의존이 제공되고, 그 안에서 각자에게 맞는 의존의 형태를 선택할 수 있는 사회이다. 노인들은 정보를 얻을 때 스마트폰보다 사람에게 의존하는 게 편하지만, 최근 청년층에서

조한진희

증가하고 있다는 소위 '은둔형 외톨이'에게는 대면 서비스보다 스마트폰에 의존하는 게 편안하다는 감각을 줄 가능성이 높다. 자신에게 맞는 의존의 선택지가 적을수록 사람들은 사회생활에 제한을 겪고 '약자화'된다.

그런 의미에서 "사회적 약자를 잘 돌보는 사회가 좋은 사회이다"라는 말은 재사유되어야 한다. 이 말은 코로나19 초기 청도대남병원 등에서 발생한 집단감염과 장애인 돌봄 공백 등이 드러나면서 사회적으로 새삼 강조된 말이었다. 물론 이는 기본적으로 민주주의사회에 필요한 말이다. 그러나 보호는 통제를 동반한다. 보호 담론 이상으로 나아가기 위해서는 '정상'에서 비켜난 모든 몸들을 약자화하는 현실을 '문제화'해야 한다. 우리는 이제 그 너머를 질문해야 한다. 어떤 조건이 특정 존재를 약자로 만드는가? 약자를 약자로 만들지 않는 사회는 어떻게 가능한가?

약자화되지 않는 조건: 질병권

'밥숟가락 뜰 수 없는 몸'을 죽고 싶을 만큼 수치스럽고 혐오스럽게 인식하는 것은, 건강한 몸만을 표준이자 올바른 몸으로 설정한 건강중심사회가 만들어 낸 결과이다. 자본주의사회에서 건강의 기준은 노동에 필요한 능력을 유지해야 하는 자본의 필요에 조응하기 때문이다. 신자유주의사회는 건강조차 스펙으로 규정하고, 질병을 자기관리 실패로 만들었다. 결국 질병을 우리가 살아가면서 겪게 되는 생로병사의 자연스러운 과정이 아닌, 특수이자 열등으로 규정했다. 이런 현실에서는 건강한 몸에 대한 찬양이 강력해질수록, 아프고 나약한 몸에 대한 그림자는 짙어질 수밖에 없다. 게다가 돌봄이 제대로 제도화되어 있지 않다 보니, 적극적 의존이 필요할 때 가족이나 시장에 알아서 의탁해야 하는 현실은 두려움을 더욱 깊게 만든다.

그리고 주지하다시피 수명 증가와 현대의학의 발전 방향 속에서 '밥숟가락 뜰 수 없는 몸'은 점점 늘어나고 있다. 질병, 장애, 노화 중 무엇이 계기가 되든 피해가기 쉽지 않은 우리의 미래이다. 그리고 모두가 밥숟가락 뜰 수 없을 정도로 극도의 상태가 되지 않더라도 현대사회는 만성질환의 시대이다. 이상적인 건강한 몸은 많지 않으며, 상당수의 시민은 일상적으로 아픈 몸을 적당히 관리하며 질병과 공존한다. 그렇다면 아프고 병약한 몸은 어떤 조건과 관계 속에서 약자화되지 않고, 불행으로 미끄러지지 않을 수 있을까?

나는 이 질문에 대해 '질병권'을 주장해 왔다. 건강의 손상이 삶의 손상으로 이어져서는 안 된다는 문제의식이었다. 질병에 대한 사회의 제도와 태도가 바뀌면 아픈 몸들도 지금

조한진희

처럼 불행하지 않고 '정상'적으로 살 수 있으며, 질병에 대한 두려움도 줄어들 수 있다고 생각했다. 질병권은 건강권을 포함하지만 초점을 이동시킨 개념으로 '잘 아플 권리'를 의미한다. 건강권의 문제의식이 어떻게 하면 인류가 더 건강한 삶을 영위하도록 할 것인가에 있다면, 질병권은 아픈 몸을 극복하지 않거나 못해도 어떻게 온전한 삶을 누릴 수 있도록 할 것인가를 고민한다.

흔히 건강은 사회참여와 행복의 전제 조건이고, 불평등을 해소하여 모든 인류가 가능한 한 최고의 건강에 도달해야 한다고 말한다. 그러나 사회참여와 행복의 전제 조건이 건강이어서는 안 되며, 아픈 이들에게도 사회참여가 보장되고, 그들도 행복할 수 있는 사회가 되어야 한다. 아무리 노력해도 회복될 수 없는 아픈 몸으로 살아가는 이들에게 필요한 것은 어서 빨리 건강해지라는 요구가 아니라, 잘 아플 수 있는 환경을 만드는 것이다.

그런 의미에서 질병권은 건강한 몸만을 중심으로 설계된 건강중심사회를 비판하고, '아픈 몸'이 기본값인 사회를 주장한다. 질병권은 아픈 몸이 예외와 특수가 아닌 보편이자 정상임을 주장하며, 아픈 몸을 기본으로 사회를 설계할 때 모두에게 더 이롭고 편리한 사회가 될 것이라고 본다. 사회적 요인과 자연적 요인으로 인해 아플 수밖에 없는 현실과 초고령화

사회로 이행 중인 현실을 고려했을 때, 취약한 몸을 기준으로 사회를 구성하는 게 더 적절할 수밖에 없다는 의미이다. 이는 돌봄이 필요한 '의존적'인 사람과 돌봄이 필요 없는 '독립적'인 사람을 나누는 이분법을 벗어나자는 의미이기도 하다. 우리가 아파도 차별이나 배제를 겪지 않고, 의료비 걱정을 하지 않으며, 양질의 돌봄을 제도적으로 받을 수 있다는 신뢰가 있으면, '아프고 늙는 게' 죽고 싶을 만큼 싫고 두려운 일이 아닐 수 있다. 당연한 말이지만, 잘 아플 수 있는 사회가 되기 위한 핵심적 요소 중 하나가 돌봄이다.*

누군가를 돌볼수록 취약해진다

질병에서 돌봄은 의료만큼 중요하다. 의료기술은 죽지

---

* 질병권에서는 인류 역사에서 질병과 아픈 이들은 언제나 존재했지만, 그에 대한 사회적 태도는 시대마다 달랐음을 주시한다. 과거 질병은 불운으로 여겨졌지만, 현재 질병은 실패가 됐다. 즉, 건강이 스펙의 한 요소가 되면서, 질병이 건강관리의 실패로 규정된 것이다. 하지만 우리는 현재 산재, 기후위기, 성폭력과 성차별, 관리되지 않는 유해물질, 극심한 빈부격차, 차별과 같은 '독성물질'로 인해 아플 수밖에 없는 사회를 살고 있다. 그런데 의료비 보장률은 OECD 국가 중 바닥이고 여전히 중산층이 빈곤층으로 이동하는 주요 이유 중 하나가 의료비이다. 노동시간은 세계적으로 길고 산재는 빈번하며, 유급병가 없는 회사가 상당수이고, 상병 수당도 아직 제도화되지 않아서 아파도 일해야 하고 일해서 더 아프게 되는 악순환이 발생한다. 결국 건강하기도 아프기도 힘든 사회이다. '질병권'에 대한 더 자세한 설명은 『아파도 미안하지 않습니다』(동녘, 2019)를 참조하라.

조한진희

않게 만들어 주지만, 돌봄은 회복하고 일상을 누리게 해준다.*
그러나 여전히 돌봄은 가족에게 상당한 책임이 부여된다. 특
정 가족 구성원이 제공하는 돌봄에만 의존해야 할 때 평등하
고 자율적인 관계를 맺기 어렵고, 주어진 돌봄의 선택지가 유
일할 때 돌봄받는 이는 종속된다. 불평등한 관계가 지속되면
질 낮은 돌봄을 넘어서, 방치나 학대 등이 일어나기도 한다. 적
극적 돌봄이 필요할수록 예속되고 굴욕을 겪는다. 이러한 현
실을 벗어나, 빈곤이나 성별 등으로 인해 돌봄에서 차별이나
배제를 겪지 않고, 안전하고 쾌적하게 제도로서 돌봄받을 수
있는 사회가 필요하다.

　　그러나 일상에서 누가 어떻게 돌볼 것인가는 복잡한 정
치적 문제이고, 많은 이에게 돌봄은 여전히 피곤하고 고통스
러운 주제이다. 시장화된 돌봄과 취약한 돌봄의 공공성, 여전
히 강고한 돌봄의 성별성, 돌봄이 보편이 아닌 특수로 규정되
는 현실, 사회적으로 저평가된 돌봄의 가치, 돌봄 노동자의 저
임금과 낮은 처우 등은 제대로 된 돌봄을 수행하는 것도, 받는
것도 어렵게 만든다. 결국 우리 사회에서는 누군가를 돌볼수
록 그 자신도 취약해지는 구조에 놓이게 된다. 그리고 이에 대

---

* 의료도 넓은 의미에서 돌봄에 속한다고 볼 수 있다. 그러나 생활 세계에서 의료는 흔히
의료적 기술로 인식하는 경향이 강하고, 돌봄은 좀 더 정서적이고 일상적인 지원을 의미하
는 경향이 있는 만큼 여기서는 구분해서 사용했다.

한 피해는 연속적으로 돌봄받는 이에게로 이어진다. 이런 현실을 반영하는 극단적 상황이 '간병살인'이나 '간병자살'이다. 처음에는 가족으로서 어느 정도의 애정과 책임감으로 시작한 간병이었을 텐데, 약자를 돌보다가 자신이 견딜 수 없이 취약해지고 결국에는 가해자까지 되는 현실이다.

간병살인이나 자살에 대한 국가적 통계조차 없지만, 서울신문이 심층 취재를 통해 책으로 엮은 『간병살인, 154인의 고백』에 따르면, 2006년부터 10년간 154건의 간병살인이 일어났다. 가해자의 59.3%가 독박 간병 중이었고, 평균 간병 기간은 6년 5개월이었으며, 가해자의 41.7%는 우울감, 15.7%는 불면증을 갖고 있었다.[3] 가족 간병인 대상 설문조사 결과를 보면 "간병 스트레스로 환자를 살해하거나 같이 죽고 싶다는 생각을 한적 있냐"라는 질문에 그렇다는 답변이 29%였다. "간병의 어려움" 척도를 5점 만점으로 조사했을 때, "간병은 끝이 없다(4.3점)", "하루 대부분 시간을 간병에 할애한다(3.7점)", "비싼 약값과 치료비에 경제적으로 궁핍해진다(3.7점)", "도와주는 사람이 없다(3.6점)" 등의 응답이 나타났다.

돌봄노동을 수행하며 우리는 상대의 욕구를 중시하고 밀접하게 서로의 감정을 교류한다. 이러한 이유로 돌봄노동을 오래 할수록 자신이 마모되고 사라지는 것 같다고 말하는 이들이 많다. 하지만 이는 돌봄노동의 특성에서 기인한 필연은

조한진희

아닐 것이다. 공적제도로서 돌봄이 보장되고, 제도가 다 수행할 수 없는 돌봄이 가족 내에서 성별과 상관없이 민주적으로 분배되고, 돌봄이 사회적으로 가치 있게 평가되며, 돌보는 사람도 적절한 쉼과 돌봄을 받을 수 있는 사회 안에서는 돌봄노동이 마모의 과정이 아닐 수 있다.

누군가를 돌볼수록 취약해지는 또 하나의 현실은 '경력단절'이다. 통계청에서 2021년 발표한 「기혼여성의 고용현황」에 따르면, 직장을 그만둔 사유 1위가 육아(43.2%)였고, 결혼(27.4%), 임신출산(22.1%), 자녀 교육(3.8%), 가족 돌봄(3.4%)이 그 뒤를 이었다. 모두 직간접적으로 돌봄노동과 관련되어 있다. 물론 여성만이 돌봄을 수행하지는 않지만, 대부분 여성이 돌봄을 떠안고 있는 현실은 여전히 강고하다. 이런 현실을 잘 알고 있는 자본은 애초 취업 과정에서 점수 조작 등으로 여성을 배제하기도 한다.* 한국여성민우회에서 2021년에 진행한

---

* 다수의 언론과 금융감독원 등에 따르면, KB국민은행은 2015년 서류전형에서 남성 지원자 113명의 점수를 높이고 여성 지원자 112명의 점수를 낮췄다. KEB하나은행은 2013년부터 2016년까지, 성별에 따라 다른 커트라인을 적용하여 619명의 여성이 차별적 커트라인의 피해를 입었다. 신한은행은 같은 기간 동안 남녀 성비를 맞추기 위해 서류전형부터 최종합격자까지 합격자의 성비를 3:1로 인위적으로 조정했으며, 킨텍스는 남녀 합격자 수를 임의로 조작하여 2016년 2차 필기시험을 통과한 여성 응시자 3명을 면접시험에서 탈락시키고, 2017년 1차 서류전형에서 여성 응시자 43명을 탈락시켰다. 한국가스안전공사는 점수와 순위를 조작하여 응시자 31명 중 불합격 대상이었던 13명을 합격시켰고, 합격 순위에 들었던 여성 응시자 7명을 불합격시켰다.

의존과 질병의 '정상성'

채용성차별 집담회에서 한 인사채용담당자는 "여성이 결혼 계획이 있으면 마이너스, 남성이 결혼 계획이 있다고 하면 플러스"라고 한 바 있는데, 이는 매우 의미심장하다. 여성의 무급 돌봄으로 누가 이익을 보고 있는지가 여실히 드러나며, 돌봄의 성별성을 유지하고 싶어 하는 사회구조를 단적으로 보여주기 때문이다.

통상 결혼은 여성에게 돌봄노동의 증가를 의미하지만, 비혼인 경우에도 예외는 아니며 비혼여성 역시 가족 돌봄으로 인한 경력 단절을 겪는다. 이 또한 정확한 통계가 없지만, 점점 더 많은 비혼자녀가 노령의 부모나 아픈 가족을 돌볼 것으로 보인다. 한국보다 앞서 초고령화사회에 진입해 돌봄문제를 겪고 있는 일본의 경우, 고령자의 4분의 1에 달하는 26.2%가 비혼자녀와 동거한다.[4] 특히 비혼자녀가 노령의 부모나 아픈 가족을 돌보면서 직장과 돌봄 둘 중 하나를 선택해야 하는 현실에 놓이는 경우도 자주 발생한다.[5] 이들은 경력 단절 및 재취업의 어려움, 정서적 고립감, 사회적 분리 등을 경험한다. 그리고 정작 본인이 노년에 이르면 경력 단절로 인해 연금이 적거나 없는 어려움을 맞이한다. 이들은 경제적 궁핍과 돌봄 결핍을 동시에 겪게 될 것이다.

물론 가족 돌봄을 수행하며 직장을 계속 다닌다고 해도 문제이다. 여전히 만연한 야근이나 회식 문화는 가족 내에서 돌봄 의무를 수행하고 있는 이들에게 더 불리하게 작용한다. 야근을 해야만 소화할 수 있는 업무량이 빈번하게 배치되는 현실, 야근이 많은 업무를 해야 승진에 유리한 조건, 야근을 통해서라도 업무 성과를 무조건 높이거나 '충성도'를 입증해야 하는 문화가 존재하기 때문이다. 또한, 회식에 참여하지 않으면 정보를 얻을 수 없고 관계를 확장하기 어려운 분위기도 아직 강하다. 회사에서 뒤처지지 않기 위해 최선을 다하고 퇴근 후 집에서 돌봄노동을 수행하다 보면, 수면 시간은 줄어들고 쉴 시간도 마땅치 않아 '과로사'라는 말에 점점 가까워진다.

결국 자본주의사회에서 소위 말하는 '성공'을 하려면, 누군가를 돌보지 않아야 한다. '성공'한 사람들 중 돌봄 책임을 다하며, 그 자리에 오른 사람이 얼마나 될까? 대부분은 자신의 업무에 집중하기 위해 다른 이로부터 무수한 돌봄을 받고 의존은 하되, 자신의 돌봄 책임은 평생 누군가에게 전가하며 살아왔을 것이다.

모든 시민은 돌봄의 주체이다

돌봄노동을 하지 않아야 사회적으로 성공할 수 있고, 누군가를 돌볼수록 취약해지는 현실을 벗어나려면, 시급히 돌봄

의존과 질병의 '정상성'

의 제도화 및 공공성 강화, 돌봄 노동자에 대한 적절한 임금과 처우 개선 등이 필요하다. 하지만 돌봄의 특성상 모든 것을 사회화하기 어렵고, 가족 혹은 생활 공동체 안에서 수행해야 하는 돌봄은 여전히 일정 정도 남는다. 무엇보다 돌봄의 사회화 이상의 좀 더 근원적인 변화가 필요하다. 그런 점에서 페미니스트이자 정치철학자인 낸시 프레이저^{Nancy Fraser}가 제안한 '보편적 돌봄 제공자 모델'은 우리의 상상력을 확장해 준다.

기존의 '남성 생계 부양자 모델'이 임금노동은 하지만 가사노동은 하지 않는 남성을 표준 시민으로 설계한 것이라면, 보편적 돌봄 제공자 모델은 임금노동도 하고 가사노동도 하는 여성을 표준 시민으로 설계한 것이라 할 수 있다. 집 밖에서는 임금노동을, 집 안에서는 돌봄노동을 수행하는 시민을 보편으로 설정해서 사회를 재구성하는 것이다. 이는 인간은 본질적으로 상호 의존적 존재로서 삶을 유지하기 위해 누구나 돌봄이 필요하다는 것을 인정하는 일이며, 시민의 핵심 자격 요건에 돌봄 수행을 포함시키는 것이다. 이를 통해 여성의 일로 간주되었던 돌봄노동이, 성별과 상관없이 모든 시민의 기본적인 역할로 자리 잡을 수 있다. 이 모델은 모든 시민을 돌봄의 주체로 상정하기 때문에, 지금과 달리 일자리는 돌봄 제공자이자 생계 부양자인 이들을 전제로 고안될 것이다.

그래서 보편적 돌봄 제공자 모델은 맞벌이 부부, 아픈

조한진희

가족이나 이웃을 돌보는 사람뿐 아니라, 만성적으로 아픈 몸을 갖고 임금노동을 하는 이들에게도 유용하다. 잘 아플 수 있는 사회가 되려면, 아픈 몸들이 자신의 몸에 맞는 수준에서 임금노동을 할 수 있는 조건을 마련하는 것도 매우 중요하다. 그래야 의료비를 비롯한 생계를 감당할 수 있게 되는 것은 물론, 사회와 분리되지 않고 연결될 수 있기 때문이다. 그런데 만성적으로 아픈 이들은 건강한 이들에 비해 더 많은 시간을 필요로 한다. 의료적 처치와 약물 복용 이외에도 일상적으로 건강을 위해 운동이나 보조요법을 진행하기도 하고, 음식이나 주거 환경 등 생활관리에 더 많은 노력을 기울여야 한다. 돌보는 몸을 표준으로 설정하면, 임금노동시간도 줄어들고 돌보는 시간도 확보되어서 만성적으로 아픈 몸들이 좀 더 안정적으로 노동시장에 진출할 수 있는 기반이 될 것이다.

결국 돌보는 몸을 표준으로 한 사회는 인간은 모두 돌봄을 필요로 한다는 것을 구조적으로 인정하는 일이며, 동시에 돌봄을 기본적인 시민적 역할로 자리 잡게 하는 과정이다. 앞서 말했듯 돌봄은 여성의 일이라는 인식과 제도는 아직도 강고해서 여전히 여성들이 더 많이 돌본다. 가정관리 및 가족 보살피기를 포함한 가사노동시간을 살펴보면 맞벌이 부부와 외벌이 부부 간 남편의 가사노동시간에는 차이가 없었고*, 한국 남성의 가사노동시간은 OECD 국가 중 최하위 수준이다. 이

의존과 질병의 '정상성'

렇듯 여성들은 돌봄노동의 주체로 호명되는 반면, 정작 적극적 돌봄이 필요할 때는 소외되는 경우가 다분하다. 특히 아픈 여성들을 인터뷰해 보면, 돌봄문제로 힘들어하는 이들이 많다. 실제로 삼성서울병원·국립암센터 등의 2019년 공동연구에 따르면, 암 환자가 기혼 남성일 때 아내가 신체적인 도움을 주는 비율은 86.1%였으나, 암 환자가 기혼 여성일 때, 남편이 신체적인 도움을 주는 비율은 36.1%에 불과했다. 여성은 딸(19.6%), 아들(15.8%), 며느리(12.7%)에게 부탁하거나, 스스로 해결하는 경우(12%)도 상당했다. 정서적 지원의 경우 남성 환자의 84%가 아내에게 의지했지만, 여성은 32.9%만이 남편에게 의지했고, 딸(28.5%)과 아들(17.7%)을 통해 그 간극을 메웠다.

돌봄의 성별성을 해체하는 일상의 혁명이 필요하다. '일상'은 지배 전략이 가장 세밀하게 작동하는 공간이며, 동시에 저항적 실천이 적극적으로 펼쳐질 수 있는 장소이다. 미시 권력에 저항하는 개인이 새로운 역사를 쓰고 실천을 만들어 가는 일상에서, '돌봄의 비민주성'을 해체하는 '혁명'이 이제는 발화되어야 하지 않을까? 누가 이 혁명의 주체가 되어야 할까? 성 불평등 현실에 분노하는 남성들, 미투 정국과 N번방 사건

---

* 통계청 「2019년 생활시간조사 결과」에 따르면 가정관리 및 가족 보살피기를 포함한 가사노동시간이 맞벌이 남편은 54분, 외벌이 남편은 53분으로 별 차이가 없었다. 이에 반해 맞벌이 아내는 187분이었고, 남편 외벌이의 경우 아내의 가사노동시간은 341분이었다.

조한진희

을 겪으면서 일상에서 성차별 발언이나 성폭력은 물론 성착취 동영상을 보지 않겠다고 선언한 남성들이 있었다. 나는 이들이 혁명의 한 축에 서는 모습을 상상한다. 무언가를 하지 않는 것을 넘어서, 일상에서 적극적으로 돌보는 주체가 되겠다고 선언해 보면 어떨까? 이는 남성으로서, 돌봄을 받기만 할 뿐 돌봄 책임을 회피하는 무임승차자의 자리를 거부하겠다는 의미이고, 평등하게 돌봄을 분담하는 민주 시민이 되겠다는 결단이다. 동시에 돌봄이 필요한 사람이 기꺼이 믿고 의존할 수 있는 사람으로 성장하는 과정이다.

남성들이 적극적으로 돌보는 몸으로 변화하는 것은 가족이나 생활 공동체 내에서만 유의미한 게 아니다. 현재 요양보호사, 장애인 활동 지원사를 포함한 돌봄 노동자의 92.5%가 여성이다.[6] 돌봄의 특성상 신체 접촉이 많고 돌봄 이용자에 따라 동일한 성의 돌봄 노동자를 원하는 경우가 있는데, 남성 돌봄 노동자를 찾기 어렵다는 하소연들도 상당하다. 남성 돌봄 노동자가 늘어나는 것은 돌봄이 필요한 사람의 입장에서는 의존의 선택지가 확장되는 일이다.

우리가 사회제도와 구조를 당장 바꿀 수는 없지만, 일상에 스며 있는 차별을 하나하나 폐기하면서 대안적 삶을 구현하는 실험은 지금 바로 시작할 수 있다. 구조의 변화를 주장하며 일상을 변화시키는 실천을 통해 내용을 조정 및 보완해 나

　　　　　　　　　　　의존과 질병의 '정상성'

간다면, 구조적 변화와 자신의 변화를 일치시키는 실천적 삶에 더욱 밀착하게 될 것이다.

남성들이 돌봄의 영역으로 들어오는 것만큼 중요한 게 또 하나 있다. 돌봄받는 이들을 돌봄 공론장의 한 주체로 환대하는 것이다. 지금까지 돌봄과 관련한 논의들을 보면 주로 돌봄과 관련한 정책 연구자, 여성 및 노동단체 활동가, 사회복지기관 직원, 돌봄 노동자, 가족 간병 경험자 등이 주된 발언자였다. 반면, 돌봄받는 이들의 목소리는 잘 들리지 않는 것 같다. 언론사에서 돌봄 이슈를 다룰 때도 주로 보호자나 돌봄 노동자들을 인터뷰하고, 돌봄받는 이를 만나는 경우는 상대적으로 드물다. 여전히 누군가에 의해 '대리'되는 존재로 남아 있다.

물론 앞서 열거한 집단에서도 돌봄받는 사람들에게 필요한 것을 설명하고 발언하고 있다. 하지만 그렇게 대리되는 것을 넘어서 돌봄받는 이들이 직접 어떤 돌봄이 필요하고, 어떤 선택지가 더 주어져야 하며, 어떤 정책 변화를 원하는지 발언하는 집단적 주체가 될 수 있어야 한다. 대리되는 존재는 동정, 시혜, 대상화를 피하기 어렵기 때문이다. 이를 위해서는 의존하고 돌봄받는 게 미안하거나 부끄러운 일이 아니라, 명백한 시민적 권리임이 각인되고, 인정되어야 한다.

돌봄받는 이들이 사회적 목소리를 내는 것은 돌봄 생태계의 균형을 잡는 데 있어서도 무척 중요한 일이다. 돌봄은 다

조한진희

양한 필요와 욕구가 충돌하는 장이고, 정의로운 돌봄이 가능한 사회를 만들기 위해서는 여러 입장을 가진 주체들이 평등하게 공론장에 등장할 수 있어야 한다. 이들이 돌봄 공론장에서 경합하는 하나의 주체가 될 때, 돌봄을 주고받는 관계에서 발생하는 예속과 불평등문제가 제대로 담론화될 수 있다. '도덕적' 돌봄을 넘어 냄새나고, 흔들리고, 보람되고, 고약하고, 찢어지고, 자존심 상하는 맨몸의 돌봄을 직면하고 토론할 기회가 확장되는 것이다. 결국 돌봄받는 이들이 발언권을 갖는다는 것은 그동안 수동적 약자로만 여겨져 왔던 존재들이 이러한 낙인을 벗어나는 과정이다. 즉, 적극적으로 돌봄받는 몸을 사회가 수치와 혐오로 감각하는 것은 그들이 삶의 주체성을 상실한 무기력한 존재라고 인식하기 때문이기도 한데, 바로 그 지점을 탈피하는 정공법이 될 수 있다.

"돌봄이 멈추면 세상이 멈춘다"

2022년 3월, 세계 여성의 날을 맞아 시청 광장에서 돌봄의 사회화를 위한 기자회견이 열렸다. 다양한 단체의 활동가, 돌봄 노동자들이 돌봄시장화정책 비판, 돌봄 노동자의 권리향상, 코로나 시대 무급가사노동의 현실 비판 등의 발언을 이

의존과 질병의 '정상성'

어갔고, 나는 의존의 중요성과 돌봄의 성별성 해체에 대해 발언했다. 기자회견을 마치고 나서려는데, 한 기자가 다가와 물었다. 기자회견에서 나온 이야기가 다 올바른 것 같지만, 실현 가능성이 있느냐고 말이다. 가능하게 만들어야 한다고 답했지만, 당위만으로 사회가 바뀌지 않는다는 것을 잘 알고 있다.

집에 돌아오는 길, 기자회견에서 발언했던 돌봄 노동자인 동료와 아이슬란드 여성 총파업^{Women's Day Off} 이야기를 나눴다. 1975년 10월 24일 아이슬란드 여성의 90%가 각자의 자리에서 일손을 멈추고 파업에 참여했다. 수도 레이캬비크 광장에 모인 이들만 해도 인구의 10%에 이르렀다. 이들은 "우리가 멈추면 세상이 멈춘다!"라고 외치며 세계 최초로 여성 총파업을 진행했다. 파업 1년 뒤인 1976년 아이슬란드는 학교와 직장에서 성차별을 금지하는 「성 평등법」을 통과시켰다. 1980년에는 비그디스 핀보가도티르^{Vigdís Finnbogadóttir}가 세계 최초로 민주적 과정을 통해 여자 대통령으로 선출되었다. 아이슬란드 국회는 쿼터제가 없는데도 불구하고 세계에서 가장 성 평등한 국가로 자리매김했다. 2017년에는 세계경제포럼의 세계성격차지수^{Global Gender Gap Index}에서 8년 연속 1위를 차지했다.

그렇다면 우리도 돌봄 총파업을 해볼 수 있지 않을까? 질병이나 장애로 인해 적극적 돌봄이 필요한 이들, 노화로 인해 자식들에게 짐이 될까 걱정되는 이들, 돌봄 결핍과 불안에 시달리는 1인 가구나 비혼주의자인 이들, 가족으로 인정받을 수 없어서 그나마 보장되어 있는 제도에서조차 배제되는 동성 커플들, 가족 간병으로 자살 충동과 타살 충동의 위험을 오가는 이들, 누군가를 돌보느라 정작 자신을 돌볼 수 없는 이들, 그리고 저임금과 성희롱에 시달리는 돌봄 노동자들, 이주민이라서 다중 차별에 놓이는 한국계중국인(조선족)이나 결혼 이주민이자 돌봄 노동자인 이들이 광장으로 함께 나올 수 있지 않을까? 우리의 슬로건은 다음과 같을 것이다.

"돌봄이 필요한 몸은 열등한 몸이 아니다! 눈치 보지 않아도 되는 돌봄을 원한다! 돌봄에는 시장이 아니라 국가가 필요하다! 돌봄의 공공성 강화하라! 「생활동반자법」 제정하라! 가족이 아닌 개인을 전제로 돌봄을 제도화하라! 1인 가구를 위한 돌봄제도를 강화하라! 독박 돌봄이 아닌 평등한 돌봄을 원한다! 돌봄의 성별성을 해체하라! 안전하고 정의로운 돌봄노동 환경을 마련하라! 돌봄노동에 대한 정당한 평가와 적절한 임금을 지급하라! 돌봄 노동자의 국적에 따른 차별 철폐하라! 자본은 재생산 비용을 지불하라! 돌보고 연대하는 삶을 위해 노동시간 단축하라! 괴물 같은 성장이 아니라 탈성장과 돌봄을 원한다! 돌봄을 중심으로 체제를 전환하자!"

의존과 질병의 '정상성'

'의존'과 '정상성' 너머, 돌봄이 흐르는 사회

잘 아프고 잘 의존하기 위해서 집과 일터에 돌봄이 공기처럼 흐르는 사회를 만들어 가자. 이는 더 많은 돌봄 노동자와 더 커지는 돌봄시장을 의미하는 게 아니라, 돌보는 사회로 진화해 가는 것을 의미한다. 돌보는 몸이 '표준'으로 자리 잡는 모습을 구체적으로 상상해 본다. 우선 퇴근 후 집에 돌아가서 돌봄을 수행할 수 있도록 임금노동시간 자체가 줄어들 것이고, 국가에서 돌봄에 대한 보편적 서비스를 제공할 것이다. 자연스레 워킹맘이 사회적 약자가 되거나 과로사하는 일도 줄어들 것이다.

문화적으로도 조금씩 변화가 생길 것이다. 이런 장면도 그려본다. 지금처럼 이윤 손익 때문에 요양원이 도시 외곽에 있는 게 아니라, 시내 곳곳에 공공요양원이 생겨 출퇴근길에 연로한 부모님 혹은 아픈 이와 20분 정도 눈을 맞추며 대화를 나눌 수 있다면 어떨까? 기업에서 직원 대상 어린이집을 만들 듯, 요양원도 만들어서 양질의 돌봄 서비스를 안전하게 제공할 수 있지 않을까? 기업이 직원 복지를 위해 더 좋은 요양원을 만들겠다고 할지도 모른다. 보통 회사에서 야근을 하면 식비를 청구하고, 팀에서 회식을 하면 회식비를 청구한다. 그렇다면 야근을 하느라 돌봄노동을 할 수 없어서 추가로 간병비나 탁아비를 지출하게 됐을 때, 그것을 회사에 청구할 수 있지 않을까?

　보건소에서는 공공돌봄센터를 통합적으로 운영하고, 돌봄이 필요한 곳에 자원을 적절히 배분할 것이다. 입원 치료까지는 아니지만 일상적 돌봄이 필요한 이들을 위해 단기 요양원도 운영할 수 있다. 수술 후 병원에서는 집에 가서 안정을 취하라고 하지만, 식사를 챙겨주고 증세를 관찰하며 보살펴 줄 이가 마땅치 않은 이들이 일주일 정도 그곳에 머물 수 있다. 심한 감기 몸살에 걸렸는데 한밤중에 증세가 심해져서 119를 부를 힘도 없는 1인 가구도 머물고, 단기요양이 필요하지만 집에서는 육아를 멈출 수 없어서 제대로 쉴 수 없는 이도 머물 것이다.

　공공돌봄센터에서는 점점 더 시설화되는 노인들의 삶에 대한 논의가 이루어질 것이다. 최근 몇 년 사이 장애인시설은 점차 탈시설화로 전환되고 있지만, 노인들은 시설에서 죽음을 맞이하는 경우가 늘어나고 있다. 많은 사람이 집에서 죽고 싶다고 말하지만, 바람과 달리 병원이나 요양원이 아닌 집에서 죽음을 맞이하는 경우는 지속적으로 줄어들고 있다. 집에서 임종을 하는 경우는 경제력이나 가족자원이 상당한 이들이거나, 반대로 무연사(고독사)하는 사람들인 경우가 많다. 지자체와 지역사회 공동체가 공동으로 운영하는 요양원에서 노인과 그 가족들이 이용자인 동시에 운영의 한 주체로 참여한다면

　　　　　　　　　　　　　　　　　　　　의존과 질병의 '정상성'

어떨까? 노인들이 자신이 살던 마을에서 멀지 않은 공간에 머무르며 가족이나 이웃과 일상적으로 만나고, 죽음을 기다리는 게 아니라 하루하루를 누리다가 임종을 맞이하는 것이 완전히 불가능한 꿈은 아닐지 모른다.

또한, 연대와 협력에 기초한 돌봄도 그려본다. 나는 몇 년 전 긴 '투병' 생활을 할 때, 보이지 않는 돌봄 공동체 안에 있음을 체감할 수 있었다. 우리는 20대 시절 페미니스트로서 분노하고 상처받고 좌절하고 그럼에도 들끓던 희망을 나누던 사이였는데, 나를 포함해서 다들 제도로서의 결혼을 거부한 삶을 살고 있다.* 나의 투병 소식을 듣고 전국에 흩어져 살던 그 친구들로부터 각별한 돌봄이 작동하기 시작했다. 집의 빈방을 치워놨으니 요양하러 오라거나, 수시로 안부를 묻고 몸에 이로운 먹거리를 주기적으로 보내주거나, 내 몸에 맞는 적당한 아르바이트 자리나 생계 수단을 지속적으로 연결해 주기도 했다. 친구들은 우리가 너의 '집'이고, '보험'이고, '엄마'이고, '친구'라고 말했다. 나의 몸과 삶을 온전히 내가 건사하고 있다는 착각이 다시 한번 부서졌고, 수많은 보살핌과 연결의 집합체

---

* 비혼의 이유는 제각각이다. 가부장적 결혼제도에 부응하는 삶이 수치스러워서, 성소수자라서 혼인신고가 불가능해서, 독점적 관계가 싫어서, 그저 혼자인 삶이 좋아서인 친구도 있다. 어쨌거나 다들 비혼이라는 방식 자체가 가부장적 가족제도, 남성 생계 부양자 모델에 균열을 내고 있다고 믿고 있다.

조한진희

로서 내가 존재한다는 것을 깨닫게 되었다.

　친구들의 지속적 보살핌 속에서, 질병으로 인한 두려움과 삶에 대한 좌절감이 상당 부분 상쇄되었다. 우리는 20대 때 자본주의나 가부장제가 침습할 수 없는 관계가 되자고 했는데, 20년이 지나 연대와 보살핌으로 단단한 관계가 되어 있었다. 우리의 사례가 우정의 서사라기보다는 시민 간 연대와 돌봄에 대한 사례로 읽히길 바란다.

　돌봄의 공공성은 국가의 역할만을 의미하는 게 아니다. 되레 거대 국가를 강조하는 담론은 경계해야 한다. 그런 의미에서 탈가족, 탈시장, 탈국가적 돌봄 영역을 작게라도 지속적으로 구축해 가는 것이 중요하다. 이를테면 돌봄두레(건강두레)가 1인 가구 여성을 중심으로 운영되는 모습도 그려본다. 돌봄두레는 화폐를 매개로 하지 않고 상생과 연대에 기초한 느슨한 돌봄 공동체를 의미하는데, 각자 살면서 함께 돌보는 사회적 실험이 될 수 있다.* 이 실험은 혈연이나 애정으로 엮인 관계가 아니라고 해서, 돈을 매개로 한 돌봄만 가능한 것이 아님을 증명하는 일이다. 화폐를 매개로 하지 않는 돌봄이 혈연이

---

* 물론 기존에도 마을 공동체에서 공동 돌봄 실험을 하는 경우가 있다. 그런데 사례들을 자세히 들여다보면 결국 또 돌봄 제공자 대부분은 여성이고, 각자 집에서 남성들이 돌봄의 몫을 수행하지 않아 생기는 돌봄 공백을 이웃 여성들이 메꾸는 형태가 적지 않다. 공동체적 돌봄에서 성별 불평등에 균열을 낼 수 있는 다양한 장치가 필요하다.

　　　　　　　　　　　　　　　　　　　의존과 질병의 '정상성'

나 애정 관계에서만 이뤄져야 할 필연적, 당위적 이유는 없다. 돌봄두레는 돌봄이 필요한 순간 돌봄이 가능한 사람이 적극적으로 돌보며 나, 타인, 우리라는 경계를 질문할 수 있고 돌봄의 기본단위가 되고 있는 혈연 가족의 의미를 다시 물을 수 있는, 사회 변화의 가능성을 품은 공간이 될 수 있다.[7]

　이처럼 제도와 문화를 바꾸면 특정 존재가 약자화되는 현실이 변화할 수 있고, 누군가를 돌보는 것이 윤리이자 미덕으로 여겨지는 사회로 좀 더 빠르게 이행해 갈 수 있지 않을까? 혈연관계가 아닌 이웃 노인이나 어린이, 아픈 이를 품앗이하듯 돌보는 게 당연한 사회적 정서. 돌봄이 불가능할 정도의 질병이나 장애가 있는 게 아닌데, 아무도 돌보지 않는 사람을 보면 어색해하는 분위기. 타인이 필요로 하는 것을 예민하게 감각하고, 적절히 보살필 줄 아는 것을 인간의 중요한 역량을 여기고, 그렇지 못한 사람에 대해 다소 비판적인 눈길을 보내는 시선. 요즘 '꼰대'라는 말이 모두에게 기피 대상이 되는 것처럼, 돌못자(돌봄 못하는 자) 혹은 돌무자(돌봄 무능력자) 같은 신조어가 생길지도 모른다.

　사회변혁은 당위의 강조나 진보적 이론과 데이터의 나열만으로는 가능하지 않다. 거대한 구조부터 사소한 일상까지 대안적 사회를 함께 상상할 수 있어야 하고, 그 위에서의 치열한 토론과 투쟁이 필요하다. 구조의 변화는 언제나 비현

　　　　　　　　　　　　　　조한진희

실적으로 멀어 보이고, 자연과 여성을 수탈하며 지탱해 온 자본주의를 당장 다 바꾸는 것은 어려울 수 있다. 그러나 구조를 받치고 있는 것은 시민 개인이기도 하다. 무엇이 우리를 돌봄 불안에 떨게 하는지, 누가 어떤 식으로 돌봄 불평등에 놓여 있는지, 어떤 조건과 문화가 특정 존재를 약자화하고 있는지 무심히 흘러가는 듯한 일상을 면밀히 들여다보자. 그런 장면과 문제를 포착하는 것 자체가 변화를 만드는 시작이다. 지금 당장 우리가 할 수 있는 것은 무수하다.

노동

돌봄이 노동이 될 때

: 사회적 돌봄노동의 현실과 과제

오승은

(민주노총 부설 민주노동연구원 연구위원)

가족 내 여성 구성원이 아니고는 누구와도
분담하지 못했던 돌봄을 '피 한 방울 안 섞인 이'에게
맡기게 되면서 발생하는 긴장과 불안, 기대, 그리고
억압은 돌봄위기의 새로운 증상이 되었다.

보육교사와 요양보호사는 어떤 점에서 '엄마'와 같고 또 다를까? 간단해 보이지만 영유아, 노인, 장애인 돌봄이 공공서비스로 제공된 지난 10여 년간 진지하게 제기된 적도, 치열하게 논의된 적도 없는 질문이다. 막상 답하려면 우리 사회의 모든 돌봄을 원점부터 돌아봐야 할 무거운 질문이기도 하다.

그렇게 돌봄을 돌아보는 데 코로나19는 중대한 계기가 되었다. 사회적 거리두기를 위해 학교 등교수업이 중단되고, 학원과 장애인복지관마저 운영이 제한되면서 돌봐야 할 자녀가 있는 가정에 돌봄 비상이 걸렸다. 이 사태를 수습할 책임은 당연하다는 듯 '엄마'에게 쏠렸다. 코로나와 함께 '전업맘'은 더 강도 높은 독박 육아를, '워킹맘'은 더 깊어진 퇴사 고민을 짊어지기 시작했다. 보호자 없이 집에 남겨진 초등학생 형제에게는 화재 참사가 닥쳤고, 24시간 집에서 발달장애인 자녀를 돌보던 보호자는 극단적 선택을 했다.

사회적 돌봄이 더욱 확대돼야 한다는 것이 다시금 확인됐지만, 이번 돌봄 비상사태와 비보들은 동시에 그것만이 답이 될 수 없음을 경고했다. 재난 상황에서도 돌봄이 멈추지 않기 위해서는 더 이상 돌봄을 집 안에 가두거나 한 사람이 떠안게 해서는 안 된다는 걸 우리는 배우고 있다. 더욱이 돌봄기관과 종사자의 수는 이미 확대일로이다. '엄마'의 짐을 덜기 위해 더 빨리, 더 많이 늘리자고 하기 전에 지금의 사회적 돌봄제도가 과연 '엄마'가 겪는 가족 돌봄의 고충을 해소하고 있는지, 우리 사회에 더 나은 돌봄 관계를 만들고 있는지 돌아봐야 한다.

돌봄 논의에서 지워진 돌봄 노동자들

사회 전체가 돌봄문제로 진통을 겪으면서 돌봄을 둘러싼 말과 글도 쏟아졌다. 오랫동안 돌봄을 비생산 활동, 집안일, 여성의 일로 치부해 온 가부장제의 문제가 수면 위로 떠올랐고, 돌봄을 주고받는 게 인간의 자연스럽고도 보편적인 상태라는 사실이 상기되었다. 이러한 분위기에서 돌봄이 필요한 사람과 돌봄을 제공하는 사람 모두에게 더 많은 관심과 지원이 필요하다는 목소리가 활발히 이어지고 있다.

그런데 계속되는 논의들에서 사회적 돌봄 노동자의 목소리가 들리지 않는다. 그들의 존재가 이렇다 할 주목을 받지 못하고 있다. 예컨대 코로나 유행 상황에서도 어린이집과 요양원은 단 하루도 멈추지 않았는데, 돌봄의 중요성을 돌아보자고 촉구하는 논자들 사이에서조차 이 사실은 제대로 다뤄지지 못하고 때로는 오인되었다. 모든 어린이집이 긴급보육을 실시하도록 정부가 행정명령을 내린 이후, 보육교사들은 아이들 돌봄에 더 주의를 기울여야 하는 것은 물론, 소독 작업과 발열 체크, 선제적 코로나 검사까지 반복해야 했다. 하지만 사실과 달리 어린이집 휴원으로 많은 보호자가 곤란을 겪고 보육교사는 일자리를 잃었다는 이야기가 코로나 돌봄위기의 단상으로 거론되곤 했고, 그때마다 무척 당혹스러웠다. 건강보험공단의 빅데이터는 코로나 이후에도 방문요양 급여제공 총량이 꾸준히 증가하는 가운데 이용자 1명당 이용일수 역시 코로나 이전 수준을 상당 기간 유지했음을 보여주지만, 이러한 현황 자체를 포함해 이 시기 방문요양보호사가 무엇을 감수하며 일해야 했는지는 큰 관심을 받지 못했다.

2020년 말 기준, 사회적 돌봄을 책임지고 있는 어린이집 보육교사가 23만 명, 요양보호사는 45만 명이다.[1] 이들의 돌봄을 받는 영유아와 노인은 200만 명을 넘는다.[2] 이 규모를 감안하면 돌봄위기가 그 어느 때보다 세심하게 논의되는 와중에도 돌봄 노동자를 향한 관심이 부족한 것은 무척 이상한 일이다. 우리 사회의 주요 돌봄 제공자인 사회적 돌봄 노동자가 어떠한 조건에서 일하고 있는지를 살펴보지 않고 어떻게 돌봄위기를 진단하고 더 좋은 돌봄사회로 나아갈 수 있을까?

사회적 돌봄 속 가족 돌봄의 그림자

그동안 사회적 돌봄 노동자에 관한 논의가 매우 제한적으로 이루어졌다는 점부터 짚고 싶다. 보육교사나 요양보호사가 처한 열악한 현실에 관해서는 임금이 낮다는 것 이상으로 논의가 잘 확장되지 않는다. 대부분의 돌봄 노동자가 여성이라는 점에서[3] 저임금문제는 여성이 주로 수행하는 가족 돌봄이 사회적으로 낮은 평가를 받는다는 '더 근본적 문제'의 연장선으로 다뤄지는 경향이 있다. 그런데 임금이 낮아서 문제인가? 대부분의 돌봄 노동자가 최저임금 노동자인 것은 사실이다. 하지만 낮은 임금은 돌봄 노동자가 직면하는 여러 위기의 한 양상일 뿐, 임금을 높인다고 해서 모든 문제가 해결되지는 않는다.

오승은

이는 돌봄 노동자가 직접 응답한 결과로도, 실제 호소하는 내용으로도 확인된다. 장기요양기관에서 일하는 요양보호사, 사회복지사, 간호(조무)사, 물리(작업)치료사를 대상으로 정부가 실시한 「2019년도 장기요양 실태조사」에서 처우 개선을 위해 1순위로 필요한 사항으로 가장 많이 꼽힌 것은 임금 인상이었다. 그런데 그 수치를 비교하면 정작 임금 수준이 가장 낮은 직종인 요양보호사의 응답률이 가장 낮았다. 요양보호사가 두 번째로 많이 꼽은 것은 "근로시간, 휴게시간, 법정 수당의 보장(19.1%)"이었고, 그다음은 "이용자 및 가족 대상의 정기 교육(10.1%)"이었다. 두 가지 모두 다른 직종보다 확연히 높은 응답률을 보였다. 자신의 직업에 자긍심을 느끼지 못한다는 비율은 직종마다 비슷했는데, 그 이유가 임금 수준이라고 답한 비율 역시 요양보호사 직종에서 가장 낮았다. 이들은 "사회적 인식과 업무 내용 및 강도"를 상대적으로 많이 꼽았다.

돌봄 노동자를 압도하는 위기는 안정된 고용과 숙련의 기회가 없는 것은 물론, 체계적인 교대나 협업, 휴식, 관리 책임도 없이 일해야 하는 복잡한 조건들로 뒤엉켜 있다. 몸과 마음을 지치게 하는 수많은 문제를 혼자 끌어안고 전적으로 감당해야 하는 조건이야말로 많은 여성이 호소하는 가족 돌봄의 어려움과 닮아 있다.

가족 돌봄 제공자로서 '엄마'는 집 안의 청소, 빨래, 식사 준비를 홀로 어떻게든 해내야 하고 마음 놓고 쉬지 못하며, 그러고도 무엇이 더 필요한지를 눈치껏 알아내 충족시키라는 압박을 받는다. 가족의 폭력이나 무시까지도 사랑으로 감내하라는 요구는 덤이다. 가족 돌봄 제공자의 이러한 고충이 제대로 된 인정과 보상이 없다는 말로 다 표현될 수 없고 적절한 금전 보상을 한다고 해서 모두 해결되지 않는 것처럼, 사회적 돌봄노동의 현실 역시 임금이 낮다는 말로는 부족하고 임금 인상을 통해 근본적으로 나아질 수도 없다.

보육교사나 요양보호사의 처우문제를 저임금으로 일축하는 것은 돌봄 활동에 내재한 다양한 위기와 과제를 감추고 단순화한다는 점에서 가족 돌봄이 받아온 부당한 대우를 은연중 반복한다. 사회적 돌봄은 국가 재정과 입법, 행정 사무 같이 구체적인 제도들과 직결되므로, 사회적 돌봄 노동자의 처우를 공론하는 것은 오랫동안 사적 영역이자 비공식노동에 머물던 가족 돌봄의 문제를 가시화하고 공식화할 수 있는 특별한 기회이다. 엄마가 아이를 위해 희생해야 한다는 가족 돌봄의 압력이 이용자를 위한다는 명분으로 돌봄 노동자의 권리 침해를 당연시하는 분위기로 이어지고 있지는 않을까? 이런 식으로 사회적 돌봄에 드리워진 가족 돌봄의 그림자를 포착하고 공론하는 일은 우리 사회가 가족 안팎에서 돌봄을 제대로 해내기 위해 꼭 필요한 성찰이다.

오승은

무엇보다 익히 잘 알려진 돌봄노동의 저임금 실태를 더 복잡하게 바라보려는 시도가 필요하다. 저임금은 임금 액수가 낮은 것만을 의미하지 않는다. 노동시간, 근무 형태, 임금체계, 고용 안정성 등에 관한 제도 설계와 시장 관행을 함께 살펴봐야 급여명세서에 찍힌 숫자에 숨은 의미들을 길어낼 수 있다.

1:1 매칭 시스템, 너무도 쉽게 갈아치울 수 있는 노동자

먼저 눈여겨볼 것이 근속 기간이다. 2018년 보육교사, 2019년 방문요양보호사의 평균 근속 연수는 3.1년으로, 2019년 전체 노동자의 평균 근속 연수인 6.7년과 여성 노동자의 평균인 5.1년에 크게 못 미친다. 좀 더 세분하면 음식·여가·의료 보조 등 서비스직 여성 노동자의 평균인 3.2년, 가사·음식·판매 관련 단순 노무직 여성 노동자의 평균인 3.6년과 비슷하다.[4] 짧은 근속과 잦은 이직은 고용불안의 결과이지만, 그 자체가 전체 노동자를 경력 개발과 보상이 필요 없는 '저숙련 노동자'처럼 보이게 만들어 저임금 실태가 유지되는 데 기여하기도 한다.

돌봄 노동자의 처우는 국가가 고의로 설계하고 방치한 성격이 짙다는 점에서 더 주의 깊게 볼 필요가 있다. 2019년 방문요양보호사의 월평균임금은 약 80만 원이고*, 근속 기간이 1년 미만인 비율은 25%였다. 이는 1:1 매칭, 하루 최대 3시간 서비스, 최저임금 기준의 시간당 인건비 산정이라는 국가가 정한 틀이 그대로 반영된 결과이다.

방문요양보호사는 방문요양센터와 직접 근로계약을 맺고 담당 이용자가 '매칭'되면 근무를 나간다. 전국의 1만 5,000개가 넘는 방문요양센터 가운데 개인 사업체로 설립된 비율이 무려 88%이다.** 그렇다면 센터장은 장기요양 공급기관의 관리책임자인 동시에 노동법을 준수해야 하는 사용자이기도 하다.

각 센터는 사회보험인 장기요양보험금을 재원으로 운영된다. 건강보험공단은 매달 요양보호사가 이용자에게 방문요양 서비스를 제공한 시간만큼 급여비(장기요양 수가)를 산정하여 그 요양보호사가 소속된 센터에 지급하고, 이 수입으로 센터장은 직원들 임금을 주고 사무실 운영관리비를 충당하고

* 해당 조사를 실시한 보건복지부는 조사보고서에서 방문요양보호사의 평균임금은 따로 공개하지 않고 방문요양기관 전체 종사자(센터장, 사회복지사, 요양보호사)의 평균임금만을 발표했다. 방문요양기관 종사자의 90% 이상이 요양보호사라는 점에서 방문요양보호사만의 평균임금은 80만 원에 약간 못 미칠 것으로 추정된다. 방문요양보호사 조사 대상에 '가족인요양보호사(24.2%)'가 포함되어 각종 평균에 합산된 점도 실태 파악을 어렵게 만든다. 현행 장기요양제도에서 자신의 가족 수급자를 담당하는 가족인요양보호사는 월 최대 30~45시간 가량의 급여실적을 심사결정 받고 그에 따른 임금을 받을 수 있다.

** 2020년 12월 31일 기준 개인설립기관은 1만 3,619개이며, 공공(지자체)설립기관은 단 24개에 불과해 전체의 1%도 되지 않는다.

오승은

수익도 남긴다. 중요한 것은 이러한 구조에서 센터장이 요양보호사와는 근로계약을, 이용자와는 급여이용계약을 맺고 둘 사이를 연결하지만, 그 매칭을 계속 이어갈지 여부는 이용자가 언제든 바꿀 수 있다는 것이다.

이용자가 요양보호사를 교체하는 데는 특정한 사유나 절차가 필요하지 않다. 센터장에게 교체를 요청하는 전화 한 통, 요양보호사에게는 "내일부터 나오지 마라"라는 말 한마디면 된다. 이 경우 요양보호사는 하루아침에, 때로는 영문도 모른 채 일거리와 임금이 끊긴다. 센터장이 다른 이용자를 연결해 줄 때까지 기다릴 수는 있지만, 이 기간이 근로기준법상 평균임금의 70% 이상이 지급돼야 하는 '휴업'으로 처리되지 않는 게 업계 관행이다. 노동자의 동의 없는 무급휴직, 나아가 고용관계 해지에 가까운 이 상태를 요양보호사들은 보통 '대기'라고 부른다. 그리고 이 대기는 종종 '무한 대기'가 된다. 일반적으로 사용자는 휴업에 드는 비용이 아까워서라도 업무량 확보에 최선을 다하지만, 관리 당국의 아무런 제재 없이 「근로기준법」이 정한 휴업수당 지급 의무를 회피하고 있는 센터장들은 휴업 상태인 직원에게 새 일거리를 빨리 찾아줄 유인이 없다.

지킬 수 없는 약속은 안 하는 게 상책이니 센터장이 요양보호사에게 내미는 근로계약서에는 시급액만 적혀 있는 게 보통이다. 무슨 요일에 몇 시간씩 일할지를 정하지 않는 '영시

돌봄이 노동이 될 때

간계약zero-hours contract'이고, 오로지 이용자 또는 사용자의 필요에 따라 일하고 딱 그 시간만큼의 임금만을 주겠다는 약정이다. 이용자와의 매칭이 중단되면 근로계약도 종료된다는 문구를 아예 적어두는 경우도 많다. 어떠한 고용 유지 노력도 기울이지 않겠다는 통지인 것이다. 이러한 식으로 요양보호사들의 '해고'를 아무도 책임지지 않는다. 그 결과 현직 방문요양보호사 가운데 지난 1년 동안 1개월 이상 일을 쉰 적이 있다는 비율이 15.7%로 나타났다. 지난 6개월간 요양보호사 변경 경험이 있다는 방문요양 이용자는 14.1%였다.[5] 방문요양보호사의 월평균임금 80만 원에는 이들의 '동의 없는 무급휴업' 기간도 반영돼 있다.

이용자의 선택권을 보장하기 위해 이용자가 매칭을 쉽게 중단할 수 있어야 한다는 의견도 있을 것이다. 그렇지만 넓게 본다면 사람을 갈아치우기만 하는 지금의 방식이 이용자에게 결코 유리하다고 할 수 없다. 이용자가 요양보호사 변경을 요청하는 경우, 센터장이 관리 책임자답게 실제로 교체와 조율 중 어떠한 개입이 필요한지 점검하거나, 직무 역량이 부족하다고 확인된 직원을 재훈련하는 일은 거의 없다. 애초 현행 제도에는 노동자가 이용자의 문제 행동이나 돌발·갈등 상황에 대처할 수 있도록 지원하고, 센터장에게 이용자와 요양보호사 간의 문제 조정 역할을 구체적으로 부여하는 시스템 자

오승은

체가 없다. 오히려 센터장 입장에서는 이용자 수에 비례해 센터의 수입이 발생하는 만큼, 이용자가 다른 센터로 옮기기 전에 얼른 요양보호사를 바꿔주는 게 백번 유리하다. 결국 이용자 입장에서도 단지 다음 사람이 더 좋은 사람이기를 막연히 기대하며 요양보호사 교체만 요청할 수 있을 뿐이다. 이렇듯 장기요양제도의 1:1 매칭 방식은 돌봄을 그저 사람만 적당히 대주고, 아니다 싶으면 바꾸면 되는 일 정도로 취급하는 정부의 인식 수준을 보여준다. 또한, 센터장의 사용자 의무와 운영자 책임을 흐리게 만들어 노동자의 고용을 불안하게 만드는 것은 물론, 노동자 숙련이나 서비스 표준화를 가로막는 계기로 작동한다.

　　짧은 노동시간도 문제이다. 월 평균 80만 원이라는 방문요양보호사의 낮은 임금은 최저수준의 시급에 짧은 노동시간을 곱한 결과이다. 2019년 6월~8월 기준 방문요양보호사의 월 평균 노동시간은 76시간으로, 주 기준으로 환산하면 17.5시간이다. 이는 전일제의 통상적 근무시간인 주 40시간의 절반도 되지 않는다.

　　장기요양제도는 방문요양 이용자의 등급별로 월 급여비 한도액과 하루 최대 이용시간을 정하는 방식으로 급여제공량을 제한하고 있다. 전체 이용자의 85%를 차지하는 3~4등급의 경우 하루 3시간씩 월 최대 25일(월 75시간, 주 17.3시간)가량

이용할 수 있다. 요양보호사의 노동시간은 이 기준에 맞춰질 수밖에 없다. 1건의 매칭을 담당하는 경우, 대개 요양보호사는 하루 3시간씩 주 5일로, 주 15시간의 근무 일정을 센터로부터 배정받게 된다.

현행법은 노동시간이 월 60시간(4주간 주 평균 노동시간이 15시간인 경우)에 못 미치는 이른바 '초단시간노동자'에 대해서는 주휴 수당, 퇴직금, 연차휴가(미사용 시 수당 지급) 규정을 적용하지 않고 있다. 또한, 보험료의 일부를 사용자가 부담하는 건강보험과 국민연금의 직장 가입 의무도 없어진다. 이 때문에 직원들의 노동시간이 주 15시간을 넘느냐 마느냐는 사업체 전체 인건비 규모에 적지 않은 영향을 미친다.

그나마 배정된 주 15시간을 딱 채워 일할 수 있다면 다행이다. 문제는 이용자의 사정에 따라 하루 이틀만 일정이 취소돼도 총 근무시간이 월 60시간 미만으로 떨어진다는 것이다. 「2019년도 장기요양 실태조사」에 따르면 지난 3개월(2019년 6월~8월)간 일한 시간이 월 평균 60시간 미만이라고 답한 방문 요양보호사는 전체의 35%였다. 같은 기간 월 60시간 미만으로 근무한 달이 있는 경우로 범위를 넓히면 수치는 42%로 상승했다. 이렇게 요양보호사가 60시간을 못 채우는 달마다 센터장은 주휴 수당 지급과 퇴직금 산정 기간 산입을 건너뛰고 사회보험 직장 가입자격 상실 신고를 하기도 한다.

오승은

이처럼 짧은 노동시간은 임금 총액만 낮추는 게 아니라 각종 수당과 퇴직금, 사회보험 보장도 받지 못하게 한다. 이렇듯 간접인건비를 아끼려는 취지의 '주 14시간'짜리 쪼개기 계약은 이미 마트, 카페, 편의점 같은 취약 일자리에서 흔히 벌어지는 일이다. 법의 사각지대를 이용하는 이 수법이 장기요양 현장에서도 활용되고 있다는 것은 '악덕 사장들'의 꼼수를 정부가 공적제도로 안착시켰다는 점에서 특히 문제이다. 더욱이 보건복지부는 본래 4시간이던 하루 방문요양 최대 이용시간을 2017년에 특별한 이유 없이 3시간으로 단축했다. 방문요양 보호사를 주 15시간 언저리라는 불안한 일자리로 끌어내리는 데 가장 중요한 역할을 한 발판은 이렇게 마련되었다.

"보육교사들이 워낙 잘 그만두세요"

정부 지침에 따라 하루 8시간씩 풀타임 근무를 하는 보육교사는 사정이 좀 나을까? 전체 보육교사 근속 연수 데이터를 구간별로 검토한 결과, 2019년 8월 기준 현직 보육교사 가운데 근속 기간이 1년 미만인 비율은 39%였다. 10명 중 4명이 입사 후 1년을 채우기도 전에 자의든 타의든 퇴사를 하고 있는 것이다. 이는 같은 시기 근속 기간이 1년 미만인 종사자 비율이 가장 많았던 기타 개인 서비스업(32%)과 숙박 및 음식점업(31%)보다 높은 것은 물론, 어린이집 운영 사업이 속한 사회복지 서비스업 평균(28%)보다도 높다.[6]

근속은 주로 2월에 리셋되고 있었다. 왜 2월일까? 새로운 어린이집 반 편성이 이뤄지는 3월을 한 달 앞둔 2월은, 유치원 입학 등으로 나가게 될 아이가 정해지고 새로 올 아이는 아직 확정되지 않은 변동기이다. 모든 아이가 어린이집에 남는다고 해도, 해가 바뀌어 원아들의 나이가 한 살씩 늘어나는 것만으로도 「영유아보육법」상 연령별 반 편성 기준(교사 대 아동의 비율)에 따라 필요한 교사 수가 줄어들게 된다. 원장이 미리 이러한 점들을 고려해 두었다가 새로운 원아 모집이 마무리되기 전에 보육교사 감원부터 하는 것이 관행으로 자리 잡았다. 보육교사의 3년간 월별 임면보고 현황 데이터를 살펴보니, 연말에 근무하던 전체 보육교사의 약 30%가 다음 해 2월에 퇴사하고, 그렇게 퇴사한 수의 70%가 그다음 달인 3월에 신규 채용으로 곧바로 메워지는 패턴이 반복되고 있었다. 보육교사가 '물갈이'되고 있다.

이 때문에 노동조합은 상담 전화가 쏟아지는 12월 말부터 2월까지를 보육교사 '해고 시즌'이라고 부른다. 12월 말에는 교사가 돌아가며 원장실에 불려가 다음 해 운명을 통보받는다. "선생님 반 아이가 빠지니 선생님도 나가야 한다"라고

　　　　　　　　　　　　　　　오승은

지목을 하거나 "반을 합칠 예정이니 교사 회의를 통해 누가 나갈지를 정해달라"라고 하는 경우가 많다. 모두 적법한 해고 사유와 절차가 아니기 때문에 노동위원회에 구제 신청을 하면 부당 해고 판정과 복직 명령을 받을 가능성이 매우 크지만, 이런 '손실'에 대비해 대부분의 원장은 보육교사를 내보내기 전 사직서를 받아둔다. 겉보기엔 교사가 희망한 사직이 되는 건데, 이때 원장은 사직서를 써야 실업 급여나 퇴직금이 나온다고 거짓말을 하기도 한다. 현실이 이러한 데도 2018년 보건복지부 조사에서 어린이집 원장들이 가장 많이 체크한 보육교사의 사직 사유는 '건강상 이유'였다.[7]

1년짜리 기간제계약이 많은 것도 보육교사 '물갈이'를 수월하게 만든다. 마땅한 이유 없이 계약 갱신을 하지 않겠다는 원장의 통보만으로도 '계약 만료'의 형식으로 1년 만에 짐을 싸야 하는 보육교사가 무더기로 생길 수밖에 없다. 신학기가 시작하는 3월 첫날이 공휴일이라는 점을 악용한 '364일짜리 근로계약'까지 횡행한다. 노동조합의 정보공개 신청 결과, 2020년 3월에 이루어진 5만 3,000여 건의 보육교사 신규 채용 가운데 근로계약 기간에서 삼일절을 누락시킨 이른바 '3월 2일자 계약'이 24%였다. 이듬해 2월 말 종료되는 근로계약인 경우, 1년을 채우지 못했다는 핑계로 퇴직금을 주지 않고 보육교사를 내보내는 꼼수로 이어지기 쉽다.

이렇듯 매년 반 편성이 새로 이루어지는 시기에 교사 수를 임시로 줄이고 퇴직금까지 알뜰하게 아낀 돈은 그대로 어린이집의 재산이 된다. 어린이집 운영비가 국가 재정으로 지원되고 전체 어린이집의 10곳 중 8곳이 개인 사업체라는 점을 고려하면 심각한 재정유출문제가 아닐 수 없다. 나아가 인건비 절감을 위한 관행들은 어린이집을 고용이 불안한 일터로 만들 뿐 아니라, 보육교사들을 매년 살아남기 위해 원장에게 잘 보여야 한다는 긴장 속에 몰아넣는다. 제비뽑기하듯 나의 다음 해 고용이 결정되기도 하지만, 원장의 잘못된 운영 방식에 문제를 제기하거나 노동조합에 가입한 보육교사야말로 더욱 쉽게 해고의 대상이 된다. 호봉제를 실시하는 국공립어린이집에서는 호봉 기준 임금이 높은 고경력 교사가 가장 먼저 솎아진다. 모든 것이 원장 손에 달렸다.

정부가 과연 이 실태를 모르고 있을까? 무분별한 기간제계약만 막아도 보육교사의 숨통이 조금은 트일 것이다. 실제로 보건복지부 지침인 「보육사업안내」에는 보육교사 채용 시 "근로계약은 가능한 한 '기간의 정함이 없는 근로계약' 체결을 원칙"으로 한다는 문구가 있기는 하다. 그러나 두루뭉술한 표현답게 어떠한 지도, 감독도 이루어진 적이 없다. 정부가 인증제로 실시하는 어린이집 평가 기준에도 직원 고용 항목에 대해서는 2년 이상 근속자가 50%만 되면 만점을 받도록 하고

오승은

있다. 말 그대로 이 정도면 '만점 사용자'라는 의미이다.

2018년 지역 공공기관으로 사회 서비스원*을 설립 및 운영하여 돌봄 노동자의 고용과 서비스 질을 안정시키고자 하는 정부 사업 추진을 앞두고 보건복지부가 의견을 수렴하겠다며 '사회 서비스 포럼'을 주재했다. 당시 모든 어린이집 원장 측 참석자가 현행 제도에 문제가 없다며 정부 계획을 반대했다. 보육교사의 고용불안이 심각하다는 노동조합의 지적에 대해 한 원장 측 참석자는 "보육교사들이 워낙 잘 그만두세요"라고 답했다. 이 한마디 안에 보육교사의 일상적인 고용불안이 녹아 있다.

고용불안에 익숙해진 많은 돌봄 노동자는 "그만 나오라"라거나 "퇴사하라"라는 통보를 '아쉽지만 있을 수 있는 일'로 받아들이고, 오히려 더 좋은 직장을 찾거나 재충전할 기회로 여기며 마음을 다잡고 있다. 이렇게 사회적 돌봄노동시장은 사람이 마르지 않으면서도 대규모로 드나드는, 인건비 절감을 위한 최적의 상태를 유지하고 있다. 돌봄을 사회적 권리로 보장한다는 미명 아래 설계되고 방치된 제도 속에서, 돌봄 노동자는 소진돼 나가떨어지는 게 아니라 끊임없이 환류하고

---

* 공공 부문이 사회 서비스를 직접 제공하고 지역사회 내 선도적 제공기관 역할을 수행함으로써 사회 서비스 공공성 강화 및 서비스 품질 향상을 주도하기 위해 광역지자체가 설립하는 지방출연기관으로, 2019년 선도 사업이 시작되었다.

돌봄이 노동이 될 때

있다는 게 더 정확한 표현이다.

여성이 선호한다는 거짓말

정부는 방문요양보호사의 짧은 노동시간이 다름 아닌 노동자 스스로가 원하는 것이라고 주장한다. 대부분의 요양보호사가 가사를 병행하는 여성이다 보니 단시간 일자리를 선호하는데, 장기요양제도가 그 기회를 마련해 주고 있다는 게 정부의 전형적인 설명이다. 보건복지부는 제도 시행 11년 만에 처음 실시한 「2019년도 장기요양 실태조사」 결과를 발표하는 보도자료에서 방문요양보호사가 시급제로 일하고 있는 현실에 대해 "'방문 서비스'여서 시간제 근무를 선호하는 종사자가 많기 때문인 것으로 보인다"라는 주관적 해설까지 달아두었다. 이는 조사 결과로 확인할 수 없는 사항일뿐더러, 방문 서비스와 시간제 근무 사이에 어떠한 연관성이 있는지 제대로 설명하지 못한다.

정작 조사 결과를 들여다보면 방문요양보호사들이 진짜 원하는 것은 더 많은 노동시간이라는 것이 한눈에 확인된다. 주 평균 노동시간이 17.5시간으로 조사된 가운데, 희망 노동시간이 주 20시간 이상이라는 방문요양보호사의 비율이

70%를 넘는다. 구간별로 나누면 주 20시간대로 일하고 싶다는 응답(18%)보다 주 30시간대로 일하고 싶다는 응답(22%)이 더 많았고, 주 40시간이나 그 이상을 원한다는 응답(34%)은 그보다 더 많았다.

　　그러나 이는 어디까지나 희망 사항일 뿐, 담당 매칭을 1건에서 2건으로 늘리는 것부터 쉽지 않다. 각종 인건비 지출을 아끼기 위한 '주 15시간'이라는 기준선이 유리 천장처럼 작용하기 때문이다. 결국 일부 요양보호사는 이중 근로계약을 통해서라도 희망하는 노동시간을 채우려 한다. 정부 조사 결과 방문요양보호사의 15%가 두 곳 이상의 센터와 근로계약을 맺고 동시에 근무하고 있었고, 이들의 평균 근무시간은 주 28.9시간이었다. 일거리를 늘리기에는 유리할지라도, 퇴직금, 실업 급여, 연차휴가 등과 직결되는 '주 15시간' 미만 근무 여부 판단과 근속 기간 산정이 사업장 한 곳을 기준으로 삼는다는 점에서 노동자에게 이중 근로계약은 그 자체로 손해가 아닐 수 없다.

　　원하는 만큼 일할 수 없는 방문요양보호사의 현실을 두고 고용노동부는 한 행정해석에서 "요양보호사 개인의 근무 가능 시간에 따라 요양보호 대상자 수가 결정된다"라고 쓴 적이 있다.* 그런데 정부의 말처럼 방문요양보호사의 일자리가 지금처럼 1:1 매칭, 시급제, 초단시간노동으로 고착된 것이 원하는 시간에 원하는 만큼 일할 수 있는 기회를 보장한 결과 같지는 않다. 그보다 안정된 고용, 규칙적이고 예측 가능한 근무일정, 충분하고도 고정된 임금을 누릴 자격이 당신에게는 없다는 통보가 아닐까? 집안일과 비슷한 일을 직업으로 삼은, 그러면서도 여전히 집안일을 도맡아야 하는 여성 노동자라는 이유로 말이다.

여성 노동자가 단시간노동을 원한다는 거짓말을 앞세워 임금을 낮추는 일은 보육교사도 종종 겪는 일이다. 방문요양보호사의 경우보다는 좀 더 은밀하게 일어나는 대표적인 피해가 바로 임금 '페이백'이다. 페이백은 정부 및 지자체의 모니터링 대상인 회계 기록상으로는 보육교사 임금이 전액 지급된 것처럼 처리하고 원장이 교사 개개인에게 일정 금액을 현금으로 되돌려 받아 챙기는 수법으로, 국가가 지원하는 보육료 유용流用이자 임금 체불에 해당하는 범죄행위이다. 2020년 3월 노동조합의 조사 결과, 민간어린이집 보육교사 10명 중 3명이 페이백 피해를 경험했다.

코로나 대응 지침이 심각 단계로 격상한 2020년 2월 말부터 노동조합에 페이백 관련 제보가 쏟아졌다. 감염 우려로 어린이집에 등원하는 아이가 줄어든 상황에서 원장이 "보육료 수입이 줄었기 때문에 고통 분담이 필요하다"라며 페이백

*   회시번호 근로조건지도과-2479, 2009-04-30.

오승은

을 요구한다는 호소가 대부분이었다. 때마침 보건복지부가 코로나로 인해 등원하는 아동 수나 교사의 근무시간이 줄더라도 정부의 보육료예산 지원은 유지되므로 임금을 100% 지급하라는 공문을 모든 어린이집에 발송했다는 사실이 알려지면서, 그간 오랜 페이백 관행에도 입을 다물어 온 보육교사들이 목소리를 내기 시작한 것이다. 이러한 상황에 분노와 안타까움이 밀려오면서도 보육교사들이 왜 이전에는 페이백을 순순히 해왔는지 이해하기 어려웠다.

여러 상담을 하며 알게 된 한 가지 사실은 흔히 원장이 페이백을 요구할 때 조기 퇴근도 함께 지시한다는 것이다. 아이들이 하원을 시작하는 4시쯤 남은 서류 업무는 집에 가서 하라며 등을 떠밀거나, 심한 경우 겨우 30분 일찍 퇴근시키기도 했다. 보육교사들은 이런 지시를 쉽게 거부하지 못했고, 그렇게 월급날이 되면 원장은 1원 단위까지 계산해 놓은 '페이백 청구서'를 내밀었다. "일을 덜 했으니 임금도 덜 받아야 한다"라는 원장의 주장에 결국 돈을 돌려주었다는 사람이 대다수였다.

더 화가 나는 것은 정부의 태도이다. 어린이집 '코로나 페이백' 문제가 여러 언론에 보도되자 보건복지부는 공식적으로는 임금 페이백이 불법행위라며 '엄정 조치'를 약속했지만, 노동조합의 특별조사 요구에는 난색을 표했다. 담당 공무원은 "선생님들이 자발적으로 페이백을 한다더라"라며 말끝을 흐

돌봄이 노동이 될 때

렸다. 보육교사가 일찍 퇴근하고 싶어서 불법행위를 먼저 제안한다는 뜻이었다. 페이백 행위로 검찰에 기소된 한 원장 역시 고용노동청 조사에서 교사가 어린 자녀 때문에 먼저 조기 퇴근을 요청했다고 주장했다. 노동자가 '여성'임을 핑계로 범죄를 덮고 있는 것이다. 이에 해당 교사는 되레 생계를 책임져야 할 어린 자녀가 있기 때문에 정해진 시간만큼 일하고 제대로 임금을 받고 싶다고 진술했다.

이처럼 여성에게 가족 돌봄을 강요하는 불평등한 현실은 여성이 단시간노동을 선호한다는 근거로 이용되며, 돌봄노동자를 낮은 임금이나 임금을 빼앗기는 노동조건으로 간편하게 몰아넣고 있다. 결국 가족 돌봄이 여성의 일이라는 사회적 편견과 압력은 가족 바깥의 돌봄 일자리마저 여성의 노동으로 채울 뿐 아니라, 그 처우를 저해하는 가장 확실한 핑계로까지 활용되는 셈이다.

너무도 개인적인 사회적 돌봄

흔히 집안일은 '해도 해도 끝이 없다'라고 한다. 방문요양에서도 마찬가지이다. 방문요양 현장에서는 김장철마다 요양보호사가 김장을 하느니 마느니, 몇 포기를 할 것인지 등을

오승은

두고 갈등이 빚어진다. 그러나 국가도 센터장도 적극적인 조정 역할을 하려고 나서지 않으니 결국 조율은 돌봄 이용자와 노동자 사이에서 개별적으로, 주로 감정 소모 끝에 이루어지고는 한다. 업무 범위를 조정할 뚜렷한 기준과 절차도, 실질적인 관리 책임자도 없는 현 상황에서는 어떤 이용자와 매칭되느냐에 따라 노동 강도가 달라지는 셈이다. 일하느라 몸이 상한 요양보호사에게는 "다음엔 식구 없는 집에 보내드리겠다"라고 약속하는 것이 센터장이 할 수 있는 최선의 배려이다.

1:1 매칭 방식으로는 함께 일하는 것이 불가능하니 요양보호사에게는 동료가 없기도 하다. 같은 센터에 소속된 다른 요양보호사들을 아예 모르고 지내는 경우도 허다하다. 노동조합 활동으로 어쩌다 모이면, 요양보호사들은 서로 어떻게 일하고 있는지를 비교하고 노하우를 공유하느라 바쁘다. "그런 거 안 하겠다는 말을 왜 못 하냐", "나는 그 정도 반찬은 후딱 할 수 있다"라며 핀잔과 자랑이 오가기도 하고, "가래침을 뱉을 테니 손으로 받으라"라는 와상 환자의 요구를 받아줘야 하는지를 두고 격한 논쟁이 펼쳐지기도 한다. 나는 이러한 대화를 듣다 보면 마음 한구석이 불편해진다. 요양보호사들이 외딴섬처럼 일하지 않기 위해서는 이러한 일회성 대화가 아니라, 서로 팀으로 일하며 노동 강도와 서비스의 질을 맞춰나갈 수 있는 상호지원체계가 필요하기 때문이다.

돌봄이 노동이 될 때

관리 책임과 협력이 공백인 상태에서는 어디까지가 요양보호사에게 응당 기대되는 역량이고 추가 지원이 필요한 영역인지 모호해진다. 이용자가 화장실에 가거나 목욕을 할 때, 휠체어를 타고 내릴 때 요양보호사는 어느 정도까지 그들을 도와야 하고, 또 도울 수 있을까? 상황별로 혼자 맨몸으로 할 수 있는 일인지, 어떠한 요령이나 이용자 권리 보장이 필요한지를 알지도 듣지도 못한 채 바로 현장에 던져질 뿐이다.

1:1 관계에 맡겨진 아슬아슬한 돌봄이 지속되면 두 사람 간의 갈등은 물론이고 안전사고와 부상으로도 이어진다. 더 큰 문제는 돌봄 노동자가 와상 환자의 몸을 거뜬히 지탱하고 하루 10시간 이상 일하며 까다로운 요구도 다 수용하는 사례가 생겨나고, 그것이 하나의 기준이 된다는 것이다. 그 반작용으로 요양보호사에게는 신체적 힘이 많이 들거나 다른 의료 및 복지 급여가 충분히 연계되지 않아 홀로 감당하기 버거운 와상 환자, 치매 노인, 정신장애인 등은 애초에 피하는 것이 합리적인 선택이 된다. 가장 먼저 돌봄이 필요한 사람들을 사회적 돌봄이 가장 쉽게 배제하는 원리이다. 이처럼 한국의 사회적 돌봄은 겉보기에는 이용자와 노동자 모두에게 선택권과 기회를 주는 듯하지만, 서로를 고르고 피하기 쉽도록 돌봄제도를 운영함으로써 돌봄 공백과 편차를 구조화했다. 이용자가 노동자를 갈아 치우기 쉬울 뿐만 아니라 노동자가 이용자를

　　　　　　　　　　　　　　　오승은

기피하기도 쉽다는 것이 1:1 매칭 시스템이 가진 문제점이다. 매칭이 유지되는 동안에도 이용자와 노동자는 자신의 손해를 피하려면 상대를 경계하고 억누를 수밖에 없는 구도에 서게 된다.

장기요양제도는 공적 재원이 투입되고 국가가 이용자와 노동자의 자격을 관리하며 여러 지침을 정한다는 점에서 분명 사회적 돌봄이다. 하지만 정작 그 돌봄이 이뤄지는 현장을 들여다보면 이렇게나 개인적이다. 이용자와 노동자를 덜컥 만나게 하고 덩그러니 남겨두니 '복불복 돌봄'과 다름없다. 돌봄시설의 아동학대나 노인학대, 돌봄 이용자의 '갑질' 사건이 때마다 언론에 보도되는 와중에도 돌봄 이용자와 노동자가 정작 어떠한 기준과 누구의 책임 아래 서로 신뢰 관계를 맺을 수 있는지는 관심을 받지 못한다. 나는 이제껏 돌봄을 필요로 하는 사람과 일자리가 필요한 사람이 서로 좋은 마음으로 눈치껏, 요령껏 맞추며 도우라는 식으로 정부가 사회적 돌봄을 방치하고 있다고 생각한다. 사회적 돌봄은 한국사회에서 단 한 순간도 사회적이었던 적이 없다.

돌봄 노동자가 위험하다

어떻게 해야 사회적 돌봄이 사회적 돌봄답게 작동할 수 있을까? 돌봄 노동자를 곧 비용으로 여기는 지금의 제도에 제동을 걸기 위해서는 돌봄 노동자의 처우에 관한 논의를 진전시켜야 한다. 노동조합 활동을 통해 돌봄 노동자가 더 존중받아야 한다는 데 공감하는 사람들을 만났고, 이들 대부분은 노동자가 건강을 지키고 돌봄에 집중할 수 있도록 적절한 쉼을 보장받아야 한다는 데도 적극적으로 동의했다.

하지만 그러기 위해 현장이 구체적으로 어떻게 바뀌어야 하는지 논의하기 시작하면 공기가 좀 달라진다. 머뭇거림 속에 불쑥불쑥 나오는 반응은 친밀감 형성과 사생활 보호를 위해 지금처럼 1명만 고정적으로 방문하는 게 좋겠다거나, 돌보는 사람이 교대나 휴가로 자주 바뀌면 어르신이 불안감에 식사를 잘 하지 못한다거나, 아이가 혼란스러울 수 있다는 등의 우려 섞인 '반대' 입장들이다. 그리고 그 결과 현재까지 보육교사와 요양보호사는 적절한 교대나 대체 근무가 불가능하고 휴게시간과 휴가도 없는 노동을 강요받고 있다.

이러한 분위기는 노동안전문제로도 이어진다. 2018년 「산업안전보건법」 개정을 통해 「감정노동자보호법」이 시행되었을 정도로 감정노동을 둘러싼 사회적 인식이 개선되고 있

오승은

지만, 당연하다는 듯 돌봄 노동자를 비껴가고 있다. 2020년, 자신의 아이를 학대했다고 주장하는 보호자에게 2년간 괴롭힘을 당한 끝에 한 보육교사가 스스로 목숨을 끊은 사건이 알려지자, 정부는 수 주에서 수개월이 소요되는 조사와 판정을 거쳐 아동학대 혐의를 벗은 '억울한' 보육교사에 대해 심리상담을 지원하겠다는 대책을 내놓았다. 이는 학대 혐의가 인정된 보육교사는 괴롭힘을 당하는 게 마땅하니 결과를 끝까지 지켜보고 사후 대응만 하겠다는 식의 안일한 태도이다. 또한 「감정노동자보호법」에 담긴 사용자의 노동자 보호 의무(업무중단 조치 등)를 돌봄 노동자는 기대해선 안 된다는 식의 인권 차별이다. 사망한 보육교사가 괴롭힘을 당하는 동안 원장과 지자체는 피해자를 보호하기는커녕 가해자가 괴롭힘의 일환으로 아동학대 신고를 반복할 때마다, 학대 여부를 확인하는 민원 처리 역시 되풀이한 것으로 알려졌다. 정부 지침에도 아동학대와 관련하여 보육교사 자격정지처분을 '적극 실시'하고 그 '실적'을 보고하라고만 적혀 있을 뿐, 학대 의혹 제기 단계와 조사 단계, 그리고 그 이후에 원장과 지자체가 어떠한 조치를 해야 하는지 기준과 절차에 대한 안내는 없다. 이러한 현실에서 많은 보육교사는 긴 마음고생 끝에 아동학대 혐의가 불인정되더라도 그사이 겪은 부당한 대우에 대해 사과 한마디조차 받지 못한다.

2019년에는 울산 도시가스 점검원의 자살 시도 사건을 계기로 '나 홀로 방문' 노동자가 성추행에 쉽게 노출되고, 실제 피해가 발생해도 회사로부터 최소한의 보호를 받지 못하는 현실이 조명되었다. 방문요양보호사들도 같은 방문 노동자로서 피해 사례를 적극적으로 알리며 특정 사유에 한하여 2인 배치를 도입해야 한다고 주장했다. 그러나 반짝 모인 관심은 금세 사그라졌고 남은 건 생생한 피해 경험이 적힌 기사들과 국회 토론회 자료집, 국가인권위원회의 대책 마련 권고뿐이다. 안전 대책 없는 나 홀로 방문 노동자의 위험한 일상은 지금도 이어지고 있다.

돌봄 노동자의 고민을 사회의 고민으로

돌봄이 존중받는 사회를 만들자는 목소리는 점점 높아지는데 왜 돌봄 노동자의 처우를 개선하자는 목소리에는 좀처럼 시동이 걸리지 않을까? 첫 단추부터 돌아봐야 한다. 저출생과 고령화가 가속되자 급한 대로 "여성의 돌봄 걱정을 덜어주자"라며 급격히 시행한 것이 지금의 사회적 돌봄제도이다. 더 좋은 돌봄을 위해 가족, 직장, 지역 등 사회 전반의 정책을 함께 바꿔나가려는 고민과 시도는 없이 그저 여성이 떠맡던 돌

오승은

봄의 일부를 다른 여성에게 외주화하고 국가가 그 비용을 충당하는 가장 손쉬운 카드를 택한 것이다. 이 과정에서 국가는 서비스 제공과 고용의 책임을 민간에 떠넘김으로써 사회적 돌봄을 시장화하기도 했다. 이때, 민간사업자들은 인건비와 급식비를 아껴 수익을 남긴다. 부족한 지원과 부당한 대우로 요약되는 가족 돌봄의 문제와 소규모 사업장에 흔히 나타나는 나쁜 노동조건이 사회적 돌봄 일자리로 고스란히 전이될 수밖에 없는 조건이다.

오랫동안 집 안에 갇혀 여성에게 짊어졌던 돌봄이 갑자기 임금노동이 되면서 그 노동자는 엄마, 아내, 딸의 역할을 일정 시간 대행하는 사람, 그래서 '가족처럼' 일하도록 얼마든지 요구받고 감시당하고 통제될 수 있는 사람 취급을 받게 되었다. 이렇게 가족 내 여성 구성원이 아니고는 누구와도 분담하지 못했던 돌봄을 갑자기 '피 한 방울 안 섞인 이'에게 맡기게 되면서 발생하는 긴장과 불안, 기대, 그리고 억압은 돌봄위기의 새로운 증상이 된 것이다.

요양원에서 요양보호사는 너무 많은 어르신을 챙기느라 입에 밥 한 숟가락 제대로 넣어드리지 못하는 스스로를 자책하고, 어린이집에서 원장의 눈 밖에 난 보육교사는 CCTV 영상을 전부 돌려보며 아동학대 혐의를 잡아내겠다는 원장의 한마디에 온몸이 얼어붙는다. 코로나 상황에서 매칭이 끊긴

한 방문요양보호사는 나에게 코로나 바이러스의 전파력을 설명하면서 그나마 지금껏 겪은 것 중 가장 납득이 되는 대기 이유라고 말했다. 노동조합 상담 때마다 이어지는 "나도 좋은 돌봄 노동자가 되고 싶다"라는 이들의 호소에 우리 사회는 어떻게 응답해야 할까?

「2019년도 장기요양 실태조사」 결과에 그 힌트가 있다. 요양보호사가 앞으로 받고 싶은 교육으로 가장 많이 꼽은 것은 치매 노인 돌봄과 문제 행동 대응 관련 교육(50.4%)이었는데, 그 비율은 노동자 자신을 위한 건강이나 스트레스 관리 관련 교육(22.1%)보다 2배 이상 높았다. 2019년 출범한 돌봄 공공기관인 사회 서비스원에 월급제·전일제로 입사한 한 방문요양보호사에게 입사 이후 가장 좋은 점이 무엇이냐고 묻자, 처음으로 제대로 된 치매 교육을 받은 것이라고 답했다. 평소처럼 자료만 보다가 끝나는 교육이 아니었다며 입사하길 잘했다고 말하던 이의 벅찬 표정을 잊을 수 없다.

요양보호사로 일하는 것에 자긍심과 보람을 느낀다는 요양보호사는 4명 중 3명(75%)이었다. 여기에는 열악한 상황에서 발현된 자기 위안이나 그래도 일할 수 있어 다행이라는 만족감 같은 것도 섞여 있을 것이다. 그럼에도 요양보호사의 자긍심은 사회적 돌봄의 가장 큰 버팀목이자 가장 소중한 자원임에 틀림없다. 돌봄 노동자들이 더욱 자긍심을 갖고 일할

오승은

수 있도록 현장의 경험과 의견을 정책에 반영하는 환경을 구축하는 것은 물론, 사회적 돌봄의 가치에 대한 재평가 역시 이루어져야 한다. 사회적 돌봄은 '엄마'의 확장이나 돌봄 이용자와 노동자 간의 개별 관계가 아니라, 우리 사회를 유지하고 인간다운 삶을 영위하기 위해 모든 구성원이 참여하는 사회적 관계이자 사회적 실천, 그 자체로 조망되어야 한다.

　나는 돌봄 공백이나 불안 없는 어린이집을 만들려면 보육교사가 돌봄 활동 중에 교대할 수 있어야 한다고 생각한다. 보육교사가 법정 휴게시간과 휴가 사용을 보장받는 노동조건이야말로 돌봄이 안정적으로 이루어질 수 있는 환경이다. 또한 방문요양보호사들이 팀으로 어르신을 돌보는 다인 매칭이 도입되면, 앞에서 언급한 1:1 매칭 시스템의 한계를 보완하고 서비스의 질적 개선이나 표준화도 훨씬 수월하게 이룰 수 있다고 본다. 노동자들이 서로 협력하고 경력을 개발할 수 있도록 교육과 관리 책임도 강화해야 한다. 기본적으로는 이 모든 작업을 안정적이고 효율적이며 투명하게 해나갈 수 있도록 국가가 직접 설립하고 운영하는 돌봄 공공기관을 확대해야 한다.

　무엇보다 사회적 돌봄 노동자의 불안정한 처우는 이용자의 권리 보장을 위해 감수해야 하는 어쩔 수 없는 조건이 아니라는 합의가 필요하다. 우리 사회의 돌봄은 최소한의 비용으로 위태롭게 지탱되고 있다. 이는 돌봄 이용자와 노동자 모두에게 나쁜 조건이다. 그런데도 현실은 '평균'으로 발표되는 전모를 알 수 없는 통계와 여성을 차별하는 해설, 이용자를 위한다는 가짜 명분과 민간사업자들의 눈치를 보는 정책들에 가려져 왔다. 이제 이 모든 작동을 멈춰 세워야 할 때이다.

때마침 전 세계적으로 돌봄 논의에 새로운 물꼬가 트이고 있다. 2000년대 이후 복지예산 삭감과 돌봄 부족 사태가 깊어진 유럽사회에서 먼저 '돌봄 혁명'이 촉구되고 '돌봄 선언'이 발표되었다. 이 담론에서 돌봄은 경쟁중심사회를 끝장내고 젠더, 인종, 기후 정의에 다가가는, 밀려난 연대의 가치를 되살리기 위한 핵심 가치이자 실천으로 조명된다. 돌봄을 집집마다 덜어줘야 할 '걱정거리'로 바라보기를 멈추고 새로운 사회를 구성하는 중심에 놓아야 한다는 제안이다. 돌봄으로 체제를 바꾸고 지구를 구하자는 외침이 지금 세계 곳곳에 퍼지고 있다.

우리도 이 외침에 합류할 준비가 되어 있을까? 더 민주적이고 평등하며 약자와 생태를 보호하는 사회의 한가운데에 돌봄이 있어야 한다면, 그 사회로 나아가는 가장 큰 힘은 단연코 지금까지 돌봄을 제공해 온 사람들에게서 나올 것이다. 우리 모두를 위해 돌봄 노동자의 목소리에 귀를 기울여야 하는 이유이다.

의료

의료에는 돌봄이 없다

: 시장과 상품을 넘어, 돌봄을 회복한 새로운 의료

김창엽

(서울대학교 보건대학원 교수, 시민건강연구소 이사장)

의료는 돌봄과는 다른 것으로 분리되었으며

돌봄은 사소하고 의미 없는 일, 무가치한 일

혹은 아예 없는 일처럼 여겨진다.

문제는 병원과 의사만 그렇게 이해하는 것이 아니라,

환자와 그의 가족들도 그렇게 받아들인다는 것이다.

2021년 여름부터 7~8년 만에 다시 환자 '보호자' 노릇을 하게 되었다. 돌이켜 보면 지난번에는 의료진이 환자 얼굴을 거의 보지 않았음은 물론, 말도 걸지 않는 것에 매우 놀랐다. 대신 그들은 늘 환자 옆에 놓인 기계를 체크하고 휴대용 컴퓨터를 통해 검사 수치를 확인했다. 시간이 지나 이번에는 응급 수술이 아니라 경과를 오래 지켜봐야 하는 병으로 입원했지만, 달라진 것은 거의 없었다. 눈코 뜰 새 없이 바쁘니 짧은 대화가 이어졌고 기계와 검사 위주의 진료는 더 심해진 듯싶었다.

그때나 지금이나 나는 의료진이 하는 말을 조금 알아들을 수 있는 처지에 있었음에도 답답하기 짝이 없었다. 교감이나 정서적 지지는 언감생심 바라지도 않는다. 자세한 설명을

의료에는 돌봄이 없다

듣고 궁금한 것을 물을 수 있어야 안심하거나 마음을 다잡을 수 있지 않겠는가. 왜 그런 검사를 하는지, 검사 결과가 무슨 뜻인지, 앞으로 계획이 어떻고 어떤 일을 겪을 수 있는지 등 알고 싶은 게 너무 많지만, 모르는 것투성이인 채 처분만 기다리는 꼴이다.

보호자가 이런데 환자는 오죽할까? 진료가 끝나지 않은 지금까지 그게 큰 걱정이다. 환자 마음은 하루에도 몇 번씩 천당과 지옥을 오가는데 병원 의료진은 짧게 "검사를 해봐야 안다"라는 말만 되풀이한다. 나야 잠깐이나마 임상 의사로 일을 해봤으니 그들을 이해할 수 있지만, 환자가 사정을 알기는 어렵다. 그러는 사이 온갖 걱정에 휩싸인 환자는 몸을 움직이려 하지 않고 식사를 줄였다. 의료진이 진단과 치료 방침을 찾기 위해 골몰하는 동안 환자의 몸과 마음이 지쳐가는 건 아닌지 걱정이다. 아무리 생각해도 '돌봄'이라 할 만한 것이 턱없이 모자란다.

이 글은 돌봄이 무엇인지 그리고 의료와 어떻게 다른지 규정하기 위해 쓴 것이 아니다. 나의 개인적인 경험을 앞세웠으나 현재 한국 의료의 아쉬움을 토로하는 것도 목적 밖이다. 그보다는 흔히 현대 의료의 한계나 의료 전문가의 윤리문제로 치부되기 쉬운 돌봄, 그중에서도 의료를 구성하는 한 요소인 '돌봄'이 왜 오늘날 이렇게까지 주변화되었는지 그 원인을 구

김창엽

조적으로 짚어보려 한다.

의료는 어쩌다 돌봄과 멀어졌을까

'의료'라는 말에는 의학의 '학' 대신 '료'가 들어 있다. 이는 장기요양, 요양보호, 양로원 등의 '요療'와 같은 한자어이다. 나라마다 제도마다 조금씩 다르지만, '요'는 요즘 흔히 쓰는 말인 '돌봄', 외국말로는 '케어care'와 같은 의미이다. 의학이 지식과 학문 분야를 나타내는 말이라면, 의료는 의학이라는 수단을 통해 돌보고 실천하는 행위라는 의미를 함축한다.

말 그대로 돌봄 없는 의료는 존재할 수 없다. 병을 앓고 회복하는 과정을 잠깐만 떠올려도 모든 의료가 돌봄을 포함한다는 말을 이해할 수 있을 것이다. 처음 병이 시작될 때부터 다 나을 때까지 일련의 과정에서 의료기술의 역할은 일부분일 뿐, 명확하게 구분하기 어려운 여러 가지 '케어'가 반드시 필요하다. 다리뼈가 부러져 수술을 받은 환자가 회복하는 과정을 생각해 보자. 퇴원 후 이동과 목욕, 식사 따위의 일상생활은 돌봄 없이 불가능하다. 일상에서 돌봄이 빠지거나 허술해지면 의료 전문직의 주 관심사인 의학적 치료에도 지장이 생길 수밖에 없다. 움직이고 씻느라 뼈가 잘 고정되지 않으면 치료가

지연되거나 후유증이 남는다. 더 넓게, 직장을 잃어 소득이 없어지면 환자는 치료와 생계유지라는 각각의 과제를 의료와 돌봄으로 구분할 수 있을까? 그 구분이 과연 중요할까?

본래 의료와 돌봄은 통합된 것이지만, 현실에서 이 둘은 아주 쉽게 분리된다. 돌봄 또한 하나의 행위가 아니라 점점 더 구분되는 추세를 보인다. 의료와 돌봄이 분리되어 온 경과는 차차 설명할 것이나, 나는 제도가 이러한 현실을 만들어 냈다고 생각한다. 여러 의료와 복지제도가 만들어지면서 '국민건강보험-의료'와 '장기요양보험-돌봄'이라는 이분법적 관련성이 확립되었다.

일상생활의 돌봄-간병-간호-의료 속에서 돌봄이 각각 분화된 경과도 비슷하다. 의사가 환자의 상태를 자세히 물어보는 일, 간호사가 누워 있는 환자의 자세를 바꾸는 일, 간병인이 환자의 이동을 돕는 것이 모두 돌봄이라 할 수 있지만, 우리 사회는 이를 구분할 뿐 아니라 기존 권력관계에 편입한다. 돌봄이 공식, 비공식 '제도'가 되면서 여러 돌봄은 서로 다른 전문 영역 또는 직능에 따라 구분되고, 이렇듯 세분화된 돌봄은 기존의 권력관계와 결합하여 '위계'를 만들어 낸다. 그렇게 돌봄은 수발, 요양, 간병, 간호, 진료 등으로 그 층위가 나뉜다.

김창엽

사회보장제도, 의료와 돌봄의 위계를 만들다

나는 의료와 돌봄이 분리되고 돌봄이 분화한 결정적 계기가 1977년부터 시작한 '국민건강보험'과 2008년부터 시행된 '노인장기요양보험'이라고 생각한다. 의료와 돌봄을 포함한 인간의 모든 사회적 실천은 그 사회의 물적 토대와 무관할 수 없는데, 이 두 가지 제도가 의료와 돌봄의 사회적 토대로서의 경제적 기반, 즉 재정의 원천이 되었다. 주지하듯이 국민건강보험과 노인장기요양보험은 의료비와 장기요양 비용을 국민국가라는 정치 공동체polity가 분담하자는 취지로 시작한 제도이다. 비용 부담과 재정이라는 물적 토대가 있어야 의료, 일상생활, 사회경제적 기능 등의 규범적 가치를 실현할 수 있다는 사실은, 사회적 가치와 수단 모두 자본주의 사회경제체제 또는 시장경제와 분리될 수 없음을 잘 보여준다.

'토대'라는 표현에서도 알 수 있듯이, 국민건강보험제도는 40년 이상 지속하면서 한국 보건의료의 성격을 근본적으로 바꾸었고, 10여 년의 역사를 가진 노인장기요양보험도 요양과 돌봄에 막대한 영향을 미쳤다. 이 영향은 단선적이라기보다 상호적이고 복합적이다. 제도와 정책은 일반적으로 구조와 행위 주체의 상호작용을 통해 변화하고 발전한다. 그런데 국민건강보험과 노인장기요양보험의 경우 한 가지 특징이 더 있다. 한편으로는 의료와 돌봄의 생산 주체와, 다른 한편으로는 이용 주체와 깊은 관련이 있다는 것이다. 결국 의료와 돌봄 과정에는 이중, 삼중의 상호작용이 일어나는데, 상호작용의 결과로는 '영향'이라는 평면적인 표현보다 '규율', '침투', '변형' 따위의 말이 더 정확하다.

이 글의 초점인 의료와 돌봄의 분리에는 노인장기요양보험제도 출범이 더 중요한 역할을 했다고 평가할 수 있다. 장기요양보험이 시작되면서 주로 보장하는 급여(서비스)에 따라 의료와 돌봄 서비스로 나누어 제공하고, 이의 물적 토대인 재정 또한 분리하여 둘 사이를 넘나들지 못하도록 했다. 제도는 당연히 현실을 재규정하고 강화 또는 약화하는 방향으로 재생산한다. 장기요양보험이 제도화되면서 질병 치료는 병원이나 요양병원에서 국민건강보험으로 해결하고, 일상생활 보조와 수발은 요양원(요양시설)과 주간보호시설, 재가요양 등을 통해 장기요양보험이 책임지도록 구획한 것이다.

사회구조가 행위 주체에 미치는 영향도 중요하다. 새로운 제도나 제도의 변화는 사람들의 삶에 개입해 의료와 돌봄에 관한 지식과 개념을 새로 만들고 또 바꾸며, 이에 따라 규범과 문화도 다시 구성된다. 이제 돌봄은 장기요양에서만 다루는 일이 되었고, 치료와 의료는 돌봄이나 요양과 달리 전문지식과 기술, 시설, 장비를 활용해 전문가가 하는 행위로 굳어

김창엽

졌다. 치료 현장에는 돌봄, 요양, 수발이 여전히 큰 비중으로 남아 있으나, 사회적으로는 '건강보험-병원-의료'와 '장기요양보험-요양시설-돌봄'이라는 이분법이 확립되었다.

의료는 돌봄과는 다른 것으로 분리되었으며, 돌봄은 사소하고 의미 없는 일, 무가치한 일 혹은 아예 없는 일처럼 여겨진다. 구체적으로 의료에서 돌봄은 기껏해야 비전문가가 담당하는 간병 정도로 좁아졌고, 의료의 본령은 전문가가 담당하는 전문적 지식, 기술, 시술, 검사 등으로 규정되었다. 문제는 병원과 의사만 그렇게 이해하는 것이 아니라, 환자와 그의 가족들도 그렇게 받아들인다는 것이다. 그것이 제도의 힘이자 의료와 돌봄의 이분법적 분리가 미친 영향이다.

의료의 영역에 포함되지 못하고 주변화된 돌봄의 요소는 점차 의료화될 것이다. 예를 들어, 상담은 '상담 치료'로, 감정과 정서는 '지지요법'으로 바뀌고, 담배를 끊거나 운동을 더하기 위해서는 '행동요법'의 힘을 빌려야 한다. 2020년에는 약을 먹거나 피하주사를 맞지 않고도 질병 관리가 가능해 제3세대 치료제라고도 불리는 '디지털 치료제'까지 등장했다. 의료와 돌봄의 관계는 이미 전면적인 의료화 단계에 들어섰을 수도 있다.

첨단 의료 시대, 기술이 곧 돌봄이 되다

앞서 '탈돌봄'을 촉진한 제도적 계기를 설명했지만, 사실 장기요양보험이 시작되기 전부터 의료는 좁은 의미의 의학 또는 의학적 진단과 치료 영역으로 집중하는 추세였다. 관점에 따라 의료와 의학이 확대되어 좁은 의미의 돌봄까지 잠식하는 과정이었다고도 할 수 있다. 현대 의료가 돌봄에서 멀어지고 점점 더 전문 지식과 기술에 의존하기 시작했기 때문이다. MRI나 CT, 초음파, 로봇, 혁신 항암제 같은 기술이 없는 현대 의료를 상상할 수 있을까?

기술 중심 의료에는 공급과 수요 요인이 모두 작용한다. 이유가 무엇이든 근대 이후 병원이나 의료 전문직은 과학과 기술 지향적이었다. 의학과 의료 내에서 과학과 기술의 권위가 계속 커졌고, 특히 전문직이 권력을 강화하는 과정에서 과학기술이 핵심 역할을 했다. 최근 유전체 의학*과 디지털 헬스케어**에 이르기까지 현대 의학은 더 높은 수준의 과학기술을 추구하는 경향이 있다.

---

* 환자가 가진 특정한 유전자 변이를 찾아 이에 맞는 치료를 진행하는 미래 의학이다.

** 개인의 건강과 의료에 관한 정보, 기기, 시스템, 플랫폼을 다루는 산업 분야로서 건강 관련 서비스와 의료 IT가 융합된 종합 의료 서비스이다.

환자를 비롯한 의료 이용자의 이해관계와 동기 역시 과학기술 발전과 밀접한 관련이 있다. MRI와 같은 진단기술, 항생제나 항암제와 같은 치료기술, 비파괴적 검사·치료법 등은 가시적으로 그 효과를 실감할 수 있는 근대 과학기술의 성과이다. 집단의 건강 수준을 개선한다는 과학적 근거가 미약한 경우에도 환자가 현대 의학기술을 찾고 의존하는 경향은 이런 신뢰를 바탕으로 축적된 것이라 할 수 있다.* 과학기술 중심 의료에 대한 믿음과 의존은 환자들에게는 지식과 정보가 되었으며, 사회적 문화와 규범으로 자리했다. 때로 정기 정밀 건강검진이 자기 돌봄self-care의 윤리가 될 정도로 큰 권력이 되는 것처럼 말이다.

전문직뿐 아니라 환자와 보호자도 으레 '탈돌봄'화된, 기술 위주의 의료를 기대하고 원하게 되었다는 점을 강조하고 싶다. 물론, 의료와 돌봄의 관계는 맥락에 따라 달라진다. 의식이 없는 응급 환자와, 주기적으로 외래 진료를 보러 병원에 오는 만성질환자가 의료 전문가와 맺는 관계는 같을 수 없다. 백내장 때문에 수술을 한 환자와, 급성기急性期를 막 넘겼으나

---

* 개인이 질병을 완치하는 것과 어떤 집단의 건강 수준이 올라가는 것은 반드시 일치하지 않는다. 일부 개인은 효과를 볼 수 있는 첨단 의료기술 중에도 사회적으로는 '득'보다는 '실'이 더 많은 것이 포함되어 있다(예를 들어 성공률이 낮은 경우). 건강보험이나 정부예산 사업 등 사회적으로 어떤 의료기술을 쓸 것인지에 대해서는 사회 전체나 평균, 확률 등을 기준으로 적용하는 경우가 흔하다.

의료에는 돌봄이 없다

장애가 남은 환자의 경우도 각각 어떤 의료와 돌봄이 필요한지, 그 특성은 무엇인지가 모두 다르다.

문제는 의학적 필요에 부응하는 기술이 돌봄 그 자체 또는 돌봄의 수단으로 바뀌었다는 점이다. 예를 들어, 첨단기술을 사용해 정밀 검사를 하는 건강검진은 분명 의료에 해당하지만, 건강과 질병을 걱정하는 주체를 돌보는 행위이기도 하다. 심장 청진보다 심장 초음파가 환자를 더욱 안심시키는 돌봄의 의료 또는 의료를 통한 돌봄은 압도적인 추세이다.

이렇듯 의료기술과 과학기술이 독점하는 의료체계 또는 '레짐 regime (가치, 규범 및 규칙들의 총합)'에서 비과학적이거나 비기술적이라고 취급되는 나머지 요소는 필연적으로 위축된다. 한때 진료의 핵심 요소라 했던 원활한 의사소통, 공감과 위로, 친절과 '휴먼 터치', 상담과 교육까지, 말하자면 돌봄의 여러 요소는 밀려나고 배제되어 주변적이고 부수적인 일이 되었다. 의료에 편입된, 의료를 통한 돌봄까지 고려해도 돌봄을 주류라고 하기는 어렵다.

지금 우리가 보고 경험하는바, 바람직하지 않은 돌봄체계와 불만족스러운 의료는 결과이자 현상이다. 몇 해 전, 한 대형병원의 응급실에 갔던 기억이 있다. 한 환자가 본래 있던 문제가 아니라 새롭게 배가 불편하다고 호소하자 담당 의사는 "복부 초음파도 찍어드릴까요?"라고 말했다. 자세한 질문도 기초 진찰도 하지 않은 채, 필시 의사는 이것이 환자의 이해와 기대에 가장 잘 부응하는 방법이라 생각했을 것이다. 제때 검사를 해주지 않는다는 환자의 불평을 들었을지도 모른다.

좀 더 깊게 들여다보면, 첨단 장비 및 기술에 대한 의존성은 과학기술 또는 의료기술에 내재한 경향성이나 동력의 결과가 아니다. 어떤 과학기술이 사회적으로 채택되고 촉진되는 데, 또는 기각되고 위축·소멸하는 데는 일정한 사회적 조건과 맥락이 작용하며, 이 또한 권력관계가 작동한 결과이다. 뜨거운 관심을 받았던 코로나19 백신이 좋은 예가 아닐까. 다른 신종 감염병과는 비교할 수 없을 정도로 신속하게 백신기술이 개발되고 대량생산에 들어갈 수 있었던 것은, 세계적인 대규모 수요가 존재하는 데다 선구매 등을 통해 생산자의 경제적 이익을 보장했기 때문이다.

자본주의는 의료를 어떻게 작동시키는가

첨단 장비와 의료기술에 의존하는 '탈돌봄' 의료는 근대 과학기술 발전의 산물로만 설명하기 어렵다. 모든 측면에서 나타나는 과학기술 주류화가 자본주의 사회경제체제와 불가분의 관계를 맺고 있듯이, 의료의 과학기술화 또한 자본주의 사회경제체제에 조응하는 보건의료와 보건의료체계에 기인한다. 더 구체적으로, 한국 자본주의체제는 기술에만 의존하는 탈돌봄 의료를 초래했고, 다른 한편으로 자본주의 시장체제가 탈돌봄 의료체계로부터 동력을 공급받기도 한다. 자본주의 사회경제체제와 의료체계는 자본주의 발전을 옹호하는 관점에서는 선순환으로, 그 반대 관점에서는 악순환의 고리로 맺어지는 셈이다.

의료기술을 포함한 의료와 돌봄의 생산양식은 자본주의적 '생산체제'라는 틀 안에 위치하며 또한 그 틀을 통해 특성을 드러낸다. 생산체제의 핵심은 생산자와 생산 조직production organization이다. 자본주의 사회경제체제와 보건의료(또는 병원)가 어떤 관계를 맺고 있는지에 따라 병원을 비롯한 보건의료 생산자, 생산 조직의 특성도 달라진다. 자본주의 사회경제체제에서 보건의료 생산 조직은 최소한 세 가지 이상의 사회경제적 역할을 요구받는데, 첫째로 건강한 노동력을 유지하고 재생산하는 것, 둘째로 자본의 이윤을 보호하고 이윤 유출을 최소화하는 것, 마지막으로 보건의료 자체가 이윤 창출과 자본축적의 주체가 되는 것이다.* 각 영역에서 보건의료 생산자와

---

* 앞의 두 가지 역할이 '복지체제'에 속한 것이라면, 세 번째 역할은 '생산체제'의 특성에 속한다.

김창엽

생산 조직의 특성은 자본주의 사회경제체제에 조응하면서, 동시에 상보적으로complimentarily 규정된다.

같은 자본주의 사회경제체제에서도 보건의료 생산 조직과 의료와 돌봄 등 생산물의 특성은 달라질 수 있다. 거시적으로는 보건의료의 '생산양식'이 어떤지에 따라*, 미시적으로는 이윤 추구의 강도가 얼마나 강한지에 따라 생산 조직의 특성이 다양하게 나타난다. 여기서 거시적 생산양식과 미시적이윤 추구의 동기는 독립적이거나 병렬적이라기보다 한쪽이 다른 쪽을 규율하고 의존하는 관계이다. 미시적이라 표현한 이윤 추구 또한 우연히 나타나는 개인의 성향이라기보다 생산 체제의 특성에 따라 달라지는 구조적인 요소이다. 같은 비영리병원도 어떤 국가 소속이냐에 따라 영리 추구 행태가 다르고, 같은 체제 안에서도 영리병원과 비영리병원의 수익 추구 행태가 다른 것은 모두 이 때문이다.

한 의료체제 안에서 생산의 주체가 어떤 의료와 돌봄을 생산(제공)하는지는 보건의료의 생산양식을 구성하는 요소인 '생산 조직의 소유 형태'와 '보건의료의 상품화 수준'에 달려 있다. 먼저, 생산 조직을 누가 소유하는지가 중요하다는 사

---

* 여기서는 '생산양식'을 마르크스에 의해 정식화된 경제, 역사적 개념이라기보다 보건의료 생산을 둘러싼 구조와 그들의 관계를 포괄적으로 나타내는 관례적 개념으로 사용했다.

실은 새삼 강조할 필요가 없을 것이다. 소유 주체에 따라 이윤 동기가 다르고, 그에 따라 생산 조직의 행동도 달라진다. 보건 의료를 생산하는 병원도 마찬가지이다. 영리를 추구하는 주식 회사병원과 정부가 소유한 공공병원이 이윤을 매개로 한 각각의 행동과 특성이 같을 수 없다. 협동조합은 영리를 추구하는 기업이나 국가와는 또 다르다.

이 관계는 순환적이고 상호 의존적인 것으로, 이윤을 창출할 가능성, 예를 들어 상품화가 얼마나 진전되고 시장이 확대되어 있는지는 다시 소유관계, 즉 누가 병원 사업에 진출하고 자본을 키우려 하는지에 영향을 미친다. 이윤과 자본 축적의 가능성이 클수록 더 많은 자본과 자본가가 시장에 진입하고, 그 결과 시장은 커지며 상품화 경향은 강화된다. 많은 자본이 수익성 있는 요양병원이나 요양원 사업에 진출했다. 이는 다시 제도와 규범, 문화를 통해 장기요양서비스시장을 키우는 압력으로 작용할 것이다.

돌봄, 상품이 되다

누가 어떤 의료기관을 소유하고 운영하는지에서 알 수 있듯이 소유관계의 의미는 상대적으로 단순하다. 이와 비교해 상품화 수준이 생산 조직에 미치는 영향은 복잡하다. 상품화를 '상업화'나 '영리화'와 비슷하게 이해하는 경향이 있지만, 엄밀하게 말하면 의료의 상품화란 보건의료가 미시 수준에서 시장의 다른 일반 상품과 비슷한 특성을 보이는 것을 뜻한다. 상품화[*]라는 표현이 나타내듯, 이는 고정된 상태 또는 이분법적 구분이라기보다 진전되고 진행되는, 연속선상의 변화와 추세를 가리킨다.

다른 측면으로는 상품이 아니던 재화와 서비스가 새로 상품이 되어 시장에 진입하고, 가격이 매겨지고, 거래되는 현상을 상품화로 볼 수 있다. 한국사회에서는 노인장기요양보험이 시작되면서 돌봄이 비공식 상품에서 공식 상품으로 바뀌었고, 새롭게 상품으로 제도화되었다. 장기요양보험이 출범하면서 방문요양이 규정되고 '수가'가 정해진 것이 대표적인 예이다. 다른 종류의 서비스도 이와 비슷한 방식으로 규정되어 수가를 받는 장기요양 급여가 되었고, 공적제도 바깥에서는 방문요양이 하나의 상품이 되어 개인이 값을 치러야 하는 '돌봄의 상품화'가 이루어졌다.

상품화는 시장을 통해, 그리고 시장의 도움을 받아 진행되는 동시에 시장을 확대하고 강화한다. 초기 보건의료시장은 성형수술이나 고급 건강검진과 같이 한정적인 영역에서 형성되었고, 그 서비스의 양과 질은 모두 빈약했다. 하지만 점차

의료에는 돌봄이 없다

상품이 다양해지고 양이 증가함에 따라 시장도 성장하고 성숙해졌다. 이때 보건의료시장은 전체 보건의료체계의 특성(예를 들어 공공 부문의 비중)에 의해 규정되고 인력이나 시설과 같은 자원과 재정의 영향을 받는다. 예컨대, 공공 부문의 비중이 크고 의료의 '상품성'이 약할수록, 병원의 경영 수지나 수익성이 보건의료 인력 채용의 직접적인 기준이 되기 어렵다. 시장 원리가 강할수록 보건의료 인력(의사나 간호사)은 생산의 투입 요소가 되고 보건의료 생산물, 즉 상품의 특성(가격이나 질)과 직결된다.

보건의료 생산양식의 특성은 보건의료 조직의 이윤 추구 특성, 즉 한 조직에서 이윤을 추구하는 동기가 얼마나 강한지, 어떤 방식으로 이익을 실현하는지에 따라서도 달라진다. 민간(개인)병원이 행위별 보상으로 진료비를 받는 체계에서 이익을 최대화하려면, 비용은 최소화하고 생산은 최대로 늘려야 한다. 이때 노동력을 사는 비용(인건비)을 줄이고 노동 강도를 강화하는 것이 기본 원리가 된다. 이윤이 큰 상품을 더 많이 생산하고 판매할 수 있는 방향으로 생산 과정을 구축하고 재구축하려는 것도 이러한 원리 때문이다. 즉, 다른 조건이 같으면 인건비를 줄일수록 이윤이 커진다.

김창엽

어떤 체제가 탈돌봄을 가속화하는가

'생산 조직의 소유 형태'와 '보건의료의 상품화 수준'을 기준으로 보면, 한국 의료에는 가장 높은 수준의 시장 원리가 관철된다. 소유 형태를 기준으로 공공과 민간을 구분하면, 어떤 지표로도 거의 무시할 수 있을 정도로 공공의 비중이 작다.

흔히 이렇듯 낮은 공공병원의 비중을 문제 삼지만, 자본 축적에 대한 동기를 제외하면 공공병원의 생산양식과 작동 원리가 민간병원과 크게 다르지 않다는 점도 중요하게 살펴야 한다. 공공병원의 수익 대부분은 진료비, 즉 국민건강보험으로부터 생기고 비용 구조 또한 민간병원과 거의 차이가 없다. 보건의료 인력과 노동시장은 공공과 민간에 따라 구분되지 않으므로 의사를 비롯한 인력의 인건비 또한 민간 부문의 원리에 가까워지고 있다. 공공병원이 의사를 확보하려면 민간병원과 경쟁해야 하고, 지역이나 경력 발전의 가능성 등 개별적으로 다른 유리한 조건이 없는 한 인건비 수준을 두고 경쟁할 수밖에 없다. 인건비를 충당할 여력은 다시 진료 수익이라는 시장 원리에 의존하게 된다.

경쟁과 영리 추구, 자본 축적을 핵심으로 하는 생산체제의 성격은, 생산되는 보건의료와 생산 과정에까지 영향을 미친다. 보건의료기관(시설)을 운영하는 데에도 수익을 최대화하고 비용을 최소화하는 것이 중요한 전략이 된다. 수익을 늘리려면 주로 진료량을 늘리거나, 건강보험 범위 안에서는 가격 제한이 있으므로 비급여 진료를 확대해야 한다. 비용을 줄이기 위해서는 보건의료기관에서 지출 비중이 큰 인건비를 최대한 억제해야 하는데, 의사와 간호사 등은 병원의 수익과 직접적으로 연관되므로 절대 수를 줄이는 것보다는 생산성과 효율성을 고려하는 것이 중요하다. 일부 전문 과목의 의사를 확보하거나 간호사 확보 수준을 올리면 건강보험 수가가 유리한데도 일부 병원이 인력 충원에 적극적이지 않은 이유는 이러한 시장 원리 때문이다.

거시와 미시를 구분할 것 없이 한국 의료의 토대를 구성하는 생산체제와 생산양식으로는 돌봄을 '적정화'할, 즉 필요한 양질의 돌봄이 제대로 이루어지되 공동체에 부담을 줄 정도의 오·남용이 없는 상태를 만들기 어렵다. 제도적 의료와 돌봄은 시장 원리로 움직이고 있고, 의학과 의료기술은 이미 상품화되어 수익의 원천이 되었다. 의료의 핵심 요소였던 좁은 의미의 돌봄은 대체로 가격(수가)을 매기기 힘들고 가시적이지 않아서, 환자가 그 가치를 인정하기도 어렵다. 긴 시간과 정성을 들여 환자를 상담하는 일과 모든 암을 찾아낸다는 '첨단' 양전자단층촬영PET-CT을 비교해 보라.

환자가 스스로 내면화한 가치체계도 중요하다. 환자가

김창엽

어느 쪽이 더 좋은 의료이고 비용을 낼 만하다고 생각하는지, 그래서 어떤 의료를 택하는지는 다시 공급자, 즉 생산체제로 투입된다. 환자의 생각과 기대를 뻔히 아는 병원과 의료진은 어디에 더 투자하고 무엇을 준비해 대응할까?

병원도 국민건강보험도 이런 '탈돌봄'의 경제 원리를 벗어나기 어렵다. 의료가 상품화되고 영리화되는 경향이 개인이 아닌 구조의 문제라고, 몇몇 병원이 아닌 체제에서 비롯된 문제라고 하는 이유이다. 하루 이틀 된 특성이 아니라 오랜 기간 묵은, 말하자면 역사성이 있는 문제이다. 우리 의료체계가 민간 의료기관 위주로 수익을 추구할 수밖에 없는 구조에서 시장 원리로 운영되는 한, (좁은 의미의) 의료와 돌봄 모두 일반적인 상품과 비슷해질 수밖에 없다.

국민건강보험이 비시장적 메커니즘이라는 이유로, 이것만으로 공공성을 확보했다고 말할 수 없다. 돌봄이 위축되면 보험 수가를 신설하거나 인상해서 바람직한 수준으로 끌어올리면 된다는 주장이 있지만, 이는 의료와 돌봄을 하나의 체계가 아니라 개별화된 서비스로 접근한, 말하자면 미봉책에 지나지 않는다. 건강보험이 상품 여부(급여)와 가격(수가)을 규제하는 것은 사실이지만, 다른 시장 메커니즘은 그대로 둔 채 수가와 재정을 통제하는 정도에 지나지 않는 '제한된 시장'도 시장이긴 마찬가지이다.

공적 재정이며 국가 개입을 통해 공공성을 보장한다는 통념과 달리, 국민건강보험은 그 자체로 시장이며 또한 시장을 조정하고 규율하는 행위자이다. 대부분의 자본주의 국가는 사회보장제도를 통해 보건의료 상품과 시장의 성격을 규정하는데, 이 과정에서 재정이 핵심 역할을 담당한다. 또한, 국가 또는 보험자는 주로 진료비 지불(보상)제도를 통해 생산 조직에 재정을 배분하는데, 한국의 국민건강보험이 환자를 진료한 병원이나 의원에 진료비를 지급하는 것이 이에 해당한다.

국민건강보험의 주 역할은 어떤 진료 항목(상품)을 시장에 들여놓을지, 어떤 상품에 얼마나 많은 가격을 치를지, 또는 누구에게 얼마나 많은 재정을 배분할지 등을 결정하는 것이다. 시장 원리에 따라 매출과 수익이 관건이라면 의사든 병원이든 건강보험에서 진료비를 지급하는 항목에 집중한다. 도덕과 규범은 그런 물적 토대 위에서만 작동한다. 돌봄과 돌봄 요소도 마찬가지이다. 돌봄 제공자이기도 한 병원이나 의료 제공자가 수익과 경영 논리에서 지금처럼 자유롭지 못하면, 건강보험과 장기요양보험의 수가와 진료비만이 병원의 생존과 소멸 여부를 결정하게 된다. 현재 의료시장의 권력관계는 돌봄보다는 극단적으로 의료에 치우쳐 있다.

결과적으로 어느 면을 보더라도 돌봄은 시장 원리에서 불리한 것이 현실이다. 간호사나 요양보호사, 의사 수가 충분

김창엽

해야 좋은 돌봄이 가능하지만, 이러한 요소는 건강보험을 통해 발생하는 수익에 반영되지 못한다. 결국 지금처럼 병원이 적자를 봐야 한다면 의료에서 좋은 돌봄이란 불가능한 일이 된다. 이런 상황에서는 무엇이 수가 항목으로 인정받을 수 있는지, 수익과 경영에는 어느 쪽이 유리한지가 중시되며 환자가 어떤 의료에 가치가 높다고 평가하는지는 조명받지 못한다. 의료는 점점 더 탈돌봄 쪽으로 치우치고, 수익이 되지 않는 돌봄은 방치되거나 환자에게 전가된다.

의료는 돌봄 능력을 회복할 수 있을까

현재 의료의 추세와 그 동력이 바뀌지 않으면, 의료 안에서 돌봄이 제 가치를 회복하기는 어렵다. 주로 의료기관 내에서 행해지는 의료와 돌봄은 점점 더 기술에 의존하게 되고 상품에 가까워지며, 그럴수록 시장 논리에 휘둘릴 공산이 크다. 로봇을 활용한 돌봄처럼 상품이 될 수 있는 돌봄은 의료로 편입되는 반면, 상품이 되기 어려운 돌봄은 더 축소되고 주변화되며 개인의 책임이 될 것이다. 돌봄노동을 둘러싼 성별과 계급 같은 불평등 구조도 더욱 심화될 것으로 보인다.

하지만 돌봄 없는 의료가 가진 문제와 그로 인한 고통이

마냥 지속할 거라고 비관하기는 이르다. 나는 고령화로 인해 의료가 변화할 수 있다는 점, 인구 감소 지역에서 '의료시장'이 소멸하고 있다는 사실을 기회로 본다. 새로운 돌봄체제를 향한 동력은 더 이상 의미, 가치, 윤리 또는 복지와 권리 등에 머물지 않는다. 의료가 돌봄과 결합할 수밖에 없다는 전망은 그 자체로 완전히 다른 사회경제체제로의 전환을 의미한다. 특히 돌봄은 새로운 사회의 물적 토대가 될 것이다.

노인 인구가 많아지면 건강과 질병에 대한 관점이 변화하며 자연스레 의료의 특성도 크게 바뀐다. 노인이 늘고 급성질환이 증가함에 따라 만성질환의 시대가 되었다. 과거의 병원과 의료 모델도 이에 맞춰 변화해야 한다. 요양병원을 떠올리면 이러한 미래를 상상하기란 어렵지 않다. 의료와 돌봄은 연속선상에 있을 뿐 아니라, 이제 돌봄과 자기 돌봄의 중요성이 기술 중심의 의료를 압도할 것이다. 돌봄 그 자체의 중요성이 커지는 것은 말할 것도 없지만, 의료 또한 '돌봄의 의료'로 변화하지 않으면 안 된다.

한편, 일부 지역의 인구가 줄고 민간 병·의원이 축소되는 것, 즉 의료시장이 위축되고 소멸하는 것은 시장 원리가 아닌 의료체계의 새로운 대안을 만들도록 강제한다. 시장이 무너지면, 혹은 시장이 성립하고 운용될 여건이 되지 않는 곳에서는 의료문제를 어떻게 해결해야 할까? 많은 사람이 관심을

김창엽

보이는 '커뮤니티 케어'가 대안이 될 수 있을까?

현실 가능성과 무관하게 두 가지 대안이 있을 수 있는데, 첫째는 계속 시장 원리에 맡기는 방법이다. 이는 '부작위'의 대안이니 사실상 대안이라 할 수 없다. 둘째는 공공의료기관을 늘리고 공공보건의료를 강화하는 한편, 민간과 시민사회까지 참여하여 공공성을 중심으로 체계를 재조직하는 방법이다. 이는 체계를 넘어 체제를 전환하는 일인데, 나는 후자가 피할 수 없는 선택지라고 생각한다. 또한, 시장 원리를 벗어난 의료, 즉 공공성이 강한 의료체제를 만드는 일이 '돌보는 의료'로 새롭게 변화할 유일한 경로라고 믿는다.

국가권력의 정당성, 또는 푸코식으로 말하면 '사회를 보호해야 할' 통치성governmentality 관점에서 이런 경로의 가능성을 찾을 수 있다. 노인 인구 증가와 고령화 현상에 대해서는 다양한 측면에서 국가의 통치성이 발현되어야 하는데, 이 요인들이 거의 모든 사회적 영역에서 안전을 위협하는 원인이 될 것이다. 노인은 경제와 생활 능력, 건강, 기능 등이 떨어져 대부분 부양, 의료, 돌봄이 필요하며 개인, 가계, 국가의 부담을 늘린다. 거시적으로는 경제성장률과 생산성을 낮추며, 국가기구인 연금, 의료보장, 복지체계를 불안정하게 한다. 세입이 정체되고 세출을 늘림으로써 국가의 재정 적자를 유발하는 것도 직접적인 위험이다.

한국에서 노인 인구와 고령화의 통치성은 지역문제와 상당 부분 중첩된다. 특히 비수도권 농촌 지역에서는 인구가 유출되고 출산율이 떨어져 인구가 감소하고 고령화는 더 빨라진다. 대부분의 시장이 붕괴하고 기본적인 삶과 생활 기반이 무너진다. 이것이 진정한 위기이다. 예를 들어, 중간 규모의 민간병원은 더는 충분한 수익을 올리기 어려워지고, 요양병원이나 시설로 전환해야 하는 상황에 처한다. 인구가 줄면 이조차도 존립할 수 없을 것이다.

　　국가권력의 통치성 관점에서 이 문제는 지역 쇠퇴나 소멸 그 자체에 있다기보다, 이를 둘러싼 지역 간 격차와 불평등이 사회문제로 확대되는 과정에 있다. 즉, "지역 균형발전에 아무 관심과 의지가 없다"라거나 "문제를 방치한다"라는 여론이나 담론 그 자체가 통치를 위협하는 요소이다. 노인이 제대로 치료나 돌봄을 받지 못하는 문제도 권리나 삶의 질 차원보다는 "노인을 학대한다", "고독사", "독거노인", "치매 때문에 가정이 깨지는" 현상에 국가권력이 의지와 관심을 얼마나 갖고 있고 적극적으로 개입하는지 그 여부 자체가 통치성의 대상이다. 통치성의 관점에서 보면, '분만 취약지 지원 사업'으로 실제 분만이 얼마나 늘어났는지 그 실적보다, 해당 지역과 다른 지역 주민이 "안심한다"라거나 "국가가 최선을 다했다"라고 인식하는 것이 더 중요하다.

김창엽

새로운 통치이자 대안은 공공 부문을 중심으로 지역의 건강, 의료, 돌봄, 복지체계를 근본적이고 전면적으로 개편하는 방법이 유일하다. 그중에서도 돌봄을 중심에 둔 체제 변화가 핵심이다. 정치경제적 관점에서는 어떤 주체의 정치적 동기가 강한지, 어떤 동력이 작동할 수 있는지가 중요한데, 지금 상황에서 정치적 주체가 될 수 있는 세력은 기초자치단체(시군구)와 같은 정치·경제·사회 권력일 가능성이 크다. 다만, 지금처럼 지역과 주민의 정치적 압력이 국가의 통치에 큰 영향을 미치지 못하는 '권력의 불균형' 상황에서는 지역이 스스로 권력을 강화하는 것만이 답이 될 수 있다. 권력을 강화하는 '물적' 토대가, 바로 돌봄 중심의 체제를 요구하는 지역의 정치경제적 이해관계이다. 공공보건의료에 한정해도 이들에게는 지역의 의료와 돌봄 인프라를 확충하고 재정을 확보하며 서비스를 바꿀 구조 개혁의 동기가 충분하다. 이러한 토대 위에 정치적 기획과 '운동'이라는 실천이 보태질 때, 비로소 가능성이 현실로 바뀔 것이다.

　　　　　　　　　　　　　　　　　　　의료에는 돌봄이 없다

돌봄 없이는 교육도 없다

: 교육과 돌봄의 이분법을 넘어,
새로운 '학교'를 상상하기

채효정

(정치학자, 경희대학교 후마니타스칼리지 해고 강사)

"스스로 서서 서로를 돕는 교육"은

"서로를 도와서 스스로 서는 교육"이 되어야 한다.

참된 돌봄의 관계 속에서만 참된 교육과

인간의 성장이 가능하다.

팬데믹이 시작되고 1년쯤 지났을 때이다. 나는 돌봄과 교육을 주제로 한 초청강연회에 참석하고 있었다. 한 교육 단체에서 주최한 행사였는데, 당시 국회에서 발의된 「온종일 돌봄특별법」*을 둘러싸고 운영 주체를 교육청에서 지자체로 이관하는 문제가 쟁점이 되고 있던 때였다. 시작 전부터 팽팽한 긴장감이 흘렀다. 교사, 돌봄 전담사, 학부모 등 돌봄교실 이전을 둘러싸고 첨예하게 갈등하고 있던 대부분의 당사자들이 참석한 자리였다. 발표를 마친 후에는 지정토론이 예정되어 있었는데, 나는 그 자리가 돌봄교실 이전을 두고 찬반 형식으로 진행되지 않았으면 했다. 돌봄 노동자와 교육 노동자 간의 갈등과 대립구도로 전개될 것이 뻔했기 때문이다. 대신 교육

돌봄 없이는 교육도 없다

에서 돌봄이 차지하는 의미와 지금까지 교육에서 돌봄을 어떻게 해결해 왔는지를 역사적으로, 또 사회적으로 짚어보고 싶었다. 대안을 찾으려면 우리 모두를 현재와 같은 상황으로 몰아간 구조적 원인을 이해해야 했다.

하지만 그렇게 되지는 않았다. 어느 정도 예상은 했지만, 그날 토론은 근래 몇 년간 참석했던 토론회 중에서 가장 뜨겁고 격렬했다. 그런데 한 가지, 예상을 벗어났던 것이 있다. 참석자들의 태도였다. 당시 돌봄 전담사들과 학교비정규직노조는 돌봄교실의 지자체 이관을 돌봄 민영화의 계기로 보고, 이를 막기 위해 다방면의 반대 투쟁을 조직하고 있었다. 그래서 나는 그들이 토론에서 가장 적극적으로 입장을 피력하고 공세적인 태도를 보일 것이라고 생각했다. 반면에 교사들은 조금 수세적인 입장에서 사회여론을 되돌리기 위해 돌봄 전담

---

* 21대 국회에서 강민정, 권철승 더불어민주당 의원은 지자체가 돌봄시설을 운영하는 내용의 온종일 돌봄체계 운영·지원에 관한 특별법 제정안을 발의했다. 법안이 발의되자 교원단체는 일제히 찬성했다. 전교조는 "그간 돌봄의 학교 집중으로 교원의 업무 부담 과중, 겸용교실로 인한 교육활동 제약, 시설관리 및 책임·안전문제 등이 발생해 학교의 본령인 교육활동을 펴나가는 데 어려움을 겪었다"라며 지자체 중심의 운영이 교육과 돌봄의 질을 모두 높일 것이라고 입장을 밝혔다. 반면, 돌봄 전담사들은 고용불안과 돌봄의 질 우려를 염려하며 크게 반발하였다. 전국공공운수노조 전국교육공무직본부 역시 이 법안이 교육청 소속 노동자들을 지자체로 이관하여 고용 불안정을 야기하고 "국가 또는 지자체는 돌봄시설의 설치·운영을 위해 필요할 경우 국·공유 재산을 무상으로 대부하거나 사용·수익하게 할 수 있다"라는 부분이 사실상 민간위탁을 허용하여 돌봄교실 민영화의 문을 열어주는 것으로 보았다. 당시 논쟁의 핵심 쟁점은 온종일돌봄교실 운영 주체와 장소였다. 돌봄의 공공성과 사회화 요구로 전면화되지는 못했다.

　　　　　　　　　　　　　　　　　　　　　　　　　채효정

사를 설득하지 않을까 예상했다. 당시 학부모 단체를 포함해서 돌봄교실 지자체 이관을 반대하는 사회적 여론이 거셌기 때문이다. 교사들은 '애물단지' 같은 돌봄교실을 이참에 지자체로 넘겨버리려는 이기적인 집단이 되어 있었는데, 토론에 참여한 교사들은 이 사실에 대해 강력한 불만을 표했다.

토론회를 마치고 나니 이 판에서 누가 갑이고 을인지 명확히 알 수 있었다. 교사가 갑이면 돌봄 전담사가 을, 학부모가 갑이면 학교는 을이었다. 그날의 장면은, 교육이 서비스 산업이 되면서 공교육 안에서도 교육 주체들의 관계가 서비스 공급자와 소비자로 변형되고, 정규직과 비정규직이 신분처럼 나눠진 '노동신분사회'의 모습을 그대로 반영하고 있었다. 토론의 대립 구도는 아이를 둘러싼 교사와 학부모의 대결처럼 되어갔다. 각자 일터와 가정에서의 업무 과중과 돌봄 부담을 피력하는 가운데, 이 삼자 구도 안에서 을 중의 을인 돌봄 전담사들이 그들을 중재하며 '돌봄의 공공성'을 의제로 만들기 위해 노력하고 있었다. 서글프고 난감한 심정이었다. 사실 따지고 보면 그 자리에 모인 사람들 대부분은 '돌봄 노동자'였다. 각자 자신에게 떠밀려 온 돌봄에 허덕거리며 지쳐가고 있는 사람들. 지금 지고 있는 짐에 먼지 한 톨이라도 더 얹힌다면, 더는 못 버티고 고꾸라질 것만 같은 사람들이 서로 내 짐이 얼마나 더 무거운지를 증명하는 싸움을 하고 있는 것 같았다.

게다가 갑과 을이 되어 돌봄을 놓고 싸우고 있는 이들은 대부분 '여성'이다. 돌봄을 둘러싼 갈등이 '여성들의 싸움'처럼 되어버린 모습을 보며 더욱 분하고 속상했다. '교육과 돌봄에 대한 성찰과 관계 정립'이라는 강연 목표는 저 멀리 사라져 버렸고, 돌봄의 탈환과 연대의 주체가 되어야 할 우리들이 '을들의 싸움'에 휘말리지 말자고 호소하는 것으로 토론을 마쳐야 했다.

수건돌리기로 때워온 돌봄정책

그날, 그동안 사적 영역으로 떠넘겨 온 이른바 '땜질식 돌봄'이 교육이라는 공적인 장에서 어떤 적폐로 쌓여왔는지 분명하게 확인할 수 있었다. 땜질로 때워온 돌봄은 나의 이야기이기도 했다. 아이가 초등학교 입학할 때, 어렵사리 다시 시작한 학업과 활동이 중단될 위기에 처했다. 실제로 자녀의 초등학교 입학 시점에, 많은 여성이 직장을 그만둔다. 유치원에서는 밥도 주고 간식도 챙겨주고 종일반도 운영되지만, 아이가 학교에 가기 시작하면 점심만 먹고 집에 돌아온다. 누군가가 집에 있어야 했지만, 우리 집에는 아무도 없었다. 초등학교에 돌봄교실이 생기기 전이었다. 노란색 학원 버스들이 하교

시간에 맞춰 아이들을 태우러 오는 걸 보면서, 사교육이 근절되지 않는 이유를 깨달았다. 한국에서는 학원이 돌봄을 대행하고 있었기 때문이다.

나도 정보를 찾아 인터넷과 '맘 카페'를 두드려야 했다. 선배 엄마들이 남긴 조언을 열심히 찾아보며 정보를 수집하고, 동네 학원을 중심으로 일정과 동선을 짰다. 하지만 집집마다 동네마다 사정이 다 다른 법이고, 저마다 다른 아이들의 특성까지 고려해서 딱 맞게 짜기란 쉽지 않았다. 그럴 때 각자의 사정을 헤아려 맞춤형 선택지를 제공하는 것도 돌봄 사교육 시장이다. 영어로 전 과목부터 예체능까지 수업한다는 고급 '애프터 스쿨'도 있고, 학원 한 군데 가격으로 음악·미술·체육은 물론 숙제까지 봐주는 동네 보습학원까지, 다양하다.

결혼 전부터 교육 운동 단체에서 활동했고, 초등 사교육은 생각도 해보지 않았지만, 당장 눈앞에 닥친 현실에는 선택의 여지가 없었다. 다행히 집에서 멀리 떨어진 '공동육아 초등방과후'에 자리가 났다. 간신히 '학원 뺑뺑이'를 피했지만, 시장의 사교육 서비스 대신 부모들이 돌아가며 청소·보수·회계·관리·일일교사 등을 분담하는 공동육아 품앗이는 또 그것대로 시간과 품이 만만치 않게 드는 일이었다. 그때 내가 일을 그만두지 않고 버틸 수 있었던 건, 엄마와 여동생에게 도움을 받을 수 있었기 때문이다. 엄마는 혼자 살고 있었고, 결혼한 여동생은 아이가 없었다. 급할 때 기댈 수 있는 곳, 엄마들의 세계에선 그 장치를 '쿠션'이라고 불렀다. 대부분 그 쿠션은 여자들의 사적관계에 대한 의존이었다.

누구나 기댈 수 있는 '사회적 쿠션'이 필요했지만, 우리는 그걸 만들지 못했다. 경제가 성장하고, OECD에 가입하고, 이제는 선진국 대열에 오른 국가가 되었다고 하지만, 돌봄은 아직도 전쟁이다. 생각해 보면 우리는 교육목표에도 '돌봄'을 넣어본 적이 없다. 교육의 목표는 언제나 인재 양성이었다. 사람이 곧 자원이고 인재를 키워야 나라가 산다는 '자원빈국의 성장전략'은 귀에 딱지가 앉도록 들었던 말이지만, 그 '인재상'에 '잘 돌보는 사람'은 없었다. "아이 하나를 키우는 데는 한 마을 전체가 필요하다"라는 널리 알려진 교육학적 명제에 나오는 그 마을이 돌봄의 공동체여야 한다는 사실을 우리는 종종 간과한다. 교육을 담당하는 정부 부처의 이름조차 '교육인적자원부'인 나라이니, 그런 사고방식 속에서 돌봄은 계속 교육에서 외부화될 수밖에 없다.

사람을 사회의 '인적자원'으로 본다는 것은 자연을 경제성장에 필요한 '물질자원'으로 규정하고 대해왔던 것과 같은 방식으로 인간을 바라본다는 뜻이다. 추출과 채굴, 전유에 기반한 약탈 경제에는 돌봄의 세계관이 없다. 자원에 투입되는 생산비는 최대한 절감하고, 최소 비용으로 최대 가치를 뽑는

　　　　　　　　　　　　　　　　　　　　채효정

것이 자연을 자원으로 바라보는 자본주의 경제의 기본 논리이다. 근대 산업체제를 뒷받침하는 근대 교육은 산업 인력과 국가 인재로서 각각 '노동자'와 '엘리트'를 육성하는 이중과제를 설정하고, 이에 필요한 돌봄 비용은 가정과 여성에게 전가하는 모델로 수립됐다.

돌봄이 상품이 아닌 형태로 공급되는 비시장적 공급재가 되면서, 그 사회적 가치를 제대로 인정받지 못하게 되었다. 저평가 또는 미평가된 돌봄노동이 누군가의 그림자노동으로 묵묵히 수행되도록 하기 위해서는 돌봄노동의 무가치화가 필수적이다. '돌봄'을 하찮은 일로 폄하해 온 것은 여성을 비롯해 돌봄을 수행하는 계급을 억압하기 위해 오랜 역사 동안 지배계급이 사용해 온 방식이지만, 자본주의 이후 이러한 '무가치화 전략'은 여성과 자연을 통제하고 그들의 노동을 무상으로 전유하기 위해 훨씬 더 정교하고 폭력적인 방식으로 사용됐다. 그러나 팬데믹을 통해 여실히 드러난 '필수노동'의 사회적 가치에서 알 수 있듯이, 돌봄노동은 그 자체가 하찮고 중요하지 않아서 무가치해진 것이 아니다. 물건의 수명을 일부러 단축시키는 '계획적 진부화planned obsolescence'처럼 의도적으로 무가치화되었을 뿐이다.

환경 경제학에서 '외부화externalization' 개념을 설명할 때, 흔히 '개수대의 비유'를 사용한다. 우리는 개수대에서 물을 틀

돌봄 없이는 교육도 없다

고 사용하면서도 쏟아지는 물이 어디서 오는지, 다 쓴 물이 어디로 가는지는 묻지 않는다. 외부로 내보내면 어딘가에서 다시 정화되어 깨끗한 물이 되어 돌아오는 것을 '이치'라고 생각한다. 생산 영역에서 자연을 외부화하고 자연의 무상노동을 당연한 듯 공짜로 전유했듯이, 재생산 영역에서도 마찬가지였다. 아침마다 공장으로 콸콸 쏟아져 오는 노동자들은 하루의 노동을 끝내면 다시 어디로 흘러들어 가 잠을 자고, 밥을 먹고, 씻고 쉬는 걸까? '사회의 재생산'을 위한 교육 역시 마찬가지이다. 아침이면 말간 얼굴로 학교에 쏟아져 들어온 어린이들은 일과가 끝나면 지친 얼굴로 쏟아져 나갔다가 어딘가에서 먹고 자고 쉬고 난 후에 다음 날 아침 학교로 돌아온다. 노동자든 아이들이든 어딘가로 내보내기만 하면 다시 살아 돌아오는 마법 같은 일은 누가 담당하고 있었을까? 기업과 사회가 무상으로 전유해 온 돌봄노동이 없었다면, 고용도 교육도 가능하지 않다. 지금까지의 성장과 교육 모델은 전적으로 돌봄을 무상으로 착취하고 무가치화한 결과이다.

　　우리는 어린이집이나 유치원에서 아동학대 사건이 일어날 때마다, 가해자를 비난하고 강력한 처벌을 호소하면서도 그가 마주한 열악한 노동조건과 돌봄노동을 무가치화해 온 사회에 대해서는 제대로 논의하지 않았다. 팬데믹을 지나며 우리는 더 이상 돌봄의 외부화도, 비가시화도, 무가치화도 아

채효정

닌, 돌봄의 근본적 전환을 논의해야 함을 절실히 깨닫게 되었다. 그런데 '엄마, 이모, 친구 엄마'에게 돌려막기 하던 돌봄을 이제 교육 당국이 하고 있다. 학교에서 지자체로, 지자체에서 민간위탁으로, 아이들은 돌고 돈다.

돌봄은 어떻게 학교로 밀어 넣어졌나

문제를 구조적으로 해결하지 않으면, 이해 당사자 간의 사적 갈등으로 표출될 수밖에 없다. 지금 학교 돌봄을 둘러싸고 일어나는 문제는 도입 시점부터 예견되었던 것이다. 학교에 돌봄교실을 '집어넣은' 것 자체가, 돌봄이 사회적으로 문제가 되자 일단 학교라는 공간으로 떠넘긴 것이기 때문이다. '돌봄학교'는 2004년 처음 정책으로 도입되었는데, 그로부터 근 20년간 법적 근거 없이 운영되어 지금의 학교돌봄교실에 이르렀다. 법제화가 필요했지만 돌봄위기가 터질 때마다 정부 당국은 즉자적으로 대응하는 데 급급했다. 2009년 이명박 정부는 밤 10시까지 야간 돌봄교실을 확대하는 정책을 내놓았다. 맞벌이 가정과 저소득층 가정의 사교육비 부담을 덜어준다는 것이 도입 취지였지만, 실상은 인력, 프로그램, 예산 등 어느 것 하나 제대로 준비되지 않은 상태에서 급조해 낸 정책이었

돌봄 없이는 교육도 없다

다. 돌려막기의 끝에서는 늘 가장 취약한 존재가 짐을 떠맡을 수밖에 없다. 코로나19가 드러내기 전까지, 학교 돌봄 노동자들이 교육과 돌봄 사이의 커져가는 간극을 메워왔다.

엄청난 수의 전쟁고아와 내부 난민을 만들어 냈던 한국전쟁 이후로, '돌봄위기'가 사회적 문제로 다시 재부상하며 가시화되었던 것은 20년 전의 일이다. 대체 무슨 일이 있었던 것일까? 학교돌봄정책이 처음 도입되었던 때는 IMF 직후였다. 지금은 감염병이 돌봄의 위기를 드러냈다면, 그때는 금융위기가 돌봄을 사회로 불러냈다. IMF외환위기는 기존의 돌봄 시스템에 타격을 가했다. 돌봄 시스템이라 하지만, 실제로는 드라마 〈응답하라 1988〉에 나오는 것처럼 주로 여자들이 도맡았던 이웃과 마을 단위의 자생적인 '골목길 부조'나 '모녀·자매 안전망'이 거의 전부였으니, 시스템이라 부르기도 민망한 지경이다. 그나마 유지되던 골목길의 상호부조마저도 1990년대를 지나면서 무너지기 시작해, IMF사태 이후로는 '사회의 해체'라 부를 수 있을 정도로 지역·이웃·가족공동체가 급격히 와해되었다. '조손 가정', '한부모 가정' 같은 용어가 만들어진 것도 그때였다. 직장을 잃고, 일터를 잃고, 집을 잃고, 가족들이 뿔뿔이 흩어지면서 할머니 할아버지 댁에 맡겨진 아이들이 늘어났고, 생활고로 함께 살 수 없게 되거나 헤어진 가정이 많아졌다. '일하는 아버지와 집 안의 어머니, 그리고 직계 자녀'

채효정

로 구성된 부르주아 정상가족 모델은 더 이상 보편적인 모델로 자리 잡을 수 없게 되었다.

당시 신문에는 "혼자 집에 남아 있던 아이가"로 시작되는 기사가 끊이지 않았다. 분당, 일산 신도시에 아파트가 무섭게 올라가던 때, 반지하 셋방에 홀로 남은 아이들이 불이 난 집에서 탈출하지 못해 벌어졌던 1990년대의 '우리들의 죽음'(1990년에 발표된 정태춘의 노래)은 2000년대를 넘어서도 계속되었다. 2005년 10월, 서울 서초구 원지동 개나리마을 비닐하우스 셋집에서 밤늦게 불이 나 여섯 살, 네 살 형제가 숨졌다. 부모 이혼 뒤 엄마와 살던 아이들은 제빵공장에서 밤샘 작업을 하는 엄마를 기다리다 변을 당했다. 2014년에는 경기도 의왕시에서 집에 혼자 있던 아이가 도사견에 물려 죽는 끔찍한 사고가 있었다. 당시 이 사건은 지역사회에 큰 충격을 주었고, 이를 계기로 '모락산 아이들'이라는 지역 공부방이 만들어졌다.

1990년대 후반부터 지역 곳곳에서 지역아동청소년공부방이 자생적으로 생겨나기 시작했다. 돌봄이 무너져 내리는 틈바구니 속에서 아이들과 공동체를 함께 지키려는 지역 차원의 주요 시도 중 하나였다. 1970~1980년대의 빈민 운동과 결합한 공부방 및 노동야학과 2000년대부터 본격화된 대안 교육 운동의 흐름 사이에서, 그 시기 아래로부터 출현했던 지역 공부방 운동은 교육과 돌봄을 하나로 통합하는 중요한 모델

돌봄 없이는 교육도 없다

이었다. 이후 '지역아동센터'와 '다함께 돌봄센터'로 제도화되면서 초기의 주민 자치적 운동성과 저항성은 점차 탈각되고 공공서비스의 성격으로 바뀌었지만, 그럼에도 당시의 지역 공부방 운동은 빈곤층과 소외계층 어린이, 청소년들이 사회로부터 고립되지 않고 안전하게 보호받고 자랄 수 있는 대피소이자 저항지를 만들어 냈다.

그러나 이러한 시도는 2000년대 이후 본격화된 신자유주의 거버넌스의 맹공 속에서 행정의 관리체계와 민간위탁이라는 제도적 민영화를 통해 해체되었고, 비정규직 돌봄 노동자들의 열악한 처우와 노동환경에 의해 떠받쳐지는 '저렴한 복지 서비스'로 귀결되었다. 이후 민간위탁은 공공 부문 시장화의 주요 기술로 자리 잡았다. 영유아·노약자·장애인을 대상으로 한 민간돌봄시설의 확대는 결과적으로 돌봄시장을 확장하는 데 기여했다. 지금 돌봄학교에 민간위탁 방식을 도입하고자 한다면, 이러한 전례가 어떤 결과를 초래했는지부터 평가해야 한다.

돌봄은 더 이상 빈곤층만의 위기가 아니다. 산업 자본주의 시대의 가족 임금에 기초한 가부장적 노동체계와 이에 기반한 부르주아 정상가족 모델이 유지 불가능해지면서, 돌봄위기는 전 계급으로 확대됐다. 물가는 오르는데 실질소득은 감소하고, 가계부채는 급증하는데 일자리까지 불안정해지는 상

　　　　　　　　　　　　　　　　　　채효정

황이 2000년대 내내 지속됐다. 경제위기와 금융위기가 장기화되면서 양극화와 불평등이 심화되는 가운데, 중산층도 더이상 안전하지 않게 되었다. 계급 재생산과 지위 하락의 공포가 부동산, 사교육, 재테크 그리고 맞벌이 압박을 가중시켰다. 이 시기 여성취업률이 높아졌지만 그것은 여성의 권리가 확대된 결과가 아니라, 가계의 상대적 빈곤화와 노동시장 불안정이 '집 안의 노동자'를 집 밖으로 불러냈기 때문이었다. '가정주부화'되었던 여성들도, 이제는 자기 개발의 명령을 수행하며 언제든 노동시장으로 나갈 수 있는 대기 인력이 되어야 했다. 무상의 가내 노동자를 노동시장에서 그때그때 '갖다 쓸 수' 있는 상시 대기 노동력으로 만들기 위해서는, 노인과 아이 등 돌봄이 필요한 가족 구성원을 집 밖의 또 다른 '외부'를 통해 해결하지 않을 수 없었다. 노인들은 요양원으로, 아이들은 어린이집으로 갔다. 늘어난 어린이집과 노인요양시설 대부분은 물론 '민간'이었다. 노동시장 유연화와 돌봄의 시장화는 이렇듯 동시에 진행됐다. 그리고 외부화시켰던 아동 돌봄 일부가 학교 안으로 들어왔다.

국가 입장에서 '학교'는 정책을 가시화하기 유용한 곳이다. 학교로 들어오면 무엇이든 공적인 영역에서 작동하는 것처럼 보인다. 정부가 당장 조치를 취해서 문제가 해결될 것 같은 신호를 주기에도 학교만큼 좋은 곳이 없다. 가령, 청년 취업난이 심해지고 실업률이 높아지면 진로 교육이 강화된다. 실상 취업난의 주요 원인은 기업들이 일자리를 줄이고, 고용과 재교육에 투자를 안 하는 것인데, 그 책임을 노동정책과 고용정책이 아닌 교육정책으로 떠넘기는 것이다.

돌봄정책도 마찬가지이다. 학교돌봄정책은 학교라는 공적 영역부터 돌봄 시스템이 작동하고, 당국이 무언가 해결책을 모색하는 것처럼 보이게 만든다. 하지만 자세히 들여다보면 시장화된 돌봄 서비스 비용이 가계에 경제적 부담으로 작용하자, '학교 돌봄'을 일종의 공공서비스로 만들어 각자 능력에 따라 부담하라는 선택지 하나를 제공한 것뿐이다. "저소득층과 맞벌이 가정의 사교육 부담 경감과 돌봄 지원"이라는 문구에서 그 의도를 읽을 수 있듯이, 여기에는 돌봄에 대한 교육적 목표나 철학은 없다. 오직 편익과 비용의 논리로만 접근하고 있을 뿐이다. 그 편익과 비용은 철저히 사용자와 소비자 관점에서 계산된 것이다. 이것은 기업에게 노동자를 탄력적으로 쓸 수 있는 편익을 제공하면서, 노동력의 재생산을 위해 기업이 부담해야 할 비용은 개인과 사회로 전가하는 방식이다.

돌봄을 노동과 교육을 위한 부가 서비스로 접근하는 한, 지금의 학교돌봄정책은 근본적인 해결책이 될 수 없다. 근본적인 문제는 지금까지 돌봄정책이 사회적 돌봄이나 돌봄 공공화라는 가치적 목표하에 수립되기보다는, 기업과 노동시장

채효정

을 위한 해결책으로서 만들어졌다는 데 있다. 학교 돌봄도 교육과 돌봄의 관계를 재설정하기보다, 임시방편으로 학교 안에 돌봄교실을 만들고, 비정규직 돌봄 일자리를 늘리고, 돌봄 노동자의 노동시간을 늘리는 식으로 확대됐다.

　　돌봄교실정책이 만들어지기 시작하던 그때, 나 역시 학업 단절, 경력 단절의 위기에서 발을 동동 구르며 아이 맡길 곳을 찾고 있었다. 하지만 밤 10시~12시까지 문을 여는 돌봄교실을 만들겠다는 말이 반갑지는 않았다. 대통령을 비롯한 정책 관료들은 "아이는 국가가 맡아줄 테니, 여성들도 맘껏 일하라"라고 선심 쓰듯이 말했지만, 안심이 되기보다 불안이 더 컸다. 아이들이 무슨 수화물 보관소에 짐 맡기듯 맡길 수 있는 물건도 아니고, 무엇보다 아이도 어른도 그렇게 밤늦도록 일해선 안 되었다. 그것은 어린이를 위한 정책이 아니라 어른을 위한 정책이었고, 노동자를 위한 정책이 아니라 기업을 위한 정책이었다.

　　실제로 초기에 돌봄교실을 도입한 학교는 많지 않았다. 정책이 실패한 이유는 정책만 만들어 놓고 다시 개인들에게 짐을 떠넘겼기 때문이다. 학교는 새로운 업무를 회피하고 싶었고, 교사도 집에 일찍 가고 싶었다. 부모들도 짐 맡기듯 아이를 학교에 두고 싶지 않았다. 돌봄 노동자에게도 돌봄의 시간이 필요했다. 한 노동자의 야간노동은 다른 돌봄 노동자의 야간노동을 필요로 한다. 학교 돌봄이 연장될 때 얼마나 많은 이들의 노동이 함께 연장되는지, 머리로 정책을 짜는 관료들은 상상도 할 수 없었을 것이다.

우리에게 필요한 건 장시간노동을 다른 돌봄 노동자의 불안정노동으로 보장하는 방식이 아니라, 돌봄을 가능하게 하는 시간과 안정성을 보장하는 노동정책이었다. 학교 돌봄에서 부딪치는 수많은 갈등과 모순은 '아이들의 돌봄'만이 아니라 '노동자의 돌봄', '시민의 돌봄', '자연과 사회의 돌봄'이라는 보다 확장된 관점을 요청했다. 돌봄의 공간적·시간적 양적 확대에만 집중하면, 우리는 '모두가 함께 돌봄이 가능한 삶'을 계속 놓칠 수밖에 없다.

귀한 교육, 천한 돌봄
: 교육과 돌봄 간의 분리와 위계

돌봄의 빈틈이 만들어 낸 사회적 상흔은 깊고도 오래 지속되었다. IMF가 터지고 약 10년 후, 왕따 등 학교폭력과 청소년 범죄가 급증했다. 어린이집이나 유치원에서의 아동학대 사건도 사회면 뉴스에 올랐다. 유괴, 학대, 살인 등 '강력 범죄 유형'에서 전에 없던 범죄 양상이 나타나기 시작했다. 당시 내가 활동하던 '학벌없는사회'는 물론 전교조, 대안 교육 운동 단체, 여러 진보적인 교육 운동 단체들이 이 문제에 관심을 갖고 적극적으로 대응하였다. 학교에서만 배움이 가능한 것은 아니라는 의미에서 '학업 중단'을 '학교 중단'으로 바꾸어 부르고, 당시 공식적으로 사용하던 '학업 중단 청소년'이란 명칭을 '학교 밖 청소년'으로 수정하고, '학교 밖 청소년 지원센터'를 만들기도 했다. 하지만 당시에는 교육의 위기와 돌봄의 위기를 연결해서 생각하지는 못했다.

내가 활동했던 학벌없는사회도 마찬가지였다. 학벌없는사회는 교수와 교사, 학생들이 주축이 된 단체였다. 활동가 중에 기혼 유자녀 남성은 많았지만, 기혼 유자녀 여성은 거의 없었다. 회의도 토론회도 늘 저녁 시간으로 잡혔고, 뒤풀이가 이어졌다. 아이를 키우면서 단체 활동을 하기가 점점 어려워졌다. 악착같이 아이를 데리고 참가하기도 했지만, 어른들의 회합에서 자동으로 아이는 '방해물'이 되었다. 개인적으로는 모두 한 아이를 환대하고, 육아로 고생하는 동료의 사정을 함께 안타까워하고 분노해 줄 수 있는 사람들이었다. 하지만 사회운동의 구조 자체가 암묵적인 '노키즈존'이었다. '노키즈존'은 '아이 달린 엄마'에게도 금지구역이란 뜻이다.

우리는 초중등교육을 파탄으로 몰아가는 핵심 원인이 대학 서열과 입시체제에 있다고 보았고, 이를 타파하기 위해

돌봄 없이는 교육도 없다

학벌 타파 운동을 전개했다. 그렇게 평등을 추구했는데, 왜 돌봄의 불평등은 학벌사회의 불평등만큼 예민하게 인식하고 치열하게 타파하려 하지 못했을까? 여기에는 돌봄과 교육을 분리시켜 온 오랜 위계와 불평등이 존재한다.

돌봄은 여자의 일이고 교육은 남자의 일, 돌봄은 어머니의 일이고 교육은 아버지의 일로 여겨져 왔다. 돌봄은 가정oikos의 일이지만 교육은 국가polis의 일이고, 돌봄은 자연의 재생산에 속하지만 교육은 문화의 재생산에 속한다. 돌봄은 인간을 비롯한 모든 자연 만물에 쓰이는 말이지만, 교육은 인간에게만 사용하는 말이다. 그래서 교육은 인재 양성이지만 돌봄은 뒤치다꺼리노동으로 여겨진다. 이렇게 '여성-어머니-가정-자연'의 영역에 배치된 노동과 '남성-아버지-국가-문화'의 영역에 배치된 노동 사이에는 가치의 위계가 존재한다. 돌봄노동의 가치는 여성노동의 가치 및 생명의 가치와 밀접하게 관련되어 있다.

오랫동안 돌봄도 교육도 '노동' 외 범주에 있었고, 돌보는 이도 교육하는 이도 '노동자'라 불리지 않았다. 교육이 육체노동과 분리되는 지식노동이고, '교육자'는 '노동자'라 부를 수 없는 숭고한 직업이라 여겨졌기 때문이라

채효정

면, 돌봄은 노동의 가치조차 인정받지 못하는 '하찮은 일'이었기 때문이다. 그래서 돌보는 이들은 '노동자'가 아니라, 주부, 아내, 어머니, 유모, 하녀 등으로 불렸고, "어머니 뭐 하시냐?"라는 물음에 "아무것도 안 합니다"라거나 "집에서 놉니다"라는 대답이 가능하기도 했다. 돌봄은 '아무것도 안 하는' 일로 인식되었지만 그 '아무것도 아닌 일'은 필요할 때면 누군가의 사랑, 희생, 봉사 같은 단어로 치장되었다. 숭배와 혐오 사이를 오가는 돌봄에 대한 이러한 인식은 지금도 마찬가지이며, 돌봄이 노동시장 안으로 들어온 이후에도 이런 관념은 돌봄노동의 가치를 저평가하는 근거가 되고 있다.[1]

근대 교육철학에는 서구적 사유의 전통인 정신과 물질, 자유와 필연의 이분법이 뿌리 깊게 내재되어 있다.* 경제의 성장주의 패러다임은 그 자체로 교육 개발의 패러다임이 됐다. 경제의 성장과 인간의 성장, 국가 발전과 인간 개발은 동일한 구조의 서사와 담론체계를 공유한다. 이러한 교육과 돌

---

* 자유와 필연의 대항 구도는 철학적 개념에서 많이 쓰인다. 계몽주의적 근대 교육은 필연으로부터의 해방, 생물학적 법칙에 종속된 존재로부터 의지적 주체로 나아가는 도야의 과정으로서의 교양Bildung을 교육의 목표로 설정한다. 이는 자연 정복과 인간중심주의, 서구중심주의, 식민주의를 정당화하는 논거가 되기도 한다.

돌봄 없이는 교육도 없다

봄 사이의 분리와 위계는 다시 성, 인종, 지역, 계급 간의 위계와 차별로 확장된다. 이를테면 애를 돌보는 건 여자의 일이고, 인재를 키우는 건 남자의 일이다. 전자는 집 안의 일이지만, 후자는 국가적인 과업이다. 유엔 밀레니엄 개발목표^{UN} Millennium Development Goals는 발전국가의 지식, 과학, 기술을 미발전 국가의 민중에게 가르치는 것을 목표로 한다. 북반구의 기술과 자본이 남반구의 미발전된 인력과 자원을 개발하는 것과 동일한 방식으로, 북반구 전문가들이 개발한 교육 프로그램은 남반구 가난한 나라의 민중 역량을 개발한다. 세계화 시대의 글로벌 가치사슬은 선진국의 지식산업과 후진국의 육체노동을 국제적으로 분업화하고 조립한다.

돌봄의 분업은 정반대이다. 남반구가 북반구를, 여성이 남성을, 빈자가 부자를 돌본다. 노예 시대의 '하얀 아기를 돌보는 검은 유모'는 지구화 시대의 돌봄 분업과 위계에서도 여전히 하나의 상징으로 작용한다. 농촌에서 도시로, 주변부에서 중심부로 향했던 여성 돌봄 노동자의 이주 경로는 지금도 북아프리카에서 유럽으로, 남유럽에서 북유럽으로, 동유럽에서 서유럽으로, 인도와 파키스탄에서 영국으로, 필리핀에서 홍콩으로, 중국에서 한국으로 연쇄적으로 중첩되며 이어진다.

돌봄은 어쩌다 천한 일이 되었을까

근대 교육의 목표는 시민 양성과 노동자 보급이었다. 근대적 생산체제하에서 집단노동을 수행하기 위해서는 집단생활에 잘 적응하도록 사전 훈련된 노동자가 필요했다. 학교는 교육과정을 통해 같은 시간에 일하고 같은 시간에 쉬는, 통제하기 쉬운 노동자의 신체를 훈육했다. 학교를 통해 가정에도 사회 훈육을 위한 각종 지시 사항들이 전달됐고, 가정 돌봄은 일종의 보조적 역할을 수행했다. 사회 전체를 관통하는 집단화 교육이, 학교라는 기관을 매개로 체계적으로 시행된 것이다.

근대적 학교제도의 근간을 이루었던, 대량생산체제를 유지하기 위한 집단노동과 집단 교육 시스템은 1990년대 이후로 양상이 달라졌다. 산업화 시대의 교육에서 포스트 산업화 시대의 교육으로 이행해 오면서, 오늘날 집단적이고 획일적인 근대 교육제도를 가장 맹렬하게 공격한 이들은 신자유주의적 교육혁신그룹이다. 그들은 학교가 새로운 노동시장에 걸맞은 새로운 인간을 공급해 주길 바라며, 근대 교육이 수립했던 보편 교육·공통 교육·일반교육의 목표를 전면 수정한다. 지식산업, 문화 산업, 정보기술IT 산업, 금융 산업 등 소위 '창조 경제' 또는 '혁신 경제'의 시대에서 교육과 돌봄 간의 위계와 가치 평가는 점점 더 양극화되었다. 1990년대 이후 교육과 돌봄 모두 급격히 시장화되었지만, 교육은 지식 기반의 고부가가치 서비스 산업으로 부각된 반면, 돌봄은 저렴한 노동에 기반한 저비용 산업으로 재배치되었다.

　　돌봄과 교육에 대한 위계화된 가치 평가는 교육체계 내에서도 그대로 나타난다. 내가 어렸을 때는 남자가 '선생질'이나 하는 건 좀 시시하다고 생각하는 사람들이 많았다. 초등학교 교사는 더 그랬다. 교육제도 안에서도 돌봄의 비중이 높을수록 노동의 가치는 낮게 평가됐다. 교직은 남성들이 기피한 탓에 여성들이 상대적으로 진입하기 쉬운 직종이 되었지만, 이후 취업난이 심해지고 사람들이 선호하는 직업이 되자 '여교사'가 너무 많은 것이 사회문제가 되었다. 교육자의 성비 불균형이 피교육자의 교육 불평등을 야기하는 것처럼 말해졌지만, 정작 이 불균형이 대학교수 집단에서 나타날 때는 아무런 문제도 되지 않았다. 초등교육과 정반대로 고등교육에서는 학생 돌봄 의무가 전임 교수와 강사를 구분 짓고 그로부터 지위 차별을 만들어 내는 근거가 되기도 한다. 강사는 강의만 하지만, 교수는 연구와 강의는 물론 취업과 진로 등 학생들을 '케어'하는 일까지 담당하고 있으므로 '동일 노동'으로 볼 수 없다는 것이다.

　　돌봄과 교육 간의 위계는 그 자체에 내재한 가치가 아니라, 사회적으로 내려진 평가에 따라 결정된다. 달리 말하면, 우리가 무엇을 기준으로 어떤 노동에 더 높은 가치를 부여하느냐에 따라, 대학교수보다 유치원 교사의 노동이, 의사보다 간호사의 노동이 더 높은 사회적 가치로 인정될 수 있다는 뜻이다. 실제로도 한국의 시민사회가 동경하는 북유럽을 비롯하여 사회권이 발달한 많은 나라에서는 대학교수와 버스 운전사, 의사와 농부의 노동 가치를 동등하게 인정하는 곳이 많다. 물론 그러한 사회적 합의가 거저 나왔을 리는 없다. '사회적 돌봄'의 가치를 발명하고 제도화할 수 있었던 것은 시민들의 정치적 요구와 사회적 운동이 있었기 때문이다.

하지만 사회적 돌봄을 요구할 때도 주의해야 할 점이 있다. 오늘날 돌봄 가치에 대한 재조명과 의미 부여가 새롭게 이루어지고 있지만, 돌봄이 그 자체로서 절대적으로 선한 가치는 아니기 때문이다. "내가 널 돌봐주겠다"라는 것은 조폭과 마피아 세계의 언어이기도 하다. 신이 피조물을 돌보고, 왕이 백성을 돌보며, 가장이 가솔을 돌보는 가부장적 돌봄은 돌보는 자와 돌봄을 받는 자 사이의 일방적이고 불평등한 관계를 전제한다. 교육이 교육 당사자들의 주체성과 서로 배움의 관계를 배제하고 피교육자에게 일방적으로 교육의 의무를 지울 때 나타나는 억압은, 모든 유형의 보호-피호 관계의 돌봄에서 똑같이 나타난다. 일방적인 국가'교육' 시스템의 문제는 국가 '돌봄' 시스템에서도 그대로 나타날 수 있다는 뜻이다.

돌봄 없이는 교육도 없다

가령, 공교육을 국가교육 이상으로 상상하지 못할 때, 국가교육에 대한 반작용으로 공교육 자체를 해체하는 교육 시장화로 쉽게 넘어가는 것처럼, 시장주의적 돌봄과 교육에 대한 반작용 역시 권위주의적 돌봄과 국가교육 시스템을 재강화하는 방식으로 귀결될 수 있다. 시장적 돌봄도, 국가의 돌봄도 아닌, 사회적 돌봄의 길을 찾는 과정에는 이러한 위험이 늘 도사리고 있다.

'요람에서 무덤까지' 인민을 책임지는 복지국가를 한 번도 가져본 적이 없기에 우리는 '돌보는 국가'를 선망하는 경향이 있다. 하지만 한국에서도 유명한 『말괄량이 삐삐』나 『창문 넘어 도망친 100세 노인』, 『오베라는 남자』 같은 책들은 북유럽 식의 합리적 사회관계와 차가운 복지, 관료적 돌봄체계를 대안으로 승인하지 않으며 오히려 비판한다. 그 모델 역시, 국가가 인민을 돌보는 방식이 아버지가 자식을, 남편이 아내를, 인간이 가축을, 주인이 노예를 돌보는 것과 같은 가부장적 모델로 구축된 '보모 국가', '보육 국가'를 벗어나지 못하기 때문이다.

돌봄의 사회화는 분명 필요한 일이었고 지금도 중요한 과제이다. 그러나 돌봄을 어떤 방식으로 사회화할 것인가라는 물음과 어떤 돌봄 관계가 바람직한지에 대한 논의를 빠트려서는 안 된다. 코로나 팬데믹을 통해 돌봄의 가치가 조금씩 재조명되기 시작했지만, 돌봄이란 개념에 구체적이고 실질적인 내용을 채우지 않으면, 지금까지 다른 많은 '선한 가치 개념'들이 그랬듯이 시장에서 공허한 기표로 소비되는 데서 그치고 말 것이다.

자기 개발과 자기 돌봄, 그리고 교육

'자기 돌봄'의 개념이 급속도로 자기 개발 담론의 아류로 변형된 것은 단적인 사례이다. 자기 돌봄이든 세계 돌봄이든, 미니멀리즘이든 웰빙이든, '가치'를 소비로 획득하려는 순간 우리의 신념과 선의는 시장으로 재빠르게 포획된다. 시장화된 돌봄은 더욱 극심한 성별, 계급, 지역 간 돌봄 불평등과 양극화를 초래했다. 부유층의 럭셔리한 돌봄이 특권이자 과시적 사치 소비로 자리매김하며 상징 자본이 될 때, 다른 계급에게는 '없음의 상징'이 된다. "피트니스는 부르주아의 신앙"이라는 말은 "돌봄은 부르주아의 신앙"으로 고쳐 써도 무방할 정도이다. 건강, 몸매, 피부, 치아, 헤어, 요리, 인테리어, 식물 가꾸기, 아이와 가족 돌보기 등 오늘날 셀럽들의 라이브 쇼에 오르는 단골 소재들은 모두 중산층의 과도한 '케어 신드롬'을 반영한다. 지극히 개인적인 차원의 안전과 건강에 대한 욕망은 생명을 도덕화한다. 잘 가꿔진 몸, 표정, 품행이 곧 자신을 잘 돌보며 성실하게 살아왔다는 도덕적 삶의 징표가 되면, 돌봄은 그런 생명도덕을 수행하는 교리이자 규칙이 된다.

오늘날, 차이와 개성을 강조하고 다양성과 각자의 수월성을 내세우며 '개인 맞춤형'이라는 새로운 교육 사조를 이끌고 있는 신자유주의적 교육 개발과 혁신 담론은, 이런 종류의 자기 돌봄과 밀접하게 연결되어 있다. 수행평가나 진로 교육, 최근에는 고교학점제로 대표되는 개인 맞춤형 교육은, 개인에게 품행과 습관으로 부착되어 있는 '보이지 않는 돌봄'을 은밀하게 교육적 성취와 결합시킨다.* 지금 유행하는 자기 돌봄은 자기 자본화의 논리로서 자기 개발과 하등 다를 바가 없다.

문제는 이런 자기 개발형 각자 돌봄 교육이 학교로 물밀듯이 들어온다는 점이다. 공교육 시스템은 글로벌 자본이 호시탐탐 노리는 대표적인 공공인프라시장이다. 신자유주의 초기의 교육 민영화 모델이 사교육시장으로 대표되는 교육의 외부화였다면, 포스트 신자유주의 모델은 외부화에서 내부화로 선회한다. 에듀테크 스타트업 등 사기업들은 학교 안으로 적극적으로 들어와 공교육제도 안에서 사교육 콘텐츠를 판매하

---

* 우리는 각자 집안에서 사적 돌봄을 통해 자본으로 취득한 것을 자기 노력의 성취 결과로 인식한다. 이러한 돌봄의 자본화가 삶 속에서 생활양식으로 이루어지기 때문에 '보이지 않는 돌봄'이라고 표현했다.

고자 한다. 이것이 내부화의 핵심 논리이다. 다른 민관 협력 모델과 같이 정부·지자체·학교는 시설과 비용을, 민간기업은 교육 콘텐츠와 인력, 서비스를 제공한다. 비용은 사회화하고 수익은 사유화하는 전형적인 신자유주의적 민영화의 확장판인 셈이다. 1990년대의 민영화가 공기업 매각과 같은 방식으로 이루어졌다면 2000년대에는 공공 부문에 대한 기업 약탈이 보다 정교하고 은밀한 방식으로 진화했다. 직접 공기업을 사들이는 대신 '투자'를 통해 지분과 권리를 획득하고 경영에 참여하는 것이다. 공격적인 '교육 인프라 투자'도 이러한 배경에서 이루어지고 있다. 학교 돌봄도 마찬가지이다. 지자체가 아니라 교육청이 돌봄교실의 운영 주체가 된다 하더라도, 학교 돌봄을 외주화하는 '민간위탁' 방식은 발주자가 누구든 상관없이 돌봄의 시장화, 교육의 민영화를 촉진하게 될 것이다.

어떻게 해야 교육도 돌봄도 자본에 넘겨주지 않고, 국가화도 시장화도 아닌 방식으로, 민주적이고 평등한 교육과 돌봄을 얻을 수 있을까? 나는 교육과 돌봄의 관계를 전환하는 것으로부터 길을 찾을 수 있다고 생각한다. 당면한 기후위기 시대가 요청하는 생태적 전환 또한 교육과 돌봄의 관계를 재정립할 때에만 가능할 것이다.

돌봄 없이는 교육도 없다

'돌봄'의 공간으로서의 학교

　　교육에서 돌봄의 가치를 새롭게 상상한다는 것은 무에서 유를 만들어 내는 것이 아니다. 우리는 돌봄을 교육적 의제로 만들고, 돌봄의 교육적 가치를 사회운동을 통해 쟁취해 낸 경험이 이미 있다. 학교 무상급식 운동은 교육 공공성을 밥을 통해 실현해 낸 대표적인 사례이다. 밥을 먹지 않고는 교육도 노동도 불가능하다. 그렇다면 밥은 각자 알아서 해결해야 할 문제가 아니라, 함께 만들어 가야 할 교육의 기본권에 속하는 것이다. 학교 무상급식 운동은 자기 앞에 할당된 노동을 타인에게 전가하는 '수건돌리기'가 아니라 모두의 문제로 만들어 냈고, 광범위한 지지를 얻어냈다.

　　이와 반대로 귀결된 것이 대학등록금정책이다. 대학등록금 투쟁은 무상교육 요구로 나아가지도, 반값등록금도 쟁취하지 못하고 소득분위별로 차등화된 국가장학금 형태로 지급되는 데 그쳤다. 반면, 무상급식 운동은 복지의 차원을 넘어 보편적 교육권의 관점에서 접근했기 때문에 저소득층을 대상으로 한 식비지원정책으로 타협하지 않을 수 있었다. 이는 평등교육, 민주교육의 이념을 돌봄에 대해서도 요구한 '정치적 돌봄 운동'의 한 형태였다. 무상급식 운동은 학교를 운동의 장으로 만들었고, 돌봄을 교육 의제로 연결시켰으며, 각자의 문제

　　　　　　　　　　　　　　　　　　　　　채효정

를 모두의 문제로 만들었다. 또 다른 돌봄 노동자인 급식 노동자들이 교육 공무원이 아니라 비정규직 노동자로 남아 있다는 한계가 있지만, 우리는 여기서 더 나아가야 하고, 나아갈 수 있다고 생각한다. '평등한 밥'이라는 좌표를 만들어 냈기에, 그 좌표는 밥을 짓는 노동자와 식량을 생산하는 농민에게로 확장될 수 있다.

학교를 돌봄과 분리된 교육 공간이 아니라, 돌봄의 장소로 재구성하는 것은 위계화된 교육과 돌봄의 관계를 전복하는 중요한 시작점이 될 것이다. 자본주의 생산체제와 결합한 교육 시스템이 그동안 '효율성'과 '합리성'을 내세워 돌봄을 외부화하고 시장화했다면, 이제는 돌봄을 적극적으로 내부로 가져와 돌봄의 공통장commons을 하나씩 복구하는 길을 모색해야 한다. '외부화'에 대항하는 '내부화'는 공공 부문에 대한 자본의 내부 시장화라는 방식으로 일어나기도 하지만, 사유화·시장화에 대항하는 공공화·사회화의 새로운 모델을 만드는 중요한 전환점이 될 수도 있다.

이미 학교에서는 직업교육, 진로 교육, 취업·창업 교육을 사회통합 교육으로 실시하고 있다. 이렇게 기업을 위한 통합 교육은 다양한 방식으로 조직되고 있는데, 돌봄이 공동체를 위한 통합 교육의 과제로 상정되지 못할 이유가 없다. 그동안 학문 간 장벽, 연구와 현장 간의 장벽을 넘어서기 위해 부

돌봄 없이는 교육도 없다

단히 강조했던 통섭과 융합의 사고를 왜 교육과 돌봄의 기계적 분리 및 분업체계를 해체하는 데 적용할 수 없단 말인가? 기후위기 시대를 대비한다며 교육부가 미래 학교 프로젝트의 일환으로 추진하고 있는 '그린 스마트 미래 학교'는 학교 공간을 근본적으로 재구축하고 있다. 학교 시설과 공간을 지역사회 및 시민들과 공유한다는 명분으로 진행되고 있지만, 실상이 사업은 학교 부지와 공간을 복합형 사회간접자본으로 개발하여 시장에 개방하고, 시설 증축과 재건축에도 민간투자를 적극 유치하고자 한다. 주상복합형 건물처럼 학교를 교육과 상업의 복합형 건물로 재창조하려는 것이 자본의 상상력이라면, 그에 맞서 학교를 교육과 돌봄의 공간으로 재창조하는 교육적 상상력을 적극적으로 펼쳐볼 수는 없을까? '학교돌봄교실'도 정확히 그 상상력의 싸움 한가운데 놓여 있는 문제이다.

돌봄이 목표인 교육을 향하여

학교를 돌봄의 공간으로 재구성하기 위해서는 돌봄의 정의를 확대하는 상상력이 필요하다. 교육 외 시간에 피교육대상자들을 안전하게 관리 및 보호한다는 관리주의와, 교육과 돌봄의 위계적·형식적 분리를 넘어선다면, 우리는 돌봄을 교육 수행의 조건이 아니라 목표로 상상할 수 있을 것이다.

대안 교육 운동 초기, 많은 대안 학교는 제도 교육을 거부하면서도 동시에 그것을 넘어설 수 있는 가능성을 현실의 대안으로 보여주고자 했다. 그리고 학교 밖에서 모색한 배움의 공간과 방식, 관계에 대한 새로운 가치와 다양한 상상력이 학교 안으로 들어가 교사들을 자극하고 영감을 주면서 학교 운동으로 흘러들어 가기를 바랐다. 그 시간 속에 축적된 교육, 노동, 돌봄을 통합한 교육 사례들은 소중한 참고 자료가 될 수 있다. 그 외에도 빈민 운동, 노동야학, 지역 공부방 운동으로 이어지는 지역공동체 교육 속에도 돌봄과 교육이 결합된 수많은 경험적 사례들이 남아 있다. 흑인의 인권과 존엄을 증진시키기 위한 교육권 투쟁 프로그램의 일환으로, 어린이들의 등하교를 보호하고 아침 급식을 제공했던 블랙펜더당^{black pander party}도 눈여겨볼 사례이다. "돌봄이 없이는 교육도 없다"라는 말의 의미를 생생하게 드러냄과 동시에, 돌봄 자체가 제도권 교육에 맞서는 자치와 평등 교육의 일환임을 보여주었다. 게토의 어린이들이 돌봄 없는 사회에서 패배하지 않도록 지켜내면서, 훗날 스스로 존엄한 존재로서 공동체를 돌보는 이로 키워내는 참교육의 과정이기도 했다.

배가 고프면 먹을 것을 찾는 일은 자연의 이치이기에, 따로 배우지 않아도 된다. 우리는 그동안 돌봄의 기술도 그런 것이라고 여겨왔다. "만물은 만물을 돌본다"라는 협동과 공생의 관계가 자연의 섭리라면, 굳이 돌봄을 교육적 목표로 삼을 필요는 없을 것이다. 하지만 자연의 섭리로부터 공존의 기술을 배울 수 있는 인간과 자연의 돌봄 관계가 해체되어 버린 지금, 돌봄에 대한 교육이 절실하다. 자연의 공생적 돌봄 경제를 파괴해 버린 자본주의 경제체제, 그런 경제 모델을 따라 이기적 주체를 키워낸 각자도생의 경쟁주의 교육은 우리가 자연의 돌봄으로부터 배울 수 있는 기회를 박탈했다. 일터와 삶터와 배움터의 분리는 삶과 노동을 통해 사회 속에서 익혀왔던 돌봄의 기술을 익히지 못하게 만들었다. 그러는 동안 우리의 교육과정은 엄청난 자원과 노력을 투입해서 학교 교육을 마치고도 자기도, 타인도 돌보지 못하는 존재로 세상에 나와 쓸모없는 인간이 되는 '장기 성장 지체 과정' 같은 것이 되어버렸다. 인간의 유년기는 1318을 거쳐 2030으로 점점 연장되고 있지만, 기나긴 교육과정을 거치고도 미성숙한 존재로 사회에 나와 자라지 못한 어른인 채로 세상을 살아간다. 이제 '학교 돌봄'은 이런 문제에 대해 근본적으로 성찰하고 바꿔나가야 한다.

예전에 "스스로 서서 서로를 돕는 교육"을 모토로 오랜 시간 대안 교육 운동을 해왔던 분으로부터 이제는 "서로를 도와서 스스로 서는 교육"으로 바뀌어야 한다는 말을 들은 적이 있다. 교육을 통해 자립적 주체가 되어야 자신과 타인을 돌볼 수 있는 사람으로 성장한다는 믿음은, 근대적 독립 주체로서의 개인을 교육의 출발점으로 삼는다. 반면, '돌봄으로부터의 배움과 성장'으로 교육을 전환해야 한다는 말 속에는 참된 돌봄의 관계 속에서만 참된 교육과 인간의 성장이 가능하다는 깨달음이 담겨 있다. 그러기 위해서는 참교육이 무엇인가를 치열하게 물었던 것처럼, 참된 돌봄이 무엇인가를 끊임없이 물어야 한다.

일방 교육과 일방 돌봄이 한 쌍이듯, 서로 돌봄과 서로 배움은 공명한다. 돌봄으로부터 자유로운 교육이란, 결국 돌봄을 교육과정 밖에서 해결하고 있다는 말에 다름 아니다. 교육에서 돌봄의 외부화는 누군가의 노동을 착취함으로써 교육 체제가 지탱되고 있다는 뜻이다. 학교에서 불평등한 노동 위계를 날마다 목격하고 경험하며, 의사결정에 참여할 수 있고 발언권을 가진 구성원과 그렇지 못한 이들 사이에 권리의 위계가 명확히 존재한다는 것을 매일 느끼며 살아간다면, 어떤 훌륭한 민주 시민 교육을 도입한들 그곳에서 어떻게 민주 시민이 길러질 수 있겠는가?

고대 민주주의의 기본 원리인 '이소노미아'는 함께 '똑같이ison 나눔nomia'이라는 뜻이다. 이소노미아는 "법 앞에서의 평등"이라고 번역되지만, 똑같이 나누는 것에는 권리뿐만 아니라 여러 가지 의무를 똑같이 나누어 지는 것도 포함된다. 민주정을 수립한 아테네 민중은 공유지를 똑같이 나누어 함께 돌보던 들판의 협약과 민중의 규칙을 '나라를 돌보는 일'에 대해서도 적용한다. 공무와 공직을 돌아가면서 평등하게 할당하고, 공무를 수행하게 된 이웃의 밭은 남은 이웃들이 나누어 돌보아 준다. 이와 같은 돌봄의 정치는 돌봄의 수행을 통해서만 배울 수 있는 것이다.

돌봄을 받기만 한 사람이 어떻게 자신과 타인을 돌보는 이로 자랄 수 있겠는가? 돌봄을 하찮고 거추장스러운 것으로 여기는 곳에서 교육을 받은 이가 어떻게 돌봄의 가치를 소중히 여길 수 있겠는가? 참된 배움은 책에 적혀 있는 진리가 아니라 삶의 진실을 통해 이루어진다는 것을 우리는 잘 알고 있다. 정의와 평등, 공존과 공생의 기술을 삶 속에서 배울 수 있는 가장 좋은 교육이 돌봄인지도 모른다. 이제 교육과 돌봄을 분리하고 위계화했던 오랜 역사를 철폐하고, 교육과 돌봄의 관계를 근본적으로 재성찰하면서 새롭게 상상하고 재구성해 보자. 그 길을 먼저 갔던 수많은 발자국들이 우리 앞에 있다.

채효정

젠더

보살핌 윤리와
페미니즘 이론

정희진
(여성학 연구자)

보살핌은 여성적 속성도 남성적 속성도 아니다.

- 사라 러딕

수천 년 가부장제사회에서 '모성' 말고
무엇을 '대안'으로 상상할 수 있단 말입니까.

- 수전 보르도

"요점만 말해" 혹은 "'예, 아니요'로만 대답하시오"와 같은 말하기 방식이 있다. 그런가 하면 "그때 상황이 이래서⋯", "아니, 그게 아니었고요⋯"라고 말하는 이들이 있다. 전자는 주로 인과관계나 즉각적 판단을, 후자는 말하는 과정을 중요하게 생각한다. 일상생활에서 우리는 두 가지 방식의 대화를 목격하거나 이러한 대화의 당사자가 된다.

　　앞의 사례를 다른 방식으로 말하면, 한쪽은 "시간도 없고 골치 아프고 듣기도 싫으니" 결론만 말하라고 요구한다. 반면 어떤 사람들은 전후 사정에 대해 이야기하지 않고는 자신의 처지를 설명할 수 없다. 대개 전자는 죄의 유무만을 따지는 법정의 언어이거나 권력관계에서 강자인 자가 말하는 방식이고, 후자는 맥락을 설명함으로써 자신을 방어해야 하는 입장에 있는 사람의 언어이다. 사실, 전자에는 'O/X' 외에 선택지가 없다. 중간이 없는 삶은 없지만, '예/아니요'는 우리에게 익숙한 대화 방식이다. 그러나 이렇게 오가는 대화가, 특정 직업을 가진 사람들의 방식이라고만 할 수는 없다. 또한 '강자인 남성과 약자인 여성'이 주고받는 성별화된 대화 방식으로 나타나기도 하지만, 이 역시 권력관계에 따른 조건이지 젠더 문제에 국한되지 않는다.

권력자라도 자신을 해명해야 하는 상황에 처하면 맥락 전체를 이야기해야 한다. 사건이 일어난 전후 맥락을 무시하고 추상적인 원칙에 따라 원인과 결과만 따진다면 억울한 사람들이 너무 많아진다. 그래서 법정에서도 '정상참작'이 있는 법이다. 여성이든 남성이든 누구나 '을'의 위치에 있게 되면, 기존의 원칙이나 규범이 자신을 보호하지 못하는 경험을 하게 된다. 진실 여부는 서사narratives에서 결정된다. 그래서 모든 인간에게는 '속 시원히 이야기라도 해봤으면' 하는 소망이 있다. 맥락적 사고는 기존의 규범으로 설명할 수 없는, '지금 여기서' 매 순간 벌어지는 현실의 전후 사정을 고려하는 것이다.

심리학자 캐럴 길리건Carol Gilligan은 1982년 출간된 『다른 목소리로』에서, 원칙적 사고와 맥락적 사고가 성별에 따라 뚜렷이 구분된다는 점에 주목했다. 그는 여성과 남성을 면담하면서 남녀가 서로 다른 도덕관을 가지고 있음을 분석했는데, 남성들은 정의justice(판단)의 윤리를 중시하고, 여성들은 관계성과 연결connection에 기초해 사고하는 경향이 있음을 밝혀냈다. 사람마다 옳음(윤리)의 기준이 다른데 남성은 개체성·자율성·독립성의 원리를, 여성은 관계성·상호성을 우선한다는 것이다.

길리건은 이러한 남성의 도덕관념이 인간성의 기준이 되면서 여성은 열등한 존재로 위계화된 사회에 문제를 제기했다. 하지만 초기 길리건의 이론은 "남자는 이렇고, 여자는 저렇다"라는 식의 성별 고정관념을 강화한다고 크게 오해받았다. 이러한 인식은 지금도 여전하다. 그는 기존의 남성 중심적인 정의의 윤리에서 무엇이 올바른가에 대한 도덕적 판단은 규칙이나 보편적 원칙을 '특수한'(작은 따옴표는 필자가 쓴 것) 상황에 '적용'하는 것이라면, 관계성의 윤리에서는 규칙보다 '상황'이 우선한다고 주장한다. 전자에서 도덕 기준이 정의와 공정이라면*, 후자에서는 보살핌과 공감이다.[1]

후자를 이른바 '보살핌의 윤리care ethics'라고 한다. 정의와 공정 개념이 현재 한국사회에서 크게 오염되어 있으므로 다른 말로 풀이하면 '남성적' 사고는 고정되어 있는 반면, '여성적'

---

* 길리건의 논의에서 정의, 공정impartiality 등의 개념은 최근 우리 사회에서 사용되는 그것과 의미와 어감이 다르다. 당대 한국사회에서 통용되는 정의, 공정, 평등fairness 등은 근대의 보편 원칙이라기보다는 임의적, 취사선택적이다.

보살핌 윤리와 페미니즘 이론

사고는 유동적이라는 의미이다. 남성의 도덕관념과 해결책이 '위에서 아래로'(연역적) 발전한다면, 여성의 그것은 '아래에서 위로'(귀납적) 발전한다.

길리건은 보살핌 윤리는 '이론'이지만, 스스로 '하나의 입장one of them'이라고 말한다. 모든 이론은 당파적이지만 동시에 일반화의 형식을 갖추어야 하므로 길리건의 문제 제기는 이론의 일반화 여부를 두고 수많은 논쟁을 불러일으켰다. 여기서 일반화는 이론적 정확성과 타당성 등을 말하는데, 길리건의 강조점은 보살핌 윤리가 보편적으로 적용될 수 있는지보다는 "남성과 여성은 자신의 자아 이미지에 따라 다른 윤리 의식을 갖고 있다"라는 사실에 있다. 이론theory은 본디 가정假定을 뜻한다. 확정된 이론이란 없으며, 모든 이론은 구성 과정 중에 있다. 반증이 이론의 전제를 흔들면 그 이론은 폐기된다. 그런 면에서 길리건은 '보편적 적용'이라는 이론의 통념에 대해서도 문제를 제기한 셈이다.

30년이 지난 지금 길리건의 이론은 국제정치학, 정신분석학, 교육학, 법학, 경제학, 생물학, 문학, 사회복지학, 인문사회과학은 물론 자연과학과 공학 등 거의 모든 분과 학문에 많은 영향을 끼쳤다. 한국의 교육방송에서도 그의 주장을 다루며, 교원 임용고시에도 그의 이론이 출제된다.

길리건의 『다른 목소리로』가 성별 분업을 강화시킨다

는 오해는, 젠더를 성별이나 성차별로만 이해하는 데서 비롯된 것이다. 즉, 이러한 오해 자체가 이미 성별 분업적 사고의 산물이라고 할 수 있다. 여전히 우리 사회에는 젠더를 여성female 문제로, 남성 중심 역사의 잔여이자 보충물이나 부산물로 여기는 사고가 만연해 있다. 남녀 불문하고 젠더를 남성과 여성의 관계에 국한시키고, 페미니즘을 '여성의 문제'라고 생각하는 여성주의자도 많다. 따라서 남성 문화나 이에 동조하는 여성들은 '과도한 여성주의'를 경계하기 쉽다. 여성주의를 사회 전체의 정의가 아니라 '이기적인 여성들의 권리 향상'으로 생각하기 때문이다. 물론, 이는 여성과 사회를 대립시키는 사고일 뿐이다.

보살핌 윤리와 페미니즘 이론

이처럼 보살핌 윤리는 제대로 이해받지 못해온, 대표적인 '억울한' 사상이다. 남성 문화나 남성 연구자들은 전혀 관심이 없고, 일반 여성들은 전통적인 성 역할을 찬양하는 이론으로 받아들여 분노하는 경우가 많다. 보살핌노동은 수천 년 동안 가장 극단적으로 성별 분업화가 되어왔기 때문에 남성들은 정말 모르는 세계이다. 반면 여성들에게는 수천 년 동안 언어화되지 않은 채 일생을 좌우한 노동이었다.

　　페미니즘과 마르크스주의 모두 근대 자유주의의 산물이자, 여성과 흑인은 근대적 시민의 범주에 포함되지 않았다는 문제 제기이다. 이들은 개인의 선택과 동의, 동등한 계약이라는 자유주의 사상의 특징을 누릴 수 없었다. 자유주의 페미니즘, 급진주의 페미니즘은 실제 여성의 삶을 향상하는 데 크게 기여했지만, 동시에 여성의 현실을 모두 설명하지는 못했다.

　　근대에 이르러 여성의 사회 진출이 가능해지자 여성은 경제적으로 독립하고 정치 등 공적 영역으로 진출할 수 있는 듯했지만, 실제로는 이중노동을 의미했다. 이것이 사적 영역을 설명하지 못한 자유주의 페미니즘의 모순이다. 자유주의 페미니즘과 마르크스주의에 대한 문제 제기로 탄생한 급진주의 페미니즘은 인류 역사상 최초로 사적 영역을 정치화했다. "개인적인 것이 가장 정치적인 것이다", "개인적인 것이 국제적인 것이다"라는 슬로건 아래 기존의 공적 영역 중심의 정치학을 확대 및 재정의했지만, 급진주의 페미니즘은 여성 간의 차이를 설명하지 못했다. 자유주의 페미니즘, 마르크스주의 페미니즘, 급진주의 페미니즘은 모두 '개인'을 사회의 기본단위로 보는 자유주의 사상의 자장 안에 있다.

　　그러나 독립적인 개인in-dividual(나눠지지 않는 하나의 완전체)은 어떻게 구성되는가? 아니, 가능하기는 한가? 개인이 사회적 관계의 산물임을 이해하기 위해서는 길리건이 비판한 전통적인 서구 철학의 이분법二分法, dichotomy과 이원론二元論, dualism의 구조를 이해해야 한다.

1949년 보부아르Simone de Beauvoir의 『제2의 성』이 출간된 이후 영미권을 중심으로 급속히 발달한 페미니즘 사상은 크게 두 번의 전기를 맞이하게 된다. 하나는 여성주의에 많은 영향을 미친 자유주의와 구조주의의 대립에 대한 재해석(후기 구조주의)이고, 또 다른 하나는 정체성 정치에 대한 주디스 버틀러의 비판과 행위성 이론agency theory이다. 후기 구조주의, 탈식민주의, 주디스 버틀러의 이론은 개인과 구조, 젠더와 섹스, 물질과 언어, 주체와 대상 등의 이분법과 이러한 이분법의 성별화를 비판하기 시작했다.*

여성주의는 그 어떤 사상보다 이분법에 반대하는 사유이다. 여성주의는 주체subject와 대상object의 구도가, 실제로는 주체one와 타자the others의 문제임을 밝혀냈다. 이분법은 A와 B

---

* 후기(포스트) 구조주의는 개인의 행위성을 구조로 환원하는 거대 담론인, 기존의 구조주의에 대한 비판에서 시작되었다. 후기 구조주의는 구조에 대한 인식만으로는 사회 변화가 불가능하다고 보고, 구조에 대한 개인의 반응에 주목한다. 언어철학과 정신분석 등을 '융합'하여, 개인을 단순한 구조의 산물이 아니라 담론과 욕망의 담지자로 재해석하고 개인의 행위 양식의 다양성, 우연성contingency에 주목한다.
주디스 버틀러는 여성주의가 정체성의 정치에서 시작될 필연적인 이유가 없으며, 정체성은 생물학적 본질이 아니라 특정 사회에서의 언어활동의 산물이라고 본다. 행위 뒤에 행위자는 없다는 것이다.

보살핌 윤리와 페미니즘 이론

의 관계가 아니라 A와 not A의 위계이기 때문이다. 그러므로 A, 즉 기준이 되는 주체('남성')를 문제시하지 않으면 약자는 언제나 A의 기준에 의해 규정된다. 이렇듯 인식론으로서 젠더는 현대 철학의 가장 핵심적인 주제인 '차이'를 만들어 내는 주체의 권력을 문제화했다. 즉, 모든 '생물학적 사람'이 사회적 시민으로서 개인의 위치를 획득할 수 없음을 밝혔다. 타자가 시민권을 가진 개인이 되기 위해서는 투쟁이 필요한데, 강자가 만들어 내는 이분법은 그것을 불가능하게 하는 인식론이자 경계境界, 警戒이기 때문이다.

페미니즘은 가부장제에 대한 '저항' 담론이지, '대항' 담론counter discourse이 아니다. 이런 식의 접근은 바람직하지 않고 무엇보다 불가능하다. 가부장제체제와 여성주의는 대칭적이지 않다. 그러나 사회는 마치 여성과 남성이 대등한 것처럼 보이게 하여 '여혐과 남혐', '남녀 대결 구도', '양성평등'과 같은 언설을 만들어 낸다.[2]

이와 같은 의미에서 보살핌 윤리가 여성주의 사상은 물론 인류 지성사에 기여한 결정적인 공로는 여성주의를 메타젠더metagender, 즉 젠더에 기반하면서도 젠더를 넘어서는 보편적 인식론으로 확장시킨 점이다. 젠더는 인식론episteme으로서 우리로 하여금 인간의 언어 전반을 재해석하게 하고, 지식을 생산하는 위치성positions을 부여했다. 여성주의 사상은 마르크스

정희진

의 테제처럼 혁명을 일으키는 것이 아니라 기존의 언어를 재해석하고 현재 일어나고 있는 혁명을 인식, 인정하는 것이다. 그것이 곧 실천이다.

　　여성주의가 21세기 전반에 걸쳐 인문학을 주도해 온 것도 이 때문이다. 여성주의 경제학자 낸시 폴브레Nancy Folbre는 『보이지 않는 가슴The invisible heart』에서 애덤 스미스Adam Smith의 '보이지 않는 손invisible hands', 즉 자원을 효율적으로 배분하는 시장의 자율성은 허구라고 비판하며, 실제 인간의 경제활동은 '보이지 않는 손'이 아니라 (여성의) 보이지 않는 감정노동, 가정 내 노동, 마음 씀, 타인에 대한 고민에 의존하고 있다고 반박했다.

자율성: 단절과 소외

　　이처럼 길리건의 『다른 목소리로』는 분리dis-connection와 개체화와 독립에 맞춰진 남성의 자아가 인간 발달을 대표하고, 이러한 가치가 우월하다고 여기는 가부장제사회에 대한 문제의식에서 출발했다. 의존성dependence이라는 단어가 부정적으로 쓰이는 것도 이 때문이다. 특히 '독립국가'는 근대사회의 최고 가치로 여겨졌다. 여성 운동이나 장애인 인권 운동에서도 "자립", "경제적 독립", "심리적 독립"을 중요한 가치로 여기며, 이를 위해 구조적·개인적 차원에서 투쟁해 왔다. 더구나 외세를 대*타자로 삼아 내부를 통치하는 후기 식민사회인 한국사회에서는 자립self-reliance과 독립in-dependence이 혼재되어 사용되면서 의존에 대한 오해가 더욱 심화되었다. '의존적'이라는 말에는 무능력과 비참함에서부터 상호 호혜적이라는 의미까지 다양하게 담겨 있는데, 이렇듯 연속적 개념이 고려되지 못했다(본래 자립, 자급자족의 반대 상황은 독점monopoly이다).

그렇다면 기존의 이론에서 자율성은 무엇이고 어떻게 형성되었을까? 근대는 인간이 자연과 신神이라는 대타자를 극복하고, 지구의 주인공으로 등장한 시기이다. 농경사회에서 인간의 모든 조건은 자연에 의존할 수밖에 없었지만, 과학기술과 자본주의의 발달과 함께 인간은 이성을 갖춘 지구상의 유일한 지배자가 되었다. 이성, 도덕, 윤리는 신과 자연으로부터 자유로운 인간만의 우월한 특성이 되었다.

알려졌다시피, 고대 그리스 극작가 소포클레스Sophocles의 작품 〈오이디푸스 왕〉에서 영감을 받은 프로이트Sigmund Freud는 오이디푸스 왕 이야기를 통해 인간 발달 과정의 중요한 개념을 제안했다. 오이디푸스 콤플렉스는 자신을 키워준 어머니와의 친밀성, 연대, 유대, 연결감을 거부하고 아버지와 동일시하는 과정에서 인간이 느끼는 복잡한 감정, '콤플렉스'를 뜻한

정희진

다. 오이디푸스 콤플렉스는 계급 세습의 도구로서 중산층 가족, 남성 연대male bonding, 남성들만의 동성 사회성homo social, 여성 혐오 등 (근대) 가부장제사회의 많은 부분을 설명해 주었다. 그러나 이 이론의 모델은 '남성 이성애자'이므로 프로이트 자신이 인정했듯이 여성의 상황은 설명할 수 없고, 아들이 동성애자인 경우에는 이론 자체가 성립하지 않는다. 즉, 오이디푸스 이론은 누구에게나 적용할 수 있는 절대적 진리가 아니라 자본주의 초기 19세기 유럽 중산층 이성애자 가족에 한정된 분석이다.

그러나 이 논의를 통해 인간이 어머니(혹은 양육자)로부터 단절되며 획득하는 자율성auto-nomy과 독립 개념이 인간의 유일한 본성으로 여겨지기 시작했다. 독립국가, 주권, 개인성, 국제정치학에서부터 일상 문화, 시민권 개념까지 인간 생활 전반에 자율성 개념은 응용 및 확대되었고, 이후 남성중심사회의 정초가 되어 여성성 비하로 연결되었다.

1970년대 미국에서 일어난 여성주의 제2물결the second wave feminism은 여성이 남성의 영역에 진출하는 것을 넘어, 차별·억압·전쟁 등의 문제를 분석하며 그 안에 근대적 남성성이 깊이 관계되어 있음을 드러냈다. 이러한 역사적 배경이 현재와 같은 남성성 개념을 형성한 과정과 기제를 밝혀내려는 노력이 이른바 정신분석 페미니즘Psychoanalytic Feminism이다. 낸시 초더로

Nancy Julia Chodorow의 논의를 대표적으로 꼽을 수 있는데, 초더로는 성별 차이가 생물학적 요인에 의해 결정되는 것이 아니라 심리적, 관계적으로 구성된다고 보았다.

성별 분업의 결과, 여성이 어머니 역할을 수행해야 하는 상황 속에서 남아와 여아는 성별화된 개인화 과정을 겪는다. 남성에게 정신적 개체화와 독립의 과제를 최초로 요구하는 타자는 어머니이다. 남성 자아는 '어머니가 아닌 사람으로서의 나', 즉 어머니로부터의 분리를 통해 형성된다. 그리하여 어머니의 보살핌을 '극복'해야 한다는 방어적 자율성이 성별화된 양육 과정을 통해 남성성의 핵심을 이루게 된다. 자율성이라는 전통적 이상은 여성성, 의존, 연결의 상대어로서 혹은 이러한 가치들을 극복함으로써 완성된다.

초더로의 논의는 젠더화된 자율성을 개념화했다는 점에서 큰 의미가 있지만, 이후 많은 비판을 받기도 했다. 대표적으로 아이리스 영Iris Marion Young은 여성주의 정신분석, 대상-관계-이론object relations theory(대시 표현은 필자)에 근거해 남성성을 설명하는 방식이 어떻게 남성 지배를 구조적으로 살피지 못하고 과도하게 심리화하는지, 결국 구체적 권력관계를 간과하게 만드는지에 대해 비판했다. 아이리스 영은 남성 지배의 원인을 성별화된 인성으로 환원시키지 않고, 남성에게 권력을 분배하는 사회제도의 조직과 운영 방식, 자원 분배 방식의 구조적 원

정희진

인을 분석했다. 또한, 그 구조가 재생산되는 체제를 연구할 필요성 역시 강조했다. 그럼에도 타인과의 분리에 의해서만 자율성이 형성된다고 여긴 남성 중심적 인간의 조건에 대한 초더로의 지적은 인간의 조건에 대한 근본적인 도전이었다.

식민지 남성성과 자율성

보살핌 이론은 인간됨의 기준이 자율성에 있다는 인식을 비현실적이라고 주장한다. 사실 보다 근본적인 문제는 이러한 인간의 자율성이 '백인 중산층 남성'의 남성성 규범이라는 점이다. 마르크스주의를 포함, 모든 진보 이론과 마찬가지로 여성주의 역시 중산층의 경험에 기반한다. 그러므로 남성 내부의 차이, 특히 종속적 상황에 있는 남성들의 자율성과 그 획득 방식에 대해서는 또 다른 논의가 필요하다. 가난한 남성, 식민지 남성, 유색 인종 남성 등은 여성에게 경제적으로 의존한다.

규범적 남성성(패권적 남성성)을 구성하는 가장 핵심적인 개념인 힘power, 독립, 자주, 자립은 앞서 논의한 대로, 산업 자본주의 시대의 근대적 사회조직 원리였던 백인 중산층 가족의 성별 분업을 보편화한 개념으로, 주로 앵글로 색슨 남성들의 헤게모니적 남성성이다. 그러나 남성성의 의미는 한 사회의 역사적, 문화적 실천 과정에 따라 매우 가변적이며 다의적이다.

특히, 식민 지배와 분단을 경험한 한국사회에서 국가안보와 남성성은, '민주화'와 경제성장 과정에 따라 매우 급격히 그리고 다양한 의미로 변화해 왔다. 한국 남성이 쓴 다음의 글은 서구 남성성과 한국 남성성의 차이를 잘 보여준다.

> (…) 평화로운 시골 농장에 악당이 쳐들어온다. 위기를 직감한 아버지는 가정과 농장을 지키기 위해 총을 들고 나선다. 집을 나서기 전 아버지는 가족들과 숙연한 이별을 나누고, 일곱 살짜리 아들에게 숨겨둔 총을 건네준다. "아빠가 없으니까, 네가 어머니와 누이들을 지켜라. 넌 남자니까." 그러나 이건 미국 남자의 이야기이다. 한국사회에서 비슷한 일이 생겼다면, 총은 아마 어머니나 나이 많은 누이에게 맡겨졌을 것이다. 대를 이을 어린 씨앗을 지키는 게 온 집안의 책무였을 테니까.[3]

'서구 남성'이 자기 가족과 여자를 지킨다면, '한국 남성'은 자신을 지킨다. 물론 그 자신은 개인에 불과함에도, 보편적 자아로 확대되어 손쉽게 국가나 민족을 대표한다. 한국 남성은 여성을 지키기는커녕 외세로부터 보호하지 못하거나 협상

정희진

물, 경제적 도구로 이용해 왔다. 일본군 '위안부', 기생 관광, 기지촌 성 산업 등이 그 증거이다.

한국의 식민 콤플렉스는 추격 발전주의catch up development (후발 주자가 선도자를 추월하여 더 빠르게 발전해야 한다는 강박)의 원동력이었고, 남녀 모두 이에 동원되었다. 이런 상황에서 보살핌, 사회적 약자의 권리는 "나중에" 담론이 되어 공적 영역에서 의제로 다뤄지지 못했다. 여성의 보살핌노동은 성 역할로 미화되거나 본질화되어 왔다. 한국에서 경제성장과 군비경쟁이 가능했던 것은 가족 내 여성의 노동력을 무한 착취할 수 있었기 때문이다. 식민화된 한국을 지킨 것은 남성이 아니라 여성이었다.

환경, 보살핌, 공존, 생태주의는 여전히 한국사회에서 '낯선' 이슈이다. 한국사회의 젠더는 서구처럼 국내 및 가정 domestic에서 형성되었다기보다는, 외세에 대한 공포·대항·억압·의존·우월 등 자기 타자화의 산물로서, 자신을 국가의 대표로 여기는 한국 남성의 보편적 자아를 기준으로 만들어졌다. 전통적인 국제정치학에서의 비유인 강자와 약자의 젠더화를 적용하여, 강자인 외세는 '남성'이고 약자 혹은 피해자인 우리(남성)는 '여성'이라는 논리이다. 이것이 한국사회의 '영원한' 피해 의식의 근원이다. 이를 '식민지 남성성colonial masculinity'이라고 한다.

한국에서는 진보와 보수의 차이가 로컬에서 어떤 실천을 하고 있느냐가 아니라, 외부의 적을 누구로 상정하는가에 따라 구분되기 때문에 민주주의가 요원할 수밖에 없다. 이러한 남성 문화가 사회를 지배하고 있는 상황에서 보살핌의 가치를 주장하거나 보살핌은 성 역할이 아니라는 논리가 수용되기 어렵다. 1인 가구가 늘어나고 초저출생이 계속되고 있음에도, 가족에 대한 생물학적·본질주의적 접근에는 큰 변화가 없고 가족 내 성 역할에 대한 규범도 여전하다.

가사, 육아노동을 둘러싼 남편과의 갈등에 지친 한 여성은 내게 말했다. "한국 남성은 목에 칼이 들어와도 집안일을 안 할 것이다. (실직하여) 시간이 남을수록 더욱 하지 않는다." 가사노동은 젠더 이슈가 아니라 자기 자신을 스스로 돌보는 일이다. 식사 준비와 청소, 빨래 등은 보살핌 윤리나 가사노동이라는 거창한 논리를 동원할 필요도 없는 '자율적 개인'의 기본 역할이지만, 한국의 남성 문화는 이 '자율성'을 매우 비하한다. "솥뚜껑 운전", "집에 가서 애나 봐라", "집에서 논다"라는 이야기를 생각해 보라.

한국 남성의 자율성은 탈식민주의 관점에 근거하여, 공사 영역에서 그들이 실제로 수행하는 일을 중심으로 구체적으로 분석되어야 한다.

정희진

모성적 사유: 노동은 언어의 기초이다

보살핌 윤리를 국가안보와 전쟁 비판으로 연결시킨 사라 러딕Sara Ruddick은 그의 책 『모성적 사유』에서 군대와 전쟁제도 안에 전제된 성별성을 가시화하는 것을 넘어서, 이를 근대 주체에 대한 비판으로 확장시켰다. 러딕은 가부장제사회에서 모성에 대한 찬양과 비판 모두는 인간을 독립적이고 분리된, 자율적 존재로 바라보는 근대적 개인 개념을 전제한다고 보았다. 그는 모성에 대한 가부장제사회의 이중 메시지(숭배와 혐오)는 보살핌 윤리를 약자의 윤리로 국한하는 사고방식이라고 주장한다. 문제는 생산력, 지배, 속도, 효율성을 최고의 가치로 삼는 남성성과 모성을 대립시킨다는 점이다.

러딕은 모성을 역할이라기보다는 행위practice로 개념화하면서, 모성적 행위는 사유를 요구하기 때문에 모성적 사유maternal thinking와 관습적 모성애는 구별된다고 주장한다. 러딕이 전쟁의 남성성에서 주로 비판한 것은, 서구 철학에서 강조한 몸과 이성의 대립, 즉 이성의 우월성과 그 성별화였다. 인간의 의지로 완벽하게 통제되는 몸 개념은 실현될 수 없는 환상이며, 몸의 연속성에 주목해야 한다고 주장한다. 이는 다시 고문과 전쟁, 폭력에 대한 성찰로 이어진다.

러딕은 보살핌 윤리의 성별화 논쟁은 여성과 보살핌 사

이에 친연성이 있는지 여부가 아니라, 보살핌 윤리를 공적인 윤리로 전환시키는 문제임을 분명히 했다. 그의 평화정치학은 안보논리se-curity=without care가 결국 국가를 국민의 보호자로 만들어 '보살핌' 역할을 독점하게 함으로써 공공 영역에서 보살핌 윤리를 제거해 버린 현실을 비판한다. 서구근대체제와 기후 위기에 대한 여성주의의 근본적 문제 제기이다.

이렇듯 보살핌 이론은 '독립 대 의존'이라는 뿌리 깊은 이분법을 해체함과 동시에 두 개념을 모두 재개념화했다. 인간은 완전히 자율적이지도 완전히 의존적이지도 않다. 이 둘은 반대말이 아니다. 오히려 사회적 지위가 높은 사람일수록 많은 사람의 노동에 의존하고 있다. '대표이사'는 사원들과 비서, 운전기사에게 의존하고 있으며, 공동체는 여성과 남성 모두의 노동에 의존하지 않고는 한순간도 생존할 수 없다. 개체로서 자율적 인간은 본질적으로 소외와 고립에 시달리고, 더 나아가 타인의 노동을 착취(take)하면서만 존재할 수 있다. 개별 남성은 친밀성과 상호 돌봄 능력을 부정하는 문화 속에서 성장한다. 그들의 사회성은 남성 연대이지, 진정한 의미의 관계 맺기 능력이 아니다. 이들의 결핍을 해소하는 가장 일반적인 형식이 성 산업이며, 대개는 타인(여성)에 대한 폭력과 음주로 이 문제를 '해결'한다.

러딕의 『모성적 사유』의 핵심은 노동과 언어의 관계이

다. 이 책은 인간의 노동 중 가장 일상적이고 중요하지만 그 중요성이 무시되어 온 보살핌노동을 언어화하고 이를 평화와 연관 짓는 것을 주제로 한다. 모성은 본능이 아니라 제도화된 실천, 관행practice이다. 성 역할로서의 모성노동mothering과 성별을 불문하여 누구나 실천할 수 있는 모성적 사유maternal thinking는 다르다. 러딕의 논의는, 개념은 경험과 노동으로부터 형성된다는 비트겐슈타인Ludwig Wittgenstein의 언어 철학과 연동한다.

보살핌 윤리는 일반의 오해처럼 모성을 찬양하는 것이 아니라 재해석하고 확장한다. "말하는 행위는 말하는 자를 변화시킨다"(92쪽), "모성성이 보살핌의 전부는 아니며 그것을 대표하지도 않는다"(104쪽), "모성적 정체성을 주장하는 것은 경험의 일반화가 아니라 정치적 행위에 참여하려는 것이다"(117쪽)와 같은 문장들은 보살핌 윤리와 여성의 노동, 어머니의 역할을 이해하는 데 핵심적인 내용을 담고 있다.[4] 보살핌 노동은 '여성적 가치'가 아니다. 그런 것은 없다. '흑인적 가치', '장애인적 가치', '이주 노동자의 가치'와 같은 식으로 그가 하는 노동을 개인의 본질로 규정하는 것은 비윤리적인 폭력이다.

보살핌 윤리와 페미니즘 이론

돌봄: 보살핌과 통제의 연속선

　자율적 남성, 의존적 여성이라는 이데올로기는 곧 남성이 여성의 보호자이며 피보호자인 여성은 남성에게 의존할 수밖에 없다는 남성사회의 작동 원리를 만든다. 남성이 보호자라는 신화가 바로 젠더폭력의 원인이다. 가부장제사회에서 여성은 자신의 보호자에게 '맞아야 한다'. 그것이 보호자의 권력이다. 보살핌의 윤리는 보호의 개념을 확장 및 재개념화하여 보호protect에 대한 성별 분업을 비판하는 것이지, 여성도 남성과 같은 '자율성'을 획득하자는 논의가 아니다. 기존의 규범을 대체하는 주장이 아니라 다른 목소리를 듣자는 것이다. 사회와 인간, 자연과 인간과의 관계에서 상대의 상황에 주의를 기울이고 염려하는 것care은 인간의 조건이다.

　보호와 피보호는 일방적이거나 명확한 행위로 구분되지 않는다. 이를 이해하는 일은 보호에 대한 규범을 교란시킨다. 존 부어맨John Boorman 감독의 영화 〈태평양의 지옥〉에는 흥미로운 설정이 등장한다. 제2차 세계대전 막바지에 미군과 일본군이 망망대해 무인도에 표류한다. 적국의 두 남자는 서로 포로가 되지 않기 위해 싸우지만, 결국 포로가 되는 것이 '편하다'라는 사실을 깨닫게 된다. 포로와 감시자를 교대하다가 기진맥진한 두 사람은 나중엔 포로가 되려고 애쓴다. 포로는 묶

정희진

여 있지만 쉰다. 감시자는 감시하느라 잠도 못 자고 먹을 것을 구하고 땔감을 마련하는 등 종일 노동한다. 적을 나무에 묶어둔 '강자'는 적을 제압한 승리자가 아니라 상대방을 먹이고 자연 상태로부터 보호해야 하는 보살핌 노동자가 된다.

이처럼 보호-보살핌-감시-통제는 연속적이다. 통제는 지배와 다르다. 보호는 통제를 동반한다. 통제(걱정, 잔소리, 주의 깊은 관찰) 없는 보호는 없다. 자녀에 대한 부모의 보호에는 통제를 동반한 훈육이 포함된다. 그렇지 않은 부모가 좋은 부모이다? 가능하지 않다. 기존의 보호 개념에서는 보호자(주체)와 피보호자(대상)를 전제한다. 피보호자는 보호자에게 세금, 충성, 자유의 부분적 포기 등 대가를 지불해야 한다.

우리는 보호에 대해 오해하고 있다. 무엇보다 기존 보호 개념이 가진 가장 큰 문제는 보호자가 보호할 대상과 그렇지 않은 대상을 결정하는 권력을 갖는다는 점이다. '보호자 남성'은 여성을 성#과 외모 혹은 아버지가 누구냐를 기준으로 보호할 가치가 있는 여성과 그렇지 않은 여성으로 구분할 권력을 갖는다. 여성의 시민권이 전적으로 남성에 의해 정해지는 것이다. 기존의 보호자 개념에서는 차별할 권리가 주어진다. 이것이 문제이다.

보호를 내세운 통치체제에서는 국가와 인권 사이의 갈등이 불가피하다. 하지만 보호가 교환과 계약, 보호자와 피보호자의 권력관계가 아니라 상호 존중, 관계적 자아, 공적 규범으로서의 보살핌으로 인식된다면 세상은 달라질 것이다. 보살핌 윤리에서 말하는 보호는 책임, 보호자의 성찰과 인지, 협상능력 등을 요구하는 몸 전체가 동반되는 노동으로서 상호 보살핌 활동이다.

인간의 조건으로서의 돌봄

인류세, 팬데믹은 지구와 자본주의가 더 이상 공존할 수 없다는 의미이다. 지금 보살핌 윤리는 이러한 현실에 대한 '대안'으로 호출된 측면이 없지 않다. 그러나 보살핌노동만으로 지구를 구할 수는 없다. 나는 개인적으로 마르크스주의 생태학자들의 주장대로, 탈성장脫成長만이 해법이라고 생각한다.[5] 하지만 그러한 거대 담론은 인식 차원에서 유용할 뿐, 비현실적이다.

앞에서 살펴보았듯 보살핌 윤리는 인간의 개체성, 자율성 개념이 성별화된 과정을 통해 구성되었으며, 자율성만으로 삶을 영위할 수 없다고 주장한다. 우리는 보살핌 없이 삶을 지속할 수 없다. '나'와 대상과의 관계가 삶을 구성하기 때문이다. 그렇게 볼 때, 우리는 모두 보살핌노동에 종사하고 있다. 보살핌은 인류 역사상 가장 극단적인 성별 분업의 영역이었지

정희진

만, 대상이 누구이고 어떤 상황에 놓여 있는가만 다를 뿐, 본질적으로 같은 속성을 갖는다.

남성 문화는 돌봄을 하찮게 여기거나 모성처럼 생물학적 본능이라고 생각한다. 반면 여성에게 돌봄은 노동시장 경력부터 자아 형성까지 전 생애에 걸쳐 절대적 영향을 미치는 삶의 근본적인 의제이다. 이 같은 현실 때문에 돌봄노동에 대한 가장 큰 오해는 젠더문제라는 인식에서 온다. 돌봄노동을 가사노동에 한정하기 때문이다. 그러나 돌봄은 공기처럼 우리 사회의 곳곳에서 실천되고 있다.

돌봄의 영어 표현인 케어^{care}에는 다양한 의미가 있는데, 나는 그중에서 "I don't care(관심 없어, 신경 쓰기 싫어)"의 사례가 문맥에 가장 근접하다고 생각한다. 케어는 '나'의 외부(자연, 타인 등) 세계에 관심을 갖고, 염려하고, 마음을 쓰는 일이다. 일상생활에서 부정적이든 긍정적인 어감이든 "신경이 쓰이는 걸 어떡해?"라고 말하는 경우가 이에 해당한다. 돌봄의 본질은 관계성과 연결이다. 연결되지 않고 생명체는 생존 불가능하다.

공사 영역 할 것 없이 상호 존중과 협력이 없는 사회는 하루도 지속될 수 없다. 예를 들어, 한국의 정당은 당파적이지도 보편적이지도 못하지만, 어쨌든 입장이 다른 집단일수록 협력이 필수적이다. '약자'는 종種 전체의 필연적인 일부이지, 약육강식이나 승패의 결과가 아니다. 누구나 약자가 될 수 있다.

공동체가 개인의 생로병사 전 과정에 개입해야 하는 이유이다.

돌봄 사상은 독립이냐 의존이냐, 경쟁이냐 보살핌이냐, 규범이냐 맥락이냐, 선천적^{nature}이냐 후천적^{nurture}이냐 등의 이분법을 넘어선다. 이 대립 쌍은 반대말도 아니고 동등하지도 않다. 전자가 후자를 규정하거나 '독립'과 '의존'처럼 위계화된 관계도 아니다. 어떤 현실도 한 가지 성질만으로 성립할 수 없기 때문이다. 선천성과 후천성은 혼재한다. 그것이 문화^{culture}이다. 사회와 자연은 대립하지 않는다. 문화는 다시 자연과 양육의 경계를 정하고, 이 과정은 순환과 진화를 거듭한다.

보살핌 윤리학은 수천 년간 특정 범주의 인간(여성, 노예 등)이 종사해 온 노동을 성 역할(성별 분업)로 합리화하지 말자고 주장한다. 성 역할은 강제된 사회규범이지 인간 본성이 아니다. 보살핌 이론가들은 여성의 성역할노동을 혐오하거나 숭배하는 등 타자화하지 않고, 돌봄노동의 성격 그 자체에 주목한다. 다만 여성들이 이 노동을 오래 해왔으므로, 이를 이론화하는 데 남성보다 유리한 위치^{positions}에 있다고 본다. 보살핌 윤리는 돌봄노동이 "가치 있는 일이므로" 여성이 계속해야 한다는 주장이 전혀 아니다.

인종 역할, 계급 역할이란 말은 없다. 그러나 '성 역할$^{gender\ role}$'이 자연스러운 현실은 성차별의 긴 역사와 편견을 말해준다. 흑인이 특정 시기에 목화 농장에서 일했다고 해서 모

정희진

든 흑인이 평생 그 일에만 종사해야 하는가? 안 하면 죄책감을 가져야 하는가? 그 일이 그들이 태어난 이유이고 역할인가? 여성이 해왔던 일, 여성의 지위, 그 노동의 성격. 이 세 가지는 별개의 문제이다. 보살핌은 젠더 이슈가 아니라 남녀 모두 수행해야 할 노동이자, 인간이 삶을 살아가는 방도이다. 40%가 넘는 1인 가구와, 인구 증가율 0%대의 저출생 현상은 보살핌노동에 대한 이해가 없는 사회에 남녀 모두가 적응한 결과이다. 물론 이러한 현상이 부정적이기 때문에 보살핌 윤리가 필요한 것은 아니다.

"아이 돈 케어"의 종말

경찰, 의사, 판사, 교원, 환경미화원, 택시 기사, 관광업 종사자, 공무원civil servant(시민의 종) 등 현대사회 직업에서 타인을 보살피지 않는 노동은 거의 없다. 모두 대인 서비스이다. 그런데 간병인이나 요양보호사, 장애인 활동 지원사의 급여나 사회적 지위는 노동 강도와 전문성에 비해 매우 낮다. 의사도 환경미화원도 돌봄 노동자이지만, 이들의 지위는 같지 않다. 유독 여성의 돌봄은 '모욕'이 된다.

의사가 청소원보다 '전문성'이 있다고 생각하기 쉽지만,

보살핌노동의 차이는 단지 서비스를 받는 대상의 차이일 뿐이다. 의사의 권력은 환자의 고통에서 나온다. 택시기사나 주민센터 공무원은 시민들과 일한다. 법조계 종사자는, 법률 서비스를 이용할 만큼 상황이 다급한 이들을 상대한다. 이처럼 누구나 보살핌노동을 하지만, 그 대상이 누구인지, 그들의 상황이 어떠한가에 따라 노동에 대한 평가가 달라진다. 대상과의 '관계'에서 보살핌 노동자의 지위가 결정되는 것이다. 보살핌노동에서는 내가 아니라 상대방을 중심으로 사고하고, 상대의 필요와 요구에 집중하고, 그의 맥락에서 생각하지 않으면 문제가 발생한다. 인공지능과 무인 운전도 이 점을 보완해야 상품화 및 상용화가 가능하다.

현재 여성이 하는 돌봄노동은 대개 정신적·육체적으로 고되고, 계량화하기 힘들며, 무임금에다 사회적 가치가 낮다. 낮은 정도가 아니라 여성이 그 일을 하는 순간, 사회적 지위가 추락하거나 성원권을 잃는 경우도 많다. 한 예로 남성 문화가 압도적인 직장에서는 "집에 가서 애나 봐라"라는 말이 가장 모욕적인 말로 쓰인다. 전업주부는 노는 사람, 육아 노동자는 '맘충'이라는 인식은 말할 것도 없다. 간호사나 사회복지사처럼 '직접적인' 보살핌을 제공해야 하는 직종은 저임금에 제도화된 모성성으로 여겨지며 무한정으로 돌봄을 제공하라고 요구받는다.

정희진

지금 한국사회에서 '보살핌'하면 연상되는 치매 부모 간병인들이나 요양보호사들의 열악한 처지를 개선하기 위해서는 국가적 차원의 대책이 필요하다. 돌봄의 외주화(시장화)나 돌봄 노동자의 노동조건, 임금문제 등은 경쟁과 성과 위주의 사회에서 보살핌이 저평가되는 현실과 연관되어 있다. 보살핌에 대한 인식이 노동자의 지위로 연결되는 것이다. 보살핌의 가치에는 인간 상호 간에 그 필요를 인정하고 염려하고 주의를 기울이는 것caring about, 돌보는 책임 자체taking care of, 충족시켜야 할 보살핌의 실제 노동, 즉 실행하는 것care-giving, 보살핌을 받는 사람이 보살핌에 응답하는 행위care-receiving 같은 구체적인 내용이 모두 포함되어야 한다.[6]

보살핌은 막연한 선행이 아니다. 보살핌노동이 구성원에게 강요되며 피해 의식과 분노, 가족 내 갈등으로 연결되는 사례를 많이 본다. 이는 보살핌이 가족 관계에서의 위계(시부모와 며느리)나 성 역할 등으로 배당될 때 불가피하게 일어나는 일이다. 보살핌노동이 제대로 된 의미를 갖기 위해서는 보살핌의 네 가지 요소들, 즉 주의력attentiveness, 책임responsibility, 능력competence, 응답responsiveness을 고려해야 한다. 보살핌은 책임이나 의무감의 발로여서는 안 된다.[7] 보살핌은 기꺼이 하려는 의지willingness의 산물이다.

이제까지 보살핌노동이 낮은 지위에 머물러 온 것은 이

를 사적인 영역에 제한하고, 여성의 역할이라는 뿌리 깊은 고정 관념에 맡기고 방관해 온 결과이다. 돌봄의 가치는 남녀 중 누가 하는가의 문제가 아니다. 보살핌 윤리학은 경쟁, 계약, 합리성 등 획일적이고 폭력적인 기존의 사회규범에 돌봄도 포함돼야 한다고 주장한다. 이것이 '다른 목소리'이다. 경쟁 위주 사회를 당장 돌봄사회로 대체하자는 주장도 아니고, 현실적으로도 그러기 어렵다. 다만, 보살핌 윤리는 공적 영역에서 통용되는 가치 외에 규범의 다양화를 주장한다.

그간 한국사회에 만연한 경쟁과 승자독식, 주류중심주의 문화는 전 세계 자살률 1위국이라는 현실을 초래했다. 통계청에 의하면 2019년부터 겨울부터 2021년까지 코로나로 인한 사망자보다 자살로 인한 사망자가 7배 이상 많았다. 한국의 10대~30대 사망 원인 1위는 자살이고, 17년째 세계 1위이다. 주지하다시피 전 지구적 자본주의의 질주로 인해, 실업과 기후위기는 돌이킬 수 없는 길로 들어섰다. 공동체가 붕괴되고 사회적 인프라가 민영화되면서, 개인의 삶이 전적으로 개인의 책임 혹은 부모의 배경에 의해 좌우되는 세습사회가 도래했다. 이러한 상황에서 개인은 신분사회로부터 해방된 계몽된 인간이 아니라, 신자유주의체제가 생산한 고립된 개인이 되었다. 이들에게는 각자도생 외에 다른 삶의 방도가 없다. 일자리는 없고 경쟁은 치열하다. 사회구조적 지위는 물론이고, 생물학적인 조건에 있어서도 인간은 남녀노소 모두 다른 몸^{social} body이다. 이렇게 개별성을 기반으로 한 개인들의 각자도생은 전 인류의 공도동망共倒同亡이다.

코로나 사태에서 집단면역은 코로나 바이러스에 일정 정도 굴복하고, 각자 개인이 알아서 그 상황을 견디자는 전략이다. 그런데 모두의 상황은 평등하지 않다. 이미 면역력을 가진 사람이나 운 좋은 사람은 살아남겠지만, 면역력이 약한 사람은 희생자가 된다. 보살핌의 가치 외에는 지구를 구할 방도가 없음에도, 이렇듯 인류는 여전히 발전과 건설(파괴), 힘의 원리를 추구한다.

나는 지구 멸망이나 고독사를 걱정하지 않는다. 시간 차 없이 모두가 함께 사라지는 지구의 동시 멸망은 축복이다. 문제는 기존의 자율성 개념에 기반한 각자도생의 원리가 사회를 지배할 때 사회, 경제, 건강 약자가 선차적으로 희생된다는 점이다. 자본은 지구를 통제하는 것을 넘어, 그로 인해 어떤 이들을 희생자로 삼을 것인가를 결정한다. 자연의 원리에서는 경쟁과 협력이 대립하지 않는다. 모두 생존을 위해 봉사하는 가치이다. 그러나 인간사회의 규범은 너무나 일방적이다. 이 일방성, 획일성, 남성성은 과연 어떤 결과를 초래했는가? 이것이 보살핌 윤리의 질문이다. 우리는 이제 이 질문에서 다시 출발해야 한다.

보살핌 윤리와 페미니즘 이론

정희진

돌봄은 혁명이 되어야 한다

: 독일의 돌봄 혁명을 통해 바라본
다른 삶, 다른 성장, 다른 생산

안숙영

(계명대학교 정책대학원 여성학과 교수)

＊필자의 논문인 「독일에서의 젠더와 돌봄혁명 논의」(《세계지역연구논총》 39(1): 137-174) 의 주요 논지를
단행본의 발간 목적에 맞춰 재구성한 것이다.

첫째, 우리는 '좋은 삶'을 목표로 해야 한다.

둘째, 돌봄노동의 가치를 높이고 배려의 문화를 보장해야 한다.

셋째, 돌봄노동에는 시간이 필요하다.

넷째, 주거는 인권이다.

다섯째, 교육은 모든 인간의 권리이기에

더욱 민주화되어야 한다.

여섯째, '함께하는 공적인 것'의 가치를 강화해야 한다.

- 돌봄 혁명 집단행동회의 결의문

독일에서는 2010년대에 접어든 이래로 '돌봄'과 '혁명'의 연결을 기초로 경쟁사회를 연대사회로 변화시켜 나가고자 하는 '돌봄 혁명Care-Revolution' 논의가 꾸준히 진행 중이다. 한 사회의 무게중심을 이윤의 극대화가 아니라 인간의 필요와 돌봄으로 옮기고자 하는 이 논의는 인간과 인간이 경쟁자로 맞서는 것이 아니라, 각자의 개별적인 삶을 새로운 공동체로 연결하고 구축해 나가는 것을 목표로 한다. 즉, 돌봄 혁명을 바탕으로 자본주의사회에 대한 근본적인 비판으로 나아가는 가운데, 이러한 비판을 연대사회의 건설이라는 새로운 비전과 결합하고자 한다.[1]

이처럼 독일에서 돌봄 혁명에 대한 논의가 싹트게 된 직

돌봄은 혁명이 되어야 한다

접적 계기는 2008년 미국에서 촉발되어 전 세계적으로 확산된 세계금융위기였다. 이 위기는 독일에도 예외 없이 긴축정책의 도입을 가져왔고, 이로 인해 사회적 재생산 영역에서 활동하는 돌봄 제공자의 노동조건이 더욱 열악해졌다. 돌봄에 대한 수요는 증가하는데도 불구하고 돌봄 제공자의 노동조건은 악화되는 모순적 상황에서, 2014년 3월 독일의 수도 베를린에서는 다양한 돌봄 관련 단체들이 모여 '돌봄 혁명 네트워크'(이하 네트워크)를 결성하여 전 지역에 걸쳐 돌봄을 정치적 의제로 설정하기 위한 다양한 활동들을 전개하고 있다.

이 네트워크는 돌봄 정치가 가능하기 위해서는 어느 한 부문만이 아니라 사회의 전 부문에 걸친 근본적인 대변혁이 요구되기 때문에, '돌봄 개혁'이나 '돌봄 개선'이 아닌 '돌봄 혁명'이 필요한 것으로 진단한다. 일터의 돌봄 노동자들과 가정을 비롯한 일상의 공간에서 돌봄을 제공하는 이들의 이해를 정치적으로 함께 엮어내기 위한 시도가 국내에는 잘 알려져 있지 않다. 나는 이 글을 통해 독일에서의 돌봄 혁명 논의로 시선을 돌려, 저출생·고령화에 따른 사회적 재생산위기에 직면한 한국사회가 앞으로 돌봄 정치로의 전환을 준비해 나가는 과정에서 어떤 시사점을 얻을 수 있을지를 탐색해 보고자 한다.

안숙영

독일의 복지는 왜 실패했을까?
: 젠더 관점에서 본 독일 복지국가의 한계

독일은 보수주의적 형태라는 한계를 안고 있기는 하지만, 영국과 미국의 자유주의적 복지국가, 스웨덴과 같은 북유럽의 사회민주주의적 복지국가와 함께 제2차 세계대전 이후 전 세계적으로 가장 대표적인 복지국가 중 하나로 자리해 왔다. 독일의 사회정책은 이를 뒷받침하기 위해 한 사람의 노동자가 평생에 걸쳐 생계노동에만 종사할 것으로 가정하는 이른바 '정상적 노동관계'를 그 바탕으로 하고 있었다. 따라서 한 사람의 노동자가 '노동사회'에서 경험할 것으로 예상되는 위험들, 즉 실업·질병·노령·산재 등에 초점을 맞춘 '노동자정책'으로서의 성격을 강하게 띠고 있었다. 평생에 걸쳐 생계노동에 종사할 수 있는 노동자에 초점을 맞춘 이러한 사회정책에서 노동자는 주로 남성으로 간주되었고, 여성은 가족 내에서의 육아와 가사를 비롯한 돌봄노동을 전담함으로써 남성 노동자로 하여금 돌봄노동의 부담으로부터 벗어나 생계노동에만 전념할 수 있도록 뒷받침하는 존재로 여겨졌다.[2]

이로 인해 남성이 '시민 노동자citizen worker'의 자격을 인정받아 국가로부터 직접적으로 복지를 제공받는 반면, 여성은 아내나 어머니로서의 지위를 통해, 즉 남성 노동자를 매개로 하여 간접적으로 복지를 제공받아야 했다. 이런 면에서 독일 복지국가는 이성애 핵가족에 기반한 '가족 임금 이상'에 기초해 있었다고 할 수 있다. 즉, 남성이 벌어 오는 임금을 중심으로 가족들이 살아간다고 여겨졌고, 가족 임금을 지급받는 남성 가장이 자녀, 아내나 어머니를 가족수당으로 부양하고, 아내나 어머니는 임금이 지불되지 않는 돌봄노동을 수행하는 방식으로 구조화되었다.[3]

말하자면 독일은, 남성은 일터에서의 생계노동, 여성은 집에서의 돌봄노동이라는 젠더노동 분업에 기반한 '남성 생계 부양자 모델'을 가장 전형적으로 구축해 온 나라였다. 그러나 1970년대 중반~1980년대 초반에 접어들어 전 세계적으로 후기 산업 시대로 이행해 가는 가운데, 독일에서도 복지국가의 기초를 이루던 '정상적 노동관계'가 침식되기 시작했고, '노동 없는 노동사회'라는 새로운 국면에 직면하게 되었다. 이로 인해 '남성 생계 부양자 모델'이 약화되고, 미국의 정치철학자 낸시 프레이저가 말하는 '동등한 돌봄 제공자caregiver parity 모델'로 이행하게 되었다. 이는 가족 내에서 여성이 수행하는 비공식 돌봄노동을 국가와 사회가 외부에서 지원함으로써 여성들이 돌봄노동에 대한 일정한 경제적 지원을 받게 된 것을 의미한다.*

좀 더 구체적으로 보면, 이 모델이 목표로 한 것은 여성

안숙영

의 삶을 남성의 삶과 동일하게 만드는 것이 아니라, 오히려 "비용 없이 여성의 삶과 남성의 삶의 차이를 유지하는" 것이었다. 이를 위해 임신과 출산, 육아, 비공식 가사노동을 공식적인 생계노동과 동등한 것으로 격상하고자 했다. 임신과 출산, 양육, 집안 살림, 사회적으로 필요한 가사노동의 다양한 형태를 보상해 주는 돌봄 제공자 수당이 지급되었고, 법정출산휴가, 가족휴가, 탄력적 시간근무제 등과 같은 다양한 직장 개혁 프로그램이 도입되었다. 프레이저는 '동등한 돌봄 제공자 모델'은 여성들로 하여금 집 안에서 돌봄노동을 계속하게 하면서 공적 자금으로 그에 대한 지원을 받도록 한 것이었다고 설명한다.

물론 이 모델은 돌봄노동을 생계노동의 걸림돌로 바라보지 않고 그 자체로 가치 있는 활동으로 간주함으로써, 남성의 생계노동만이 중요하다는 전통적인 입장을 비판적으로 바라보게 해주었다. 또한 '여성적인' 생활 패턴을 인정함으로써 여성으로 하여금 '남성적인' 생활 패턴에 동화되지 않을 수 있는 길을 열어주었다. 하지만 '여성적인' 생활 패턴의 보편적 가

---

*   이하 동등한 돌봄 제공자 모델에 대한 설명은 『전진하는 페미니즘: 여성주의 상상력, 반란과 반전의 역사』, 157-192쪽에 주로 의존하고 있다. 프레이저는 후기 산업 시대 복지국가에 대한 페미니즘의 비전을 보편적 생계 부양자 모델, 동등한 돌봄 제공자 모델, 보편적 돌봄 제공자 모델이라는 3개의 모델로 나누어 살펴보고 있다.

돌봄은 혁명이 되어야 한다

치를 온전히 긍정한 것은 아니었고, 돌봄노동의 가치를 제대로 평가함으로써 남성들에게도 돌봄노동을 넘겨받을 것을 요구하는 단계로는 나아가지 못했다. 따라서 프레이저는 "이 모델은 남성들에게 변화를 요구하지 않는다. 이렇게 볼 때 동등한 돌봄 제공자 모델은 남성중심주의에 대한 전면전을 전개하기에는 반쪽짜리 도전에 불과하다"[4]라고 평가했다.

　　이처럼 젠더 관점에서 볼 때, 독일 복지국가는 여전히 남성중심주의에 기반한다는 한계를 갖고 있다. 돌봄이 한 사회를 유지하고 발전시키는 데 결정적으로 중요한 역할을 함에도 불구하고, 대표적인 복지국가 중 하나인 독일에서도 돌봄은 오랫동안 합당한 주목을 받지 못해온 것이다. 첫째는 독일이라는 복지국가가 보수를 지불받는 노동, 즉 임금노동의 형태를 띠는 유급노동을 중심으로 조직되고 운영되어 왔기 때문이고, 둘째는 주로 여성에 의해 수행되던 무급의 돌봄노동이 가족 임금에 기초한 남성의 유급노동을 뒷받침해 온 점이 가시화되지 못했기 때문이다. 즉, '복지국가의 젠더화'와 '돌봄노동의 젠더화'가 서로 긴밀하게 결합되어 돌봄의 중요성이 두드러지지 못했다.

"좋은 삶과 더불어! 전 세계 모두를 위해!"

　　돌봄에 충분히 주의를 기울이지 않은 독일 복지국가의 이러한 한계는 이후 '사회적 재생산위기'의 형태로 독일사회를 강하게 압박했다. "한편으로는 이윤의 극대화 그리고 다른 한편으로는 노동력 재생산 간의 모순의 첨예화"[5]로 정의할 수 있는 사회적 재생산위기가 그동안 논의되지 않았던 돌봄의 문제 및 돌봄 제공자가 주로 여성이라는 사실로 주의를 돌리게 만들었다. 하지만 독일에서 돌봄을 둘러싼 논의가 '돌봄 혁명'이라는 흐름으로까지 나아가게 된 것은 비교적 최근의 일로, 돌봄에 대한 수요는 증가하는 반면, 돌봄을 제공하기 위한 조건은 점차 악화되는 모순적 현실이 직접적인 계기가 됐다.

　　오늘날의 독일사회는 저출생사회, 초고령사회 및 1인 가구사회로 특징지어진다. 독일연방통계청의 자료에 따르면, 2020년 독일의 합계출산율은 1.53명으로 저출생사회가 계속되고 있으며, 65세 이상 인구가 21%를 차지하는 초고령사회에 속한다. 가장 많은 가구 형태인 1인 가구는 1,760만 가구(42.3%)이며 뒤를 잇는 2인 가구가 1,380만 가구(33%)이다. 반면에 5인 이상 가구는 140만 가구로 3.5%에 불과하다.[6]

　　이러한 독일사회의 현주소는 이미 오래전부터 돌봄에 대한 수요가 끊임없이 증가하는 가운데 사회적 재생산이 위기로 치닫고 있었음을 보여준다. 이 위기를 해결하기 위한 '돌봄 혁명' 논의의 직접적인 출발점은 2014년 3월 이틀에 걸쳐 독일의 수도 베를린에서 열린 '돌봄 혁명 집단행동회의'였다. "좋은 삶과 더불어! 전 세계 모두를 위해!"라는 슬로건하에 개최된 이 집단행동회의에는 독일어권 국가들인 독일, 스위스, 오스트리아에서 온 80여 개 이상의 돌봄 관련 단체들, 즉 보건·간병·보육·교육·주거·가사노동·성노동과 같은 사회적 재생산 부문과 관련된 다양한 단체들이 참석했다.

이 집단행동회의는 사회적 재생산이 우리 모두와 관련된 문제, 즉 우리의 삶, 우리의 일상과 관련된 문제라는 인식을 같이하며, '필요 지향적인 돌봄 경제'로의 근본적인 변화를 위한 방안을 논의했다. 구체적으로는 "어떻게 그리고 누구와 더불어 살기를 원하는가?", "어떻게 스스로를 그리고 타인을 돌볼 것인가?", "우리는 어떤 돌봄을 받기를 원하며 훌륭한 의료의 제공은 어떻게 가능한가?"와 같은 질문들이 제기되었다. 집단행동회의의 마지막 날에는 '돌봄 혁명 집단행동회의 결의문'이 채택되고 이를 바탕으로 '돌봄 혁명 네트워크'가 만들어졌다.[7]

네트워크는 이 결의문을 통해 '돌봄 운동'을 통해서만 다양한 관점들 간의 차이를 극복하고 필요 지향적인 돌봄 경제로 나아갈 수 있다고 강조하며, 돌봄 혁명이 나아가야 할 방향으로 여섯 가지를 제안하고 있다.[8] 첫째, 우리는 '좋은 삶'을 목표로 해야 한다. 좋은 삶은 자본주의적 경쟁 및 이윤 논리와는 모순 관계에 있다. 돌봄 혁명에서는 사람과 사람 사이의 관계가 삶의 중심에 놓여야 한다. 이를 위해 다양하고 개별적이며 집단적이고 사회적인 필요와 관심이 실현될 수 있는 조건을 모두가 함께 만들어 나가야 한다.

둘째, 돌봄노동의 가치를 높이고 배려의 문화를 보장해야 한다. 돌봄노동은 인간 존재의 조건이며 민주적 공동체의 발전을 위한 전제이다. 돌봄노동의 경제화는 중단되어야 한다. 돌봄노동을 사적인 영역으로 배치하여 비가시화하는 것이 아니라, 정치적 활동의 중심으로 끌어와서 돌봄을 기본권으로 설정하고 사회적 책임으로 전환해야 한다. 돌봄은 여성의 일이 아니라 사회의 모든 구성원의 일로 간주되어야 한다. 나아가 북반구의 돌봄위기를 남반구의 비용으로 해결하도록 놓아두어서는 안 된다. 돌봄노동이 생계노동으로 수행되는 경우에는 제대로 된 보수가 주어져야 한다.

셋째, 돌봄노동에는 시간이 필요하다. 필수재나 식료품의 생산에 드는 시간은 지난 50년 동안 거의 절반으로 줄어들었다. 그러나 노동시간 단축이나 생계노동의 분배는 이루어지지 않았고, 신자유주의로 인해 점점 더 오래 일하는 반면, 다른 한편에서는 실업에 처하고 더욱 열악한 노동조건에 시달리게 되었다. 돌봄 혁명을 위해서는 생계노동시간의 급진적인 단축이 반드시 필요하다. 꼭 당장 돌봄이나 간병을 필요로 하는 이들뿐만 아니라 모두가 시간을 얻어야만 자신과 공동체를 돌볼 수 있다.

넷째, 주거는 인권이다. 저렴하면서도, 일정한 수준의 삶의 질을 보장하는 거주 공간이 모든 이에게 제공되어야 한다. 난민의 수용소 수용은 철폐되어야 한다. 거주 공간이 이윤과 연결되어서는 안 된다. 도시와 자치단체를 형성할 때는 주민들과 함께해야만 한다. 아동과 청소년을 위한 공공장소, 여가시설, 스포츠시설 및 광장 이용이 돈의 문제가 되어서는 안 된다. 농촌 지역에도 이에 상응하는 공공 인프라가 구축되어야 한다. 높은 수준의 의료, 교육 및 아동 돌봄과 더불어 근거리 공공교통의 촘촘한 네트워크가 무료로 제공되어야 한다.

다섯째, 교육은 모든 인간의 권리이기에 더욱 민주화되어야 한다. 배움은 정의로운 사회를 만들어 나가기 위한 계기를 마련할 수 있다. 그러기 위해서는 교육자가 정의로운 사회를 실현하는 데 방해가 되는 지배와 권력 간의 관계를 인식할 수 있도록 훈련받아야 한다. 교육은 모두에게 무상으로 제공되어야 하며, 경제 논리에 의해 지배되어서는 안 된다. 학교 밖에서 이루어지는 자율적인 교육과정도 인정을 받을 수 있어야 하고, 앞으로는 더욱 강화되어야 한다.

안숙영

여섯째, '함께하는 공적인 것das gemeinsame Öffentliche'의 가치를 강화해야 한다. 높은 수준의 사회적 인프라는 모두가 낙오될 거라는 두려움 없이 살아가기 위한, 누구나 사회에 참여할 수 있도록 만드는 기본 조건이다. 사회적 서비스는 모두에게 제한 없이 제공되어야 하며, 그러기 위해 '모두의 권리에 대한 권리ein Recht auf Rechte für alle'가 필요하다. 이는 부권적이고 억압적이며 가부장적이고 인종적인 기존 복지국가로의 복귀를 의미하는 것이 아니다. 함께하는 공적인 것의 가치는 사회적 분배는 물론이고 서로 다른 장소에 있는 사람들의 자치 조직화 등 다양한 삶의 형태 또한 포함할 수 있어야 한다. 따라서 사회적 인프라의 새로운 모델을 발전시켜 나가는 가운데, 다양한 돌봄의 배치와 사회적 서비스를 제공하기 위한 아이디어를 모아야 한다.

이 가운데 특히 주목해야 할 것은 '함께하는 공적인 것'이라는 개념이다. 우리가 공적으로 돌봄을 조직해 나간다고 할 때, 대부분의 경우에는 국가 돌봄의 형태, 즉 국가가 돌봄의 책임을 떠맡는 것으로만 이해되는 경향이 있다. 그러나 관료적인 절차로 인하여 국가 돌봄에는 다양한 공동체와 개인의 돌봄에 대한 필요가 제대로 반영되지 못하기도 한다. 돌봄에 대한 필요는 돌봄 제공자와 돌봄 수혜자의 상황에 따라 맥락적이고 상호적으로 조직되어야 한다. 따라서 이러한 필요가 다

돌봄은 혁명이 되어야 한다

양한 수준과 차원에서 반영되기 위해서는 돌봄과 관련한 사회적 인프라의 구축에 있어 시민 모두가 함께할 수 있는 자율적이고 민주적인 방안에 대한 검토가 반드시 수반되어야 한다.

2022년 2월 기준 '돌봄 혁명 네트워크'에는 12개 도시와 지역에 지역별 그룹이 조직되어 활동하고 있다. 도르트문트, 라이프치히, 라인 루르, 라인-마인, 라인 네카르, 미텔프랑켄, 베를린, 빌레펠트, 프라이부르크, 함부르크, 하노버, 튜링엔(예나/바이마르/에어푸르트)처럼 대도시 혹은 지역을 중심으로 활동하고 있는 지역별 그룹은 젠더 불평등의 핵심을 돌봄노동의 불평등한 분배에서 찾는다. 이들은 돌봄노동의 평등한 분배가 젠더 평등으로 나아가기 위한 가장 우선적인 경로라고 주장하며 "돌봄을 위한 자리를! *Platz für Sorge!*"이라는 이름의 캠페인을 비롯하여 여러 가지 다양한 노력을 기울이고 있다.[9]

돌봄노동이 젠더 불평등의 핵심을 이루고 있음에도 불구하고, 독일에서도 오랫동안 이에 대해서는 충분한 주목이 이루어지지 않았다. 여성들이 여전히 무급돌봄노동의 대부분을 담당하고 있음에도 불구하고, 이것이 갖는 사회적·정치적인 의미는 활발히 논의되지 않았다. 이런 가운데 돌봄 혁명 네트워크는 임금노동의 불평등한 분배에 초점을 맞추던 그동안의 경향으로부터 벗어나 돌봄노동의 불평등한 분배로 시선을 돌림으로써, 돌봄노동의 가치를 인정하고 사회 구성원 모두가 이를 평등하게 나눌 때만 독일사회가 앞으로 나아갈 수 있다고 본 것이다. 즉, '젠더 임금 격차Gender Pay Gap'로부터 '젠더 돌봄 격차Gender Care Gap'로 무게중심을 옮김으로써, 사회 재생산 위기에 대한 새로운 접근법을 제시했다.

성장 경제를 넘어: 좋은 삶과 돌봄, 탈성장의 만남

독일에서의 돌봄 혁명 논의는 사회적 재생산위기를 해결하기 위해서는 '이윤을 위한 삶'이 아닌 '좋은 삶'으로의 방향 전환이 급선무라고 본다. 좋은 삶에서 중요한 것은 충분한 돌봄이며, 충분한 돌봄이 없이는 좋은 삶을 상상하기 어렵다. 그런데 문제는 성장률, 이윤 보장 및 이윤 극대화가 중심인 현재의 '성장 경제'하에서는 충분한 돌봄이 근본적으로 불가능하다. 성장 경제하에서는 충분한 돌봄에 필요한 시간과 자원이 허용되지 않기 때문이다. 따라서 돌봄 혁명 논의의 심화를 위해서는 성장 경제와 동의어로 이해되어 온 지금까지의 경제 개념과 작별하고, 충분한 돌봄을 가능하게 할 새로운 경제를 향한 젠더적 상상으로 나아가야 한다.

돌봄 혁명 네트워크에서 활동하며 함부르크 공과대학에서 젠더와 노동 및 기술의 관계에 대해 연구해 온 가브리엘

레 빈커[Gabriele Winker]는 사회적 재생산위기와 돌봄 혁명 논의를 대표하고 있는 이론가이다. 빈커는 무엇보다 자본주의체제에서 돌봄이 갖는 한계에 주목해야 한다고 강조한다. 빈커가 보기에, 자본주의체제에서 인간에 대한 돌봄이 의미를 갖는 경우는 가능한 한 높은 이윤을 산출해야 한다는 경제적 목적에 부합하는 때로 한정된다. 자본주의체제는 유능한 노동력을 필요로 하지만, 정작 노동력 재생산에 많은 비용이 들어가는 것을 막기 위해 임금과 보수를 가능한 한 낮은 수준으로 유지하려 한다.[10]

따라서 돌봄 혁명이 "삶의 총체적 경제화에 대한 저항"[11]으로서의 목표에 충실하기 위해서는, 삶의 경제화를 가속화하는 자본주의적 성장 경제로부터 벗어나 인간의 삶의 필요에 초점을 맞춘 집단적 형태의 재생산이 경제의 중심에 자리할 수 있도록 방향을 전환하는 것이 급선무이다. 이런 맥락에서 첫째, 돌봄은 사람과 사람의 '만남'을 그 본질로 하는 '관계재[關係財]', 즉 "사람들 간의 관계, 공유 속에서 효용이 더 높아지는 재화"라는 점에서 사적재나 공공재와는 구별되는 제3의 재화라는 점에 주목할 필요가 있다.[12] 그런데 이윤의 극대화에만 초점을 맞추는 오늘날의 성장 경제는 이러한 관계재조차 '비용'의 차원에서만 바라본다. 관계재로서 돌봄이 갖는 특성으로 무게중심을 옮기기 위해서는 성장 경제의 프레임 바깥으로

안숙영

걸어나가야 한다.

둘째, 모든 것이 비용으로만 간주되는 성장 경제에서는 패스트푸드Fast Food나 패스트패션Fast Fashion처럼 시간 단축이 지상 목표로 자리하는 반면, 돌봄이라는 관계재의 경우에는 '패스트케어Fast Care'가 목표가 될 수 없다. 돌봄의 목표는 일정한 시간을 필요로 하는 '적절한 돌봄Proper Care'을 제공하는 것이어야 한다. 따라서 '돌봄문제'는 한 사회가 인간적 잠재력에 도달할 수 있는지, 즉 '인간적 관계'를 '성장'보다 우위에 놓을 수 있는지의 여부를 결정하는 중차대한 문제라는 인식이 무엇보다 중요하다.[13]

이런 맥락에서 성장 경제와의 작별이 시급한 가운데, '성장 너머의 경제'라는 아이디어에 기반한 독일의 '탈성장 경제'[14] 논의로 시선을 돌려볼 필요가 있다. 성장의 대안을 뜻하는 개념인 '탈성장Postwachstum/degrowth'은 전 세계적으로 그 의미가 다양하게 사용되고 있는데[15], 2010년대에 접어들어 독일에서 영향력을 확장해 나가고 있는 탈성장 논의에서는 현재의 성장에 기초한 복지가 무제한적으로 생태를 약탈하고 있음을 비판하기 위한 개념으로 주로 사용되고 있다. 지속적인 이윤 증대라는 자본주의적 논리에서 기인하는 성장 강박 그 자체로부터 벗어나고자 하며, 이윤 증대는 인간의 노동과 자연의 착취 없이는 불가능하다는 점에 초점을 맞추고 있다.[16]

그러나 탈성장 논의에서 젠더에 따른 노동분업문제 및 돌봄을 비롯한 여성노동 착취에 대한 분석이 이루어지기 시작한 것은 비교적 최근이다. 2016년 7월 19일, 베를린 훔볼트대학에서 "모두를 위한 좋은 삶? 탈성장이 젠더를 만나다"라는 주제로 열린 심포지엄은 '좋은 삶'과 '돌봄'과 '탈성장' 담론을 연결하는 대표적인 시도였다. 이 심포지엄은 어떻게 하면 탈성장사회가 비단 생태적 지속 가능성과 사회적 정의만이 아니라 젠더 정의에 의해서도 각인될 수 있는지를 질문하며, 이를 실천으로 옮기기 위한 방안을 찾고자 했다. 특히 "모두를 위한 좋은 삶? 성장을 넘어서!"라는 주제로 강연을 한 바르바라 무라카Barbara Muraca는 탈성장 운동과 페미니즘 경제 관점에서 자본주의적 성장을 비판하며 "모두를 위한 좋은 삶"은 성장을 넘어서만 가능하다고 강조했다.[17]

무라카가 보기에, 자본주의에서의 경제성장은 사회적인 가치를 전혀 고려하지 않으며, 자연의 재생 능력과 인간의 재생산 활동에 대한 가치절하와 착취를 바탕으로 한다. 그러나 인간의 삶에는 경제적인 것만이 아니라 사회적이고 생태적인 기초가 필수적이다. 따라서 삶에 필수적인 것들을 지향하는 일은 여성주의 논의에서뿐만 아니라 탈성장 논의에서도 반드시 필요하다. 이런 맥락에서 무라카는 '자본주의 하지 않기Undoing Capitalism'를 제안하는데, 토지의 이용이나 교육 및 혁신 등과 같은 기본제도들에 무료로 접근하게 함으로써, 이윤의 극대화가 아니라 좋은 삶에 기여하도록 하는 것이 그 예가 될 수 있다. 이러한 전환을 통해 노동, 공간, 시간에 대한 새로운 사고와 실천이 가능해지며, 이를 바탕으로 집단적 자율성을 확립하고 사회적·생태적인 과정에 직접적·민주적으로 참여하는 것이 가능하기 때문이다.[18]

착취의 경제가 아닌 자급 경제로

젠더 관점에서 성장 경제와 작별하고자 할 때, 독일의 사회학자 마리아 미즈Maria Mies의 비판은 반드시 기억할 필요가 있다. 미즈는 '자본주의적 가부장제 경제의 빙산 모델Iceberg Model of the Capitalist-Patriarchal Economy'을 바탕으로, 끝없는 경제성장을 목표로 하는 자본주의 경제는 자연과 여성, 식민지에 대한 착취 없이는 유지 불가능한 시스템이라는 점을 1980년대부터 꾸준히 강조해 왔다. 미즈는 빙산 모델을 통해 자본주의적 가부장제 경제가 '가시적 경제'와 '비가시적 경제'로 구성되어 있으며, 가시적 경제가 비가시적 경제에 의존한다고 강조한다. 이를 통해 그동안 주목받지 못했던 비가시적 경제로 주의를 돌리는 한편, 성장의 한계가 어디에 있는지를 명확히 했다.[19]

돌봄은 혁명이 되어야 한다

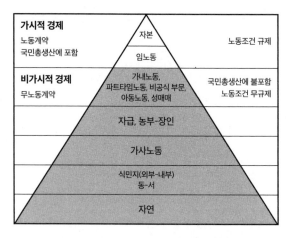

자본주의적 가부장제 경제의 빙산 모델. (출처: Mies, 2010: 176; 안숙영, 2021b: 65.)

가시적 경제		
노동계약 국민총생산에 포함	자본	노동조건 규제
	임노동	
비가시적 경제 무노동계약	가내노동, 파트타임노동, 비공식 부문, 아동노동, 성매매	국민총생산에 불포함 노동조건 무규제
	자급, 농부-장인	
	가사노동	
	식민지(외부-내부) 동-서	
	자연	

먼저, 가시적 경제는 빙산 가운데 수면 '위'로 떠올라 있어 우리가 눈으로 확인할 수 있는 부분으로, 크게 자본과 임노동 두 층으로 구성되어 있다. 오늘날 우리가 '경제economy'라고 알고 있는 것이 가시적 경제로, 여기에서의 임노동은 국민총생산GNP에 포함된다. 즉, 측정이 가능하고 수치로 환원하여 화폐화할 수 있는 것들이 생산되고 거래되고 소비되는 영역이다. 비가시적 경제는 빙산 가운데 수면 '아래'에 잠겨 있어 우리가 경제라고 인식하지 못하는 부분으로, 여기에서의 노동은 국민총생산에 포함되지 않는다. 즉, 가내노동·파트타임노동·비공식 부문·아동노동·성매매, 농부와 장인의 자급노동, 가사노동, 식민지에서의 노동, 자연이라는 5개 층으로 구성되어 있

는 비가시적 경제는 측정이 불가능하고 수치로 환원하기 어려워 화폐로 환산할 수 없는 것들이 자리한 영역이다.

미즈의 빙산 모델에서 눈여겨봐야 할 것은 '피라미드형'으로 이루어진 빙산의 은유이다. 이는 자본주의적 가부장제 경제가 실제로는 수면 아래 잠겨 있는, 인간의 모든 경제활동의 10분의 9에 이르는 거대한 규모의 비가시적 경제를 바탕으로만 그 유지와 성장이 가능한 '의존적 경제'라는 점을 명확히 나타낸다. 이뿐만 아니라 가시적 경제와 비가시적 경제가 서로 대등하게 협력하는 '공존의 관계'가 아니라, 가시적 경제가 비가시적 경제의 핵심을 이루는 '여성', '자연', '식민지'를 착취하는 '착취의 관계'로 바라보며, 가시적 경제가 현재와 같은 방식으로 존재하는 한 비가시적 경제의 가치를 제대로 인정받기는 어려울 것으로 본다.

그래서 미즈는 '착취의 경제'인 자본주의적 가부장제 경제의 해체가 무엇보다 시급하다고 강조하며, '자급 경제 subsistence economy'[20]로서 비가시적 경제가 갖는 미래적 가능성에 주목한다. "직접적으로 삶을 창조, 재창조, 유지하는 데 쓰이며 다른 목적을 갖지 않는 모든 일"[21]을 의미하는 '자급 생산'으로 나아감으로써, 생명이 없는 돈을 삶의 원천으로 보고 끊임없는 상품의 생산과 소비에 초점을 맞춘 '죽음의 생산'과 작별을 고해야 한다고 주장한다. 노동의 목적을 물질과 부의 생산

돌봄은 혁명이 되어야 한다

이 아니라, 직접적인 삶의 생산 혹은 필요 가치의 생산으로 향하게 해야 한다는 것이다.[22]

돌봄은 혁명이 되어야 한다

사회적 재생산위기는 비단 독일만이 아니라 한국을 비롯한 대부분의 자본주의 국가들이 경험하고 있는 전 세계적 위기이기도 하다. 따라서 돌봄을 둘러싼 혁명적 변화 없이는 이러한 위기를 극복할 수 없다는 독일 돌봄 혁명 논의의 절박한 문제의식을 바탕으로 이야기를 시작해야 한다. 돌봄을 어떻게 하면 사회적이고 집단적으로 조직해 나갈 수 있을지, 어떻게 하면 사회적 재생산위기를 항시적으로 내재하고 있는 현재 자본주의 경제에 대한 대안을 모색할 수 있을지 탐색하는 작업은 한국사회에서도 결코 우회할 수 없는 중요한 과제이다.

1970~2018년까지의 연평균 저출생·고령화 속도가 OECD 37개국 가운데 한국이 가장 빠르다는 최근 연구결과[23]는 이로 인해 돌봄 수요가 급속히 증가했으며, 그에 대한 대응이 긴급한 과제로 떠오르고 있음을 잘 보여준다. 한국 역시 1인 가구의 증가 속도가 가파르다. 통계청이 2020년 12월

안숙영

에 발간한 「2020 통계로 보는 1인 가구」에 따르면, 1995년 전체 가구에서 1인 가구가 차지하던 비중은 12.7%에서, 2019년 30.2%로 빠르게 증가했다. 이러한 변화는 돌봄의 충분한 제공과 균등한 분배에 관한 논의를 정치적 의제로 설정해야 할 필요성을 더욱 강화하고 있다.

독일의 돌봄 혁명 논의에서처럼 생산의 목표를 '성장'으로부터 '좋은 삶'으로 이동시키기 위해서는 '과잉 노동사회'인 한국사회의 현주소를 비판적으로 성찰하는 것이 무엇보다 시급하다. 장시간노동에 초점이 맞춰진 사회일수록 집 안과 집 밖에서의 가사노동과 돌봄노동을 '비가시적이고 비생산적'[24]이라고 평가절하하는 경향이 강하기 때문이다. 한국사회는 오랫동안 성장 경제를 향해 달려가면서, 생계노동에 대한 과대평가와 돌봄노동에 대한 과소평가라는 이중 잣대 또한 강화해 왔다. 최근 코로나19 위기 속에서 돌봄 부담이 여성에게 떠넘겨지고 돌봄의 위기가 악화되고 있는 현실은 이러한 과거와 결코 분리해서 이해될 수 없다. 따라서 성장에 대한 반성적 고찰을 바탕으로 탈성장으로의 전환을 위한 논의로 나아가야 한다.[25]

이는 한국사회에서 노동이란 무엇이고 생산과 재생산은 과연 무엇인가를 새롭게 질문하는 과정이기도 하다. 지금까지와는 다른 삶, 다른 성장 및 다른 생산으로 나아가기 위해

돌봄은 혁명이 되어야 한다

서는, '누가 어떤 노동을 생산적인 것으로, 어떤 노동을 비생산적이라고 간주하는가'를 질문하며 기본적으로 이것이 권력과 지배의 문제라는 점[26]을 기억해야 한다. 재화를 비롯한 상품의 제조는 생산적이므로 가치가 큰 것으로, 노동력을 비롯한 생명의 돌봄은 비생산적인 것 혹은 재생산적인 것이므로 가치가 작은 것으로 바라보는 이분법으로부터 벗어나야 한다. 생산적인 것의 우선성이라는 전제 그 자체에 의문부호를 던지는 한편으로, 남성과 돌봄의 관계를 새롭게 정립해 나가야 한다.[27]

한국사회에서 남성은 오랫동안 '이상적 노동자'로 간주되어 왔다. 이런 가운데 돌봄은 남성과는 무관한 활동으로 전제되어 왔다. 그러나 이제는 남성을 '이상적 돌봄 제공자'로 전환하기 위한 노력을 기울여야 한다. 남성 또한 생계노동과 돌봄노동 사이에서 균형을 이루는 존재로 변화해야 하지 않을까. 지배에 대한 거부와 돌봄 가치의 수용으로 정의할 수 있는 '돌보는 남성성'[28]으로의 전환을 통해, 정서적이고 관계적이며 상호 의존적인 돌봄의 가치에 주목하도록 해야 한다. '노동하는 남성성'을 넘어서는 새로운 남성성이 구축된다면 자신의 삶의 방향을 재설정하는 계기가 될 것이다.[29] '돌봄의 탈여성화'를 바탕으로 모두가 돌봄의 책임을 서로 나누는 '평등 돌봄 Equal Care'[30]의 방향으로 발걸음을 내딛어야 할 때이다.

이주

국경을 넘는 여자들

: 전 지구적 돌봄노동의 이주 속
인종·젠더·계급 불평등

김현미
(연세대학교 문화인류학과 교수)

전 지구적으로 이동하는 돌봄 노동자의 노동조건은
개선되지 않을 뿐 아니라, 이들은 점차 인격권마저
상실한 '하인'의 위치로 전락하고 있다.

모든 인간과 비인간 생명체는 돌봄을 주고받는 존재로, 돌봄을 통해서만 생존할 수 있다. 돌봄은 가치 있는 행위이지만, 돌봄'노동'은 시간과 육체적·경제적·감정적 소모를 수반한다. 그래서 누가 돌봄을 받을 자격이 있는지와 누가 돌봄노동을 해야 하는가에 대한 문제는 오랫동안 불평등 영역으로 남아 있다. 오랫동안 돌봄노동은 상호적이고 호혜적이라기보다는 노예, 하인, 여성, 외국인과 같은 사회적 약자가 수행해야 할 일로 강요받아 왔다. 그만큼 돌봄노동은 힘들고 경제적 보상이 적으며 사회적으로 저평가됐다. 그러나 현재 전 지구적인 차원에서 가장 절실하게 요청되는 인간의 노동 또한 돌봄노동이다. 펜데믹 이후 취약해진 인간의 생명과 봉쇄, 사회적 거리두기 때문에 작동을 멈춘 사회적 돌봄을 누가, 어떻게 담당해야 하는지는 더욱 중요한 논쟁거리가 됐다.

보건의료부터 가사노동에 이르는 돌봄노동에 대한 요구가 급증하기 시작했다. 그 결과 돌봄의 '시장화'가 빠르게 이루어졌다. 이러한 현상은 단일 국가 차원에서 벌어지는 일이 아니다. 전 지구적 차원에서 이루어지는 돌봄노동의 상품화는 누가 돌봄노동을 구매할 자격과 자원을 갖고 있는가에 따른 돌봄 분배와 수혜의 격차를 만들어 낸다. 지난 40년간 북반구의 경제선진국은 아이 양육, 환자 돌봄, 인구 고령화로 늘어난 노인돌봄문제를 '이주'를 통해 해결해 왔다. 이주자는 '우리 국민'의 안녕과 복지를 위해 돌봄노동을 제공하는, 값싸게 고용할 수 있는 존재로 규정된다. 각국은 보건의료, 간병, 아이 돌봄과 양육, 노인 간호와 가사노동 분야의 '양질의 돌봄 노동자'를 데려오기 위해 앞다투어 이주제도를 만들고 있다. 신자유주의와 자본주의의 심화로 미국 등과 같은 경제부국은 기존의 공공복지를 축소하고, 복지 서비스를 시장화하면서 돌봄을 사적으로 해결할 일로 간주했다. 전통적인 유럽의 복지국가들도 보건의료와 돌봄 노동력 부족을 메우기 위해 돌봄에 특화된 외국인을 대규모로 받아들이고 있다. 일본, 싱가포르, 대만, 한국 같은 아시아 경제선진국의 상황도 다르지 않다.

전 지구적인 돌봄의 시장화는 인종·언어·생활양식·계

김현미

급이 다른 사람들을 돌봄 제공자와 돌봄 수혜자로 분리하고 또 연결한다. 이성애 중심의 백인 중산층과 아시아 중산층 가족 구성원의 돌봄 요구는 삶의 질 향상, 복지 혜택, 돌봄의 사회화라는 이름으로 승인된다. 이들은 '돌봄받을 자격을 갖춘 존재'이다. 남반구의 수많은 여성과 보건의료 종사자는 "당신의 실업, 빈곤, 박탈감을 스스로 해결하라"라며 이주를 권유하는 국가정책 때문에 집을 떠난다. 북반구 국가들은 잘 교육되고 훈련된 양질의 돌봄 노동력을 확보하기 위해 경쟁을 벌이고 있지만, 이 과정에서 돌봄노동을 '여성'의 일로 간주하는 가부장적 각본은 새로운 형태의 돌봄 성차별주의-인종주의를 낳는다. 전 지구적으로 이동하는 돌봄 노동자의 노동조건과 노동 단가는 개선되지 않을 뿐 아니라, 이들은 점차 인격권마저 상실한 '하인'의 위치로 전락하고 있다. 돌봄노동의 전 지구적 재분배는 돌봄을 둘러싼 국가, 계급, 젠더, 인종 간의 불평등을 강화한다. 나는 이 글에서 돌봄의 이주가 구성해 가는 새로운 불평등 지도 그리기mapping를 통해 '돌봄의 자격'에 대한 의미를 해석하고자 한다.

보건의료 종사자의 '두뇌 유출'과 탈숙련화

전 지구적 차원에서 보건의료 종사자, 가사·돌봄 노동자는 남반구에서 북반구로 빠르게 이동하고 있다. 동유럽에서 서유럽으로, 중남미에서 북미로, 북아프리카에서 남유럽으로, 남아시아에서 걸프 지역으로, 아시아 지역 내부의 개발도상국(이하 개도국)에서 경제선진국으로의 패턴화된 이주 행로가 만들어졌다. 외국인 보건의료 종사자들은 북반구의 노인요양복지시설 혹은 병원 등에 배치되거나 사적으로 고용되기도 한다. 이 때문에 보건의료 및 돌봄 노동자의 전 지구적인 불균등한 분배가 심화한다. 예를 들어, 영국은 부족한 돌봄 노동자의 수를 메우기 위해 인도, 필리핀, 남부 아프리카 출신의 간호사와 가사 노동자 등을 대규모로 불러들였다. 영국에서는 의사의 경우 인구 620명당 1명, 간호사는 185명당 1명의 비율을 차지하지만, 아프리카 라이베리아에서는 의사 1명이 4만 3,478명을, 간호사 1명이 9,804명을 돌봐야 한다.

국가 간 의료 및 돌봄 격차는 새로운 현상이 아니다. 과거 유럽의 식민지배국가들은 기독교 선교를 통해 피식민국가에서 간호사를 양성하여 자국으로 데려갔다. 1970년대 이후 유럽과 미국의 경제 호황으로 공공의료체제가 확립되면서 생긴 노동자 부족을 메우기 위해 의료 돌봄 이주의 규모가 확장

김현미

된 것이다.[1] 인프라와 일자리의 부족으로, 개도국이 배출한 보건의료 종사자 또한 자국에 남아 있기보다는 이주를 선호하게 된다. 경제선진국들은 돌봄 노동자의 교육과 훈련에 비용을 들이지 않고, 싼 비용으로 바로 활용할 수 있는 외국인 전문 인력을 선호한다. 빈곤국이나 개도국에서 교육받은 보건의료 종사자들은 더 나은 일터 환경과 경제적 보상을 위해 선진국으로 이주한다. 두뇌 유출brain drain이라 불리는 이러한 현상은 현재 보건의료와 돌봄노동 분야에서 더욱 심각해지고 있다.[2]

그렇다고 해서 전문직 보건 인력이 자신의 전문성이나 학력에 걸맞은 위치로 이주하는 것도 아니다. 캐나다로 이주한 외국인 간호사를 연구한 부콜라 살라미Bukola Salami와 시오반 넬슨Sioban Nelson은 국제 간호사들이 취업 과정에서 보건의료체제의 가장 낮은 위치로 편입되어 '하향 이동'과 '탈숙련화'를 경험했다는 점을 강조한다.[3] 국제 간호사들은 내국 간호사에게는 금지된 초과노동을 요구받거나 최저임금 이하의 보상을 받고, 임금 체불에 시달린다. 하지만 고용주나 민간브로커가 자신을 추방할 수 있다는 두려움 때문에 이 조건들을 감내한다. 또한, 이들은 외국인 혹은 여성이라는 이유로 병원의 간호사가 아닌, 가정집의 상주 간병인으로 배치되는 경우가 많다. 캐나다 정부가 2년간 의무적으로 상주 간병인으로 근무해야 한다는 규정을 두었기 때문이다. 이 기간 동안 국제 간호사들은 자신의 전문기술이 탈숙련화되는 과정을 거쳐야 했다.

외국인 보건의료 종사자의 숙련도를 인정하고 그에 걸맞은 정당한 대우를 제공하는 일은 이주정책의 중요한 과제이다. 2018년 일본 정부는 인구 고령화로 인한, 특히 농촌 지역의 극심한 노인 돌봄노동 부족을 해결하기 위해 이 분야를 숙련노동으로 인정하는 '특정기능인력Specified Skilled Workers'제도를 도입했다.⁴ 외국인 이주자가 일본에 장기 체류 할 수 있는 길을 열어준 것이다. 그 전까지는 돌봄노동을 비숙련노동이나 단순노동으로 간주해 외국인 돌봄 노동자의 이주를 제한했던 것에 비하면 긍정적인 변화이다. 노인 돌봄 노동자는 기초 일본어와 관련 지식 시험에 합격한 후 일본에 입국하여 5년 동안 일할 수 있고, 그 기간 안에 기능 시험을 통과하면 영주권을 신청할 수 있는 체류 자격을 갖게 된다.

일본 정부가 돌봄 분야의 노동을 '숙련'으로 재정의한 것은 국제노동기구ILO의 기준을 따른 것이다. 국제노동기구는 간병인과 가사도우미를 "상대적으로 고도의 문해력과 수리력을 요구하는 수준의 직업 범주이며 대인 소통 기법 및 높은 수준의 손재주를 필요로 하는 기능 인력"이라 정의했다. 문제는 일본 정부가 노인 돌봄과 간병 분야를 '기능 인력'으로 정당화하기 위해 까다로운 일본어 시험과 기능 시험을 통과해야 하는 규정을 만든 것이다. 실제로 이런 시험을 통과하여 일본에 오거나, 일본에 들어와 기능 시험을 통과하는 것 또한 외국인에게는 시간과 돈이 많이 드는 일이며 결국 이주정책이 변화해도 외국인 돌봄 노동자가 일본에 영주하기란 쉽지 않다.

돌봄 이주의 '여성화'

'낯선 이방인'의 신분으로 누군가의 가정에 들어가 아이를 기르고, 음식을 만드는 등의 일을 하는 돌봄 이주자 또한 급증하고 있다. 1980년대 이후 글로벌 이주의 가장 큰 특징 중 하나는 이주의 '여성화'이다. 이주의 여성화는 이주하는 여성의 수가 남성을 압도하는 현상으로, 이주 여성들이 전형적으로 '여성의 일'로 취급되던 육아·가사노동·환자 간호와 같은 돌봄노동을 하기 위해 국경을 넘는 것을 의미한다. 기존에는 남성 중심 제조나 건설 같은 생산 영역으로 진출하여 이주하는 패턴이었지만, 최근에는 여성 중심 재생산 영역으로의 이주로 변화하고 있다. 재생산 이주의 급격한 증가 현상은 자본주의체제의 전환, 즉 상품을 생산하던 생산 영역에서 더는 초과 이윤을 확보하기 어려워지자, 식사·위생·건강이나 육체와 감정을 만족시키는, 일상생활의 재생을 가능하게 하는 사회적 재생산 영역으로 자본주의가 확장되고 있는 현상과 관련이 있다. 이전에는 여성이나 친척들의 무임노동이나 가족 내 돌봄노동, 국가의 공공복지나 사회적 안전망에 의해 수행되던 재생산 영역이 급격히 시장화되면서 돌봄노동이 교환가치를 획득하게 된 것이다. 과거 각 국가 단위로 이루어졌던 사회적 재생산은 이제 전 지구적인 시장경제에서 사고파는 서비스를 통해 이루어진다. 이를 세계적인 자본주의의 '재생산적 전환'이라 부른다. 서비스의 단가를 낮추려는 구매자의 욕구는 곧 이주의 여성화를 만들어 냈다.*

1990년대 이후, 아시아 이주자의 70%가 여성으로 나타났다. 나는 그 원인으로 이주의 여성화를 촉진하는 국가 간 불평등 심화를 꼽는다. 채권국의 구조 조정 요구로 아시아와 남아메리카 농촌 지역과 도시 지역의 빈곤화가 가속화되고, 글로벌 상품 소비자가 되어야 하는 압력과 욕망은 강화되었다. 가족 구성원을 이주 보내, 이들이 송금한 돈으로 삶을 영위하는 것이 생존 전략이 된 것이다. 개도국 혹은 빈곤국은 늘어나는 외채 부담을 줄이기 위해 국민의 대규모 이주를 장려하거나 '암묵적으로' 후원한다. 특히 구조 조정 과정에서 훈련이

---

* Castles, Stephan and Miller(1998;2003), *The Age of Migration*, MacMillan. 이들은 이주의 시대를 특징짓는 다섯 가지 현상을 지적한다. 이주의 전지구화globalization of migration, 이주의 가속화acceleration of migration, 이주의 다변화differentiation of migration, 정치화growing politicization of migration와 이주의 여성화feminization of migration이다.

김현미

나 취업에서 배제되어 빈곤한 상태에 머물러야 하는 여성들은 '위기'를 적극적으로 극복하고자 국제 이주를 선택하는 경우가 많다.[5] 생계를 위해 자국의 정부에 의존하기보다는, 알선 업체에 돈을 지급하면서 외국의 고용주를 직접 찾아 나서고 있는 셈이다. 구소련연방 국가[CIS] 출신의 동유럽 여성들 또한 여성들에게 일자리를 제공해 주었던 쿼터시스템[Quota system]이 붕괴하면서 일자리를 잃었고, 이에 대한 적극적인 대응으로 해외 이주를 감행하고 있다.[6] 여성들에게 개방된 합법적 이민이나 이주 통로가 매우 제한된 상황에서 자본이 없는 여성들은 상대적으로 거래 비용이 적게 드는 육아, 간병, 가사노동 분야나 유흥업 혹은 국제결혼을 선택하여 이주하는 경향이 높다. 이런 직업군 외에는 여성이 이주할 수 있는 통로가 없기 때문이다.[7] 프랫[Pratt Geraldine]이 이런 직업군을 두고 '게토화된 직업'이라 명명했던 것처럼, 이 직업군에 종사하는 사람들은 주류 사회의 공적 영역으로부터 고립되어 있고, 임금이나 노동조건이 취약하여 계층 이동의 가능성도 거의 없다.

필리핀 여성을 예로 들어보자. 이들은 미국이나 캐나다 또는 유럽 지역으로는 가정부, 보모, 가사 노동자, 간호사, 간병인으로서 이주할 수 있다. 한국에는 주로 엔터테이너 혹은 한국 남성의 배우자로서 이주한다. 사우디아라비아를 포함한 걸프 지역 국가들은 인도네시아, 스리랑카, 방글라데시, 필리핀, 파키스탄 여성들이 상주 가사 노동자로서 이주하는 경우에만 그들을 받아들인다. 이렇게 이주 여성들은 커리어에 대한 희망, 학력 또는 경력과는 상관없이 국제 이주로의 진입 단계부터 철저한 탈숙련자로 동일하게 평준화되어 취급된다. 돌봄노동은 원래 여성의 일이라 특별한 기술과 경험이 필요하지 않다는 생각 때문에 이들은 시간이 지나 경험이 쌓이고 기술이 늘어도 적절한 보상을 받지 못한다. 이주 여성들이 겪는 삶의 딜레마는 전통적인 성 역할에서 벗어나기 위해 교육을 받았지만, 자국의 구조 조정 과정에서 국제 이주를 선택할 수밖에 없고, 그 결과 다시 전통적인 '여성의 역할'로 여겨지는 일자리에 편입된다는 것이다.[8] 캐나다에서 일하는 외국인 가사 노동자의 79%는 대학 학사 학위 소지자였다.[9]

또한, 이들은 여성에게 내재된 돌봄이나 성적 매력을 발휘해야 할 '아시아 여성'으로만 간주되며, 이 과정에서 개별성은 사라진다. 자원이 없는 여성들은 노동권이 보장되지 않는 조건하에 사적으로 고용되거나, 노동이라 간주되지 않는 재생산노동 영역에 취업함으로써 더 열악한 위치에서 일한다. 가사노동, 노인 간병 등의 주된 일터가 고용주의 사적 통치가 전면적으로 수행되는 집과 같은 공간이므로, 이주자들의 노동권은 철저하게 고용주의 호의나 선의에 달려 있다.

돌봄, 사랑, 친밀성 등 인간이 고유하게 가지고 있는 비물질적인 부분도 이제는 '상품'으로 만들어질 수 있을 뿐만 아니라, 이를 판매하기 위해 국경을 넘는 여성들의 수도 늘어나고 있다. 한편으로 여성의 '이주화'는 여성이 해외 이주를 통해 '로컬' 가부장제에서 탈출할 기회가 될 수도 있다. 하지만 이들을 값싼 임금으로 고용하고자 하는 고용주와 중개 업체는 이주 여성에 대한 오리엔탈리즘적 이미지를 강화하여 성별 및 계급 억압을 재생산하고, 이를 통해 전 지구적 자본 축적과 노동의 유연화를 이루어 내고 있다.

글로벌 하인 계층의 출현

도시사회학자 사스키아 사센[Saskia Sassen]은 전 지구적 소득 불평등의 증가가 새로운 계급 분화를 만들어 낸다고 지적한다. 사센에 따르면 서비스, 접대, 돌봄노동으로 생계를 유지하는 돌보는 계급[Serving Class]과 그런 돌봄을 받는 고소득층이나 중산층 계급[Served Class]으로 분화된다. 돌보는 계급은 누군가의 집에 사적으로 고용되어 아이나 노인, 환자를 돌보고 음식을 만들고 집을 청소한다. 신자유주의가 가속화될수록 삶 자체가 상품화되고, 인간의 생명과 건강 등 일상적인 의식주와 돌봄을 해결하는 데 높은 비용이 든다. 중상류층 부부나 커플 대부분이 가족을 유지하기 위해 맞벌이를 한다. 많은 사람이 임금노동이 주가 되는 삶을 살게 되면서 시간 압박에 시달리고, 정작 삶을 영위하는 데 필요한 가사나 돌봄을 위해 시간과 에너지를 쓰지 못하게 된다. 단독 가구의 구성원 또한 자기 돌봄이 불가능할 정도로 임금노동에 매달리면서, 생활을 영위하기 위해 필요한 모든 노동을 외주화하는 경우가 많아진다. 즉, 인간의 삶에 필요한 식사 준비나 청소, 아이 돌보기 같은 필수적인 노동이 '빈 채'로 남게 된다. 중산층 이성애 부부 간에 젠더 갈등이 심화되는 것 또한 둘 다 임금 노동자가 되었지만, 정작 가족을 유지하는 데 필요한 노동이 공정하게 재분배되지 않았기 때문이다. 전 세계는 그동안 젠더 간, 세대 간 돌봄노동 분배의 위기를 쉽게 봉합하기 위해 이주자를 고용해 돌봄을 해결해 왔다.

또한, 자신의 사회문화적 지위를 과시하기 위해 돌봄 이주자를 고용하는 상층부도 증가한다. 돌보는 계급이나 돌봄 받는 계급 모두 외국인인 경우도 늘어나고 있다. 종종 다국적기업은 전 세계로 이동하는 전문직 고용인에게 차량·건강보험·교육비·주택 제공 등의 혜택뿐만 아니라, 가사·육아·운전등의 돌봄 서비스를 제공하는 경우가 많다. '상층부 회로'로 이동하는 고소득 외국인과 '생존 회로'로 이주하는 외국인이 한가정 내에서 고용주와 고용인으로 만난다. 생존 회로로 이주

김현미

하는 돌봄 노동자들은 국가 간 협약을 통해 국외로 이주하지만, 대부분 국내총생산GDP에 포함되지 않는, '사적으로 고용된 하인'의 위치이다. 집이라는 사적인 일터에서의 고용 관계는 노동권이나 계약이 존재하지 않는 신분제 형태를 취하는 경우가 많다. 이 때문에 사센은 이들을 세계화 시대에 태동한 '하인 계급'이라 명명한다.[10]

이들은 분명 임금 노동자이지만, 고용주가 마치 봉건 영주처럼 이들의 신체·감정·인격에 대한 온전한 처분권을 가진 것처럼 대우하기도 한다. 돌봄 부재를 메우기 위해 협력해야 할 관계가 아닌, 공고한 신분제 속 종속 관계가 되는 것이다. 하인 계급으로 전락하는 것은 외국인 이주자뿐만이 아니다. '하인화'는 빈곤 계급이나 돌봄 노동자 전반으로 확장되고 있다. 예를 들어, 영화 〈기생충〉에서 박 사장이 운전사 기택에게 "선을 넘지 말라"라고 경고하는 건 둘 사이에 결코 메울 수 없는 문명적·신분적 격차가 존재하니 복종하라는 요구이다. 돌봄을 주고받는 관계에서 근접성·접촉·섞임·친밀함·감정·마주함은 필연적으로 나타나는 요소임에도, 이러한 차별적 인식은 신분이 다른 계급은 같은 공간에 있을 수 없고, 음식을 먹고 이야기를 나누는 것 또한 금지되어야 한다는 위계를 만들어낸다.

이런 인식은 돌봄 노동자를 마치 자기와는 다른 열등한

인종처럼 구분 짓는 전형적인 인종화 방식이다. 돌봄 노동자의 손으로 만든 밥을 먹고, 빨래해 준 옷을 입고, 신체적 이동을 위해 이들에게 의존하지만, 정작 고용주는 이들의 신체와 의식이 불결하고, 자신을 오염시킬지 모른다는 두려움과 혐오를 동시에 갖게 된다. 특히 이런 인종화는 외국인 이주자를 다룰 때 심화된다. 다른 이들의 돌봄노동에 철저히 의존하는 전지구적 중상류층의 '안전' 이데올로기는 선 긋기를 통해 표현되고, 선을 그을수록 인간에 대한 예의는 실종된다." 과거 집이라는 친밀하고 사적인 공간에서 흑인 노예에게 식생활부터 아이 돌봄 등 모든 일상의 사회화를 의존했던 백인들이 공적 영역에서는 이들과 접촉하기를 두려워하며 인종 분리를 했던 것과 비슷한 상황이다. 글로벌 이주를 통해 정작 집 등의 친밀한 공간은 '다종족, 다인종'화되고 있지만, 글로벌 돌봄 영역은 오히려 신분제사회와 같은 불평등과 부정의의 문화적 폭력을 심화시키고 있다.

실제로 글로벌 하인 계급은 '인간 안보'를 고려해야 할 만큼 심각한 폭력을 경험하고 있다. 매일 수만 명의 돌봄 이주자가 당하는 폭력·성폭력·학대는 익숙한 '사실'이다. 사우디아라비아나 카타르에 취업한 수많은 인도네시아 출신 가사노동자들이 고용주로부터 성적 폭력을 입거나 살해를 당한다. 2021년 2월, 싱가포르의 가정집에 고용됐다가 학대와 고문,

김현미

기아로 숨진 미얀마 가정부 이야기는 사회적으로 큰 충격을 주었다.[12] 세 살 아이를 둔 스물네 살 미얀마 가정부 '피앙 응아이 돈'은 싱가포르 가정집에 고용된 지 5개월 만에 사망했다. 발견 당시 뇌에 손상이 심했고, 24킬로그램의 기아 상태였다. 몸에서 31개 흉터와 47개 외상이 발견됐으며, 죽기 전 12일 동안 밤마다 창틀에 묶여 있었다. 그녀는 조금 더 많은 급여를 받는다는 조건하에 휴대폰을 갖지 않고, 휴일 없이 일하겠다는 고용조건에 동의했다. 이 때문에 매일 폭력에 시달리면서도 본국 출신 다른 가정부나 어떤 외부인에게도 도움을 요청할 수 없었다.

이런 끔찍한 사건이 재판을 통해 세상에 알려지면서, 아이러니하게도 이 문제는 여성 고용주가 '엄마'로서 겪는 고충에 초점이 맞춰졌다. 변호사는 가해자 중 1명인 여성 고용주가 아이를 낳은 지 얼마 안 돼 산후우울증과 강박적 인격장애를 겪고 있었고, 아이들의 건강을 염려해 청결과 위생에 집착했다고 변호했다. 가정부 피앙 응아이 돈은 고용주 여성의 기대를 저버렸고 "너무 느리고, 비위생적이고, 너무 많이 먹었다"라는 이유로 살해당했다. 고용주 가족 모두는 그녀가 만든 밥을 먹고, 빨아준 옷을 입고, 아이에게 보내는 애정으로 삶을 유지할 수 있었지만, 피앙 응아이 돈은 '격리하고 훈육해야 하는 하인'이 되어 학대당했다.

잔혹한 여성 가해자와 불쌍한 여성 피해자라는 프레임은 여성 혐오적인 젠더 각본을 강화했다. 경찰관인 남편이 증거를 인멸하고 학대를 조장했다는 점은 중요한 사안이 되지 못했다. 여성 돌봄 이주자의 죽음은 다시 이기적이고 모성적인 여성 고용주의 문제로 환원되었다. 결국, 돌봄노동의 본질을 여성과 어머니의 일로 만들고, 돌봄노동을 하찮은 일로 간주하여 여성 돌봄 노동자의 노동권 보호에 무관심했던 사회는 계속 여성을 비난하고, 동정하는 방식으로 구조적인 불평등을 흐릿하게 만든다.

누가 돌봄받을 자격을 갖는가?

여성이나 주 양육자가 돈을 벌기 위해 집을 떠나면, 돌봄을 받아야 할 아이는 또 다른 돌봄 부재를 경험하게 된다. 미국의 페미니스트 사회학자 엘리 러셀 혹실드Arlie Russell Hochschild는 '글로벌 돌봄 사슬Global Care Chains'이라는 개념으로 현재의 글로벌 돌봄 이주를 설명한다. 글로벌 돌봄 사슬은 경제 부국의 부유한 가정 아이들을 돌보기 위해 집을 떠나온 이주 여성이 집에 남겨둔 자신의 아이를 돌보기 위해 친지의 무임 노동을 활용하거나, 저임금의 돌봄 노동자를 고용할 수밖에

김현미

없는 상황을 뜻한다. 돌봄노동은 이제 전 세계 사람들 사이에서 일련의 무임 및 유급노동이라는 사적 연결고리를 통해 수행된다. 이러한 연결고리는 '글로벌 마음 이식'이라 부르는 현상을 초래하는데, 소위 제3세계에서 제1세계로 '사랑'이 옮겨간다는 의미이다. 이런 의미에서 혹실드는 돌봄노동의 이주를 새로운 형태의 '감정 제국주의'라고 정의한다.[13] 경제부국은 자국민의 안녕, 좋은 삶과 노후, 건강을 위해 전 세계 개도국이나 빈곤국 이주민이 보유하고 훈련해 온 감정·돌봄·간호·노동·지식을 마치 천연자원처럼 마구 착취하고 값싸게 사용하지만, 정작 이주 노동자의 돌봄 요구는 외면하거나 무시한다.

결국, 상층부에서 양질의 돌봄을 받기 위해 돌봄을 위계화한 현 상황에서 돌봄 사슬은 누가 돌봄받을 자격을 갖고, 갖지 못하는가를 질문한다. 보통 이주 수용국은 이주자의 노동력 재생산과 건강 유지를 위해 그들에게도 돌봄이 필요하다는 요구에 반응하지 않는다. 이주민은 '돌봄을 받을 자격'이 없는 존재로, 이들이 고령화되면 쓸모없거나 '사회적 비용'을 축내는 부담스러운 대상으로 취급된다. 한국에서 오랜 기간 간병하고 아이를 돌보아 온 재중동포를 포함한 이주자의 안전, 건강, 노동권이 사회적 의제가 되지 못하는 것처럼 말이다. 오히려 점점 더 많은 수의 이주자가 돌봄노동이 부족한 문제를 해결하기 위해 한국으로 유입되고, 이주민에 대한 의존도가 높아질수록 그들에 대한 혐오 담론이 증가한다. 우리가 "원치 않는," 한국사회에 "기여한 게 없는", "열등한", "돈만 빼 가는", "범죄를 저지르는" 체류자로 이주민을 담론화하면서 나와는 완벽히 분리된 존재로 대상화하는 것이다.[14] 현재 한국에서는 집이나 요양원, 요양병원, 병원 등 '돌봄'이 필요한 모든 곳에 외국인 이주자들이 일하고 있다. 저가부터 고가까지, 모든 간병노동을 제공하는 요양병원에서 우리는 쉽게 중국 동포와 미얀마, 네팔, 태국, 베트남, 우즈베키스탄 등 다양한 국적의 외국인 돌봄 노동자를 만난다. 이 중에는 남성도 많다.

한국을 포함한 북반구의 경제선진국은 자국민의 돌봄 받을 자격을 보장하기 위해 점점 더 많은 수의 외국인을 불러들이고 이들의 돌봄 능력에 의존하면서 사회를 유지한다. 하지만 정작 돌봄 이주자는 돌봄받을 자격이 없는 존재로 여겨진다. 코로나와 같은 전 지구적인 전염병 상황에서도 한국사회는 방역과 재난 구호체제에서 이주자를 배제하며 이들에게서 돌봄받을 자격을 빼앗았다.

돌봄은 모든 인간의 일이다

돌봄권은 돌봄을 행하고, 돌봄을 받고, 돌봄을 강요당하지 않을 권리를 포함한다. '돌봄사회로의 전환'은 누구라도 돌봄을 받아야 하고, 돌봄을 받을 자격이 있다는 점을 인정하는 것에서부터 출발해야 한다. 이러한 전환이 경제력이 있는 북반구 특정 계층의 삶의 질을 향상하기 위한 시장화로 귀결되지 않으려면, 돌봄노동에 침윤된 계급·인종·젠더 불평등의 문제를 다차원적으로 고려해야 한다. 전 지구적으로 이동하는 돌봄 노동자는 노동권을 가진 노동자가 아니라 마치 하인, 노예, 가정부와 같은 존재로 취급된다. 그러나 돌봄 이주 노동자는 노동력의 구매와 판매라는 계약관계에 의해 이동할 뿐, 인종·국적·언어가 다른 사람을 돌보고 도움을 주는 존재이자 권리를 지닌 노동자이다.

돌봄노동이 전 지구적으로 시장화되는 것은 불가피한 길일지 모른다. 돌봄노동은 삶과 사람을 살리는 '필수노동'이기에 더더욱 글로벌 윤리와 정의의 관점에서 다뤄져야 한다. 이를 위해서는 먼저 돌봄노동을 모두에게 공유하고, 평등하게 분배하며, 그 사회적 가치를 인정해야 한다. 한국과 일본 등 동아시아 발전주의 국가들에서는 '가족'이 의식주의 제공부터 보육과 간호까지 돌봄의 최소 단위로 기능했다. 코로나19 위기로 다시 가족이 돌봄의 중층적 요구를 수행하는 장소가 되면서 여성에게 많은 부담을 지웠다. 여성은 돌봄시장에 나온 다른 여성의 돌봄노동을 사서 이 위기를 해결할 수밖에 없었다.

최근 국외에서 대규모로 돌봄 이주자를 데려와야 한다고 주장하는 전문가들 또한 한국 고학력 여성들의 취업과 사회 진출을 위해 '저렴한' 외국인 가정부를 '수입'해야 한다고 말한다. 이는 노동시장의 성 불평등이나 장시간 노동 구조로 노동자의 시간과 열정을 빼앗는 국가와 기업의 책임을 회피하고, 가족 내 돌봄노동의 공평한 분배를 문제 삼지 않은 채 돌봄 공동화를 다시 '여성'의 일로 환원하는 일이다. 한국사회가 현재의 돌봄위기를 맞이한 근본 원인은 여성이나 이주자가 돌봄노동을 해야 한다는 전통적 이데올로기를 해체하지 못했기 때문이다. 가족 내 민주화를 통한 남녀 간, 세대 간 돌봄노동의 공유와 정의로운 분배를 학습하지 않은 채 성인이 된 한국인들은 모든 역량과 사회적 인정 욕구를 임금노동에서 찾았다. 현재의 돌봄체계는 가정이나 사적 영역에서 여성의 무급노동, 여성 돌봄 노동자의 저임금 유급노동, 그리고 해외에서 유입된 돌봄 이주자의 노동으로 유지되고 있다. 이 돌봄 공급망에는 남성이 없다.

결국 사회를 운영하고 재생산하는 데 가장 필요한 돌봄은 다시 '여성'의 일로 본질화되고, 돌봄 노동자의 노동권 부재는 여성 간 글로벌 계급 격차로 인한 차별과 갈등의 문제로 재현된다. 한국의 젊은 여성들은 이전 세대 여성들처럼 돌봄노동의 '여성화'라는 트랩에 빠지는 것을 두려워하면서, 돌봄노

김현미

동의 책무를 갖지 않는 남성 표준적인 임금노동에 적극적으로 참여한다. 돌봄의 수행자가 주로 여성이라는 점 때문에 이들의 모성·사랑·헌신을 당연하게 전제하거나, 보살핌·양육·사랑이 생물학적으로 여성 신체에 묶여 있는 자질이라고 생각하는 경향을 해체하는 것이야말로 반드시 선행되어야 한다.

또한, 돌봄은 사랑·배려·헌신의 가치를 지향하지만, '돌봄노동'은 돌봄 제공자와 수혜자의 상호 협력만으로 원활하게 유지되기는 힘들고 혼자 오랜 시간 할 수 없는 노동이므로 다양한 사람들에 의해 공유되고 분배되어야 한다. 돌봄의 여성화에서 벗어나 돌봄을 어떤 인간이라도 필수적으로 수행해야 할 윤리적 능력으로 이해해야 하는 것이다. 마찬가지로 돌봄노동은 전 지구적 차원의 여성 이동을 통해서는 결코 해결될 수도 없고, 해결되어서도 안 된다. 이런 현상은 기존의 성차별주의와 인종주의를 강화하는, 정의롭지 못한 해결책일 뿐이다.

전 지구적 '함께 돌봄'의 윤리

한 국가의 사회적 돌봄 역량을 강화하는 일은 단순히 외국인 이주자를 싼값에 고용하여 해결할 수 없다. 돌봄노동은 본질적으로 '필수노동'이기 때문에 노동자의 노동력을 안전하게 재생산할 수 있는 높은 수준의 사회적 논의와 법 제도화가 필요하다. 다이애나 앨슨^{Diane Elson}이 제안했던 것처럼 인정, 축소, 재분배라는 삼중 모델로 돌봄노동의 가치와 재분배를 공식적인 제도 경제에 포함해야 한다.[15] 이 모델은 국가 통계에서 돌봄노동을 가시화할 수 있는 '시간 사용 조사' 같은 데이터를 체계적으로 수집하여 무급과 임금 돌봄 노동자의 노동량을 계산하고, 그 필요성을 인정할 것을 제안한다. 정부, 시장, 시민사회, 가족에 의해 돌봄노동이 어떻게 제공되고 있는지를 조사하고, 보건의료와 돌봄 서비스에 적극적으로 투자하여 여성이나 사회적 약자에게 부담을 떠넘겼던 돌봄 의무를 줄여나갈 수 있다. 이후 돌봄 필요와 돌봄노동을 어떻게 재배분할 것인지를 분석하여 돌봄노동에 참여하지 않았던 남성들을 참여시키고, 돌봄을 제공하는 것을 방해해 온 기업이나 고용주의 노동 관행을 변화시켜 나갈 수 있다. 이런 3R 정책*은 모든 사회 구성원이 임금노동과 돌봄노동을 평생 함께 수행하는 1인 노동-돌봄 시민^{worker-carer}이 되는 것을 목표로 한다. 이에 덧붙여 돌봄 노동자의 노동자 권리를 전 세계적으로 인정하고 보호하는 약속을 지켜나가자고 제안한다. 이미 국제노동기구는 2010년 「세계 가사 노동자 협약」을 만들었다. 한국 정부 또한

---

* 인정^{Recognize}, 축소^{Reduce}, 재분배^{Redistribute}를 의미한다.

김현미

2021년 「가사근로자의 고용개선 등에 관한 법률」을 제정하여 근로자성을 인정했다.

국가정책과 공적제도의 변화만큼 중요한 것은 우리 내부에 존재하는 성차별과 인종주의를 성찰하는 것이다. 빠른 경제성장과 케이팝의 인기로 한국은 이제 외국인에게 '욕망할 만한 국가'로 부상했다. 하지만 국민총생산이나 문화 콘텐츠와 같은 가시적인 경제적 부가 결코 그 사회 구성원의 인식 수준을 향상하는 것은 아니다. 이 과정에서 한국인의 우월성과 특권주의를 내재화하는 경향도 강해진다. 전 지구적인 불평등과 삶의 불예측성이 심화하는 상황에서 우리 각자는 안전하고 건강한 삶을 추구하기 위해 수많은 사람의 호의와 돌봄에 의존할 수밖에 없다. 그 돌봄의 상호 교환과 거래망이 전 지구적으로 확장되고 있기 때문에 세계 전체가 상호 존중하는 코스모폴리타니즘cosmopolitanism의 윤리적 지향 또한 필요하다.

돌봄은 무임이든 임금노동이든 인간과 생명체에 대한 연민, 동병상련, 용인, 희망의 마음에 기대어 수행하는 노동이다. 이런 돌봄 능력은 현란한 자본주의의 전시물이나 인공지능, 로봇 개발로 달성될 수 없는 매우 개인화된 윤리의 영역을 포함하기에, 더욱 어렵고 수준 높은 관계 기술을 요한다. 자발적 돌봄, 사회적 돌봄, 돌봄의 시장화가 균형을 이루면서 모든 이의 돌봄 욕구를 해결해 가는 사회를 만들어야 한다. 돌봄을 받을 수 있는 존재와 돌봄을 해야만 생존이 가능한 존재가 따로 있는 것이 아니다. 무엇보다 돌봄 역량을 갖춘 이가 높이 평가받는 사회를 만들어 돌봄의 전 지구적인 인종·젠더·계급 불평등을 해결해 가야 한다. 팬데믹 이후에 태동하는 사회적 기획은 부재한 것, 귀중한 것, 필요한 것을 알아내는 우리 사회의 공동체적 감각에 달려 있다. 돌봄은 팬데믹 이후의 사회적 소망을 표현하는 핵심 단어이다. 전 지구적 차원에서 돌봄 민주주의는 돌봄노동에 침윤된 성차별주의와 인종주의와의 싸움을 통해야만 이루어 낼 수 있다.

김현미

탈성장

지구의 성장이 멈추는 곳에서
돌봄이 시작된다

: 돌봄과 탈식민은 탈성장과 어떻게 만나는가

백영경

(제주대학교 사회학과 교수)

돌봄노동을 평등하게 재배치하기 위해서는

서구적인 삶의 양식이 아니면 낙후된 것으로

취급하거나 탄압하고 차별해 온 역사를 성찰해야 한다.

그런 의미에서 탈성장사회는 이윤이 아니라

삶의 유지와 안녕이 가장 우선시되는 사회이다.

이제 기후위기는 누구도 낙관적인 해결을 이야기할 수 없을 만큼 심각해지고 있다. 해마다 일어나는 대규모 산불로 북극의 영구동토층이 녹으면서 대량의 탄소를 배출해 온난화를 가속하고, 이는 다시 잦은 산불을 일으키는 악순환으로 이어지고 있다. 2022년 들어 일어난 일들만 검색해 봐도 위험을 알리는 소식들이 쏟아진다. 가령, 2021년 한국의 겨울철 산불은 예년보다 3배 이상 증가했다.* 직접적인 원인으로는 입산자 실화失火(실수하여 낸 불)가 제일 큰 비중을 차지하지만, 기후

---

* 국립산림과학원의 발표에 따르면 지난 10년간 겨울철 산불 발생이 평균 11건인 데 비해, 2022년 1월까지 33건이 발생했다.

지구의 성장이 멈추는 곳에서 돌봄이 시작된다

변화로 인한 겨울철 고온 현상과 가뭄 탓에 중대형 산불로 쉽게 번지고 있다. 구글은 연간보고서를 통해 글로벌 공급망 위협 요인으로 기후위기의 여러 측면을 언급했는데, 그중 하나로 산불 확산을 막기 위한 전력 차단 사태도 지목되었다.[1] 구글 미국 지도는 2020년부터 산불 위험 정보를 실시간으로 제공하고 있고, 호주에서는 산불과 전염병으로 코알라가 멸종위기종으로 지정되었다는 소식이 들려왔다. 해수면 상승으로 섬나라들이 사라지고 있음은 물론, 2020년 초 아프리카 대륙에서는 열대 폭풍 '아나Ana'로 인해 마다가스카르, 말라위, 모잠비크 등의 국가가 큰 피해를 입었다. 기온 상승으로 인해 코로나19 이외에도 여러 전염병이 창궐하고 있을 뿐 아니라 동식물 역시 큰 피해를 보고 있다.

한반도에서도 농업이나 어업 등 자연 의존적 생업에 종사하는 시민들이 생태계의 변화에 민감해진 지는 꽤 되었다. 한여름 폭염이나 미세먼지, 밥상물가 등 제한적인 영역에서만 민감하게 반응하는 도시민과 달리, 달라진 기후 속에서 무엇을 경작해야 하는지, 어류자원의 변화나 잦아지는 태풍에 어떻게 대처하고 무엇을 언제 출하해야 하는지는 이들에게 생계가 달린 문제이다. 2021년 겨울, 한반도 남쪽 지방에서 벌어진 꿀벌 실종 사태나 김 양식장 피해 사태는 기후위기의 문제가 얼마 지나지 않아 먹고사는 일 자체를 위협하게 되리라는 사실을 알려준다. 폭염으로 인한 피해나 잦은 전염병을 인간만이 아니라 동식물도 함께 경험한다는 것은 생태계 자체가 무너지고 있음을 보여준다. 당장 해수면 상승으로 거주지가 물에 잠기거나 인간이 버티지 못할 정도의 고온 현상이 나타나지 않는다고 해도, 먹을 것이 부족해져 위협받는 상황이 벌어질 수 있다.

　이렇듯 곳곳에서 감지되는 기후위기 속에서 어떤 식으로든 이에 대한 대응이 필요하다는 사실은 부인하기 어려워졌다. 위기의 성격에 대한 진단, 개입의 방향에 관한 판단, 근본적인 변혁의 필요성과 체제 전환에 대한 요구에 있어서는 서로 다른 입장일 수 있지만, 이제 기후위기에 관한 논의는 앞으로 우리가 어떤 미래를 꿈꾸고 만들어 갈 것인가를 둘러싼 경합이 펼쳐지는 장場으로서 기능하고 있다. 불과 10여 년 만에 위기의 심각성을 알리고 대응의 필요성을 역설하는 데서, 과연 서로가 주장하는 기후위기 대응 방식이 적절하고 충분한지로 옮겨 온 셈이다.

탈성장, 해답이 될 수 있을까?

　사회의 모든 부분에 침습하여 영향력을 확장하려 하는

자본주의체제의 속성을 고려하면, 현재 제시되고 있는 기후위기에 대한 진단이 근본적인 원인을 외면하고 기술관료적 해결 technocratic fix만을 추구하고 있지는 않은지 냉정하게 따져봐야 한다. 기후위기의 핵심 원인으로 자본주의의 무한한 성장주의가 지목되며, 탈성장의 필요성이 제기되었다. 그간 탈성장을 둘러싸고 여러 논의가 전개되어 왔다. 갑작스러운 성장의 중단이 기존 시민의 삶에 부정적인 영향을 미칠 수 있다는 우려, 탈성장 담론은 글로벌 북반구 중심의 논의이며, 여전히 발전이 필요한 글로벌 남반구의 삶을 반영하지 못한다는 지적 등 쉽게 무시할 수 없는 비판도 존재한다. 우리가 추구해야 할 것은 적정한 수준의 성장이지 탈성장은 아니라는 반론도 제기된 바 있다.[2]

이에 대해 탈성장론 진영에서는 탈성장이란 역성장이 아니며, 성장과는 아예 다른 관점에서 삶을 재조직할 것을 촉구해 왔다고 주장한다. 탈성장론이 글로벌 북반구 중심의 담론이라는 입장에 대해서도, 자본주의 경제체제가 가져온 기후위기를 비롯한 생태적 재앙에 대한 비판이 글로벌 북반구에서는 '탈성장'이라는 개념을 중심으로, 글로벌 남반구에서는 '기후 정의'라는 개념을 중심으로 전개된 것은 맞지만, 이 두 흐름이 뚜렷하게 구분되지 않는다고 설명한다.[3] 실제로 에콰도르의 부엔 비비르Buen Vivir*를 비롯해 탈성장의 흐름 속에 있다고 볼 만한 여러 실험이 글로벌 남반구에서 일어나고 있다. 발전을 앞세운 결과 글로벌 남반구에도 빈곤과 불평등이 심화한 것을 감안할 때, 탈성장론을 무조건 글로벌 북반구의 담론으로 바라보는 것은 적절하지 않다.

또한, 원료 조달부터 노동력, 유통과 판매에 이르는 모든 단계가 전 지구적으로 수행되고 있는 현실을 고려하면, '적절한 성장'이라는 개념은 한 국가의 성장이 다른 국가에 폐해를 가져다주는 상황을 보지 못하게 만들 수 있다. 가령, 한국에서도 적절한 성장의 규모를 논의하기에 앞서, 이주 노동자들이 한국으로 들어옴에 따라 본국에 생겨나는 노동력과 돌봄의 공백문제, 토지 및 원료 수탈의 문제, 공해 산업과 폐기물의 수출문제, 현지 노동력에 대한 저임금과 인권탄압문제를 고려해야 한다.

기후위기가 절박한 문제로 닥쳐온 지금, 중요한 것은 전환을 위한 큰 담론의 방향을 모색하면서 동시에 현실적인 차원의 문제를 놓치지 않는 것이다. 탈성장론이 작동하는 방식을 구조적으로 살피면서 현실에서 놓치고 있는 것은 없는지, 혹은 필요하다고 말은 하면서도 실천에 있어서는 계속 배제되

---

* '좋은 삶'을 뜻하는 부엔 비비르라는 개념은, 물질적 풍요가 아닌 인간과 공동체의 조화로운 관계, 공존과 공생의 삶을 지향한다. 에콰도르는 2008년 헌법 개정을 통해 부엔 비비르와 자연의 권리를 명문화했다.

지구의 성장이 멈추는 곳에서 돌봄이 시작된다

는 영역이 없는지 살펴볼 필요가 있다. 탈성장론을 학술적 담론을 넘어 사회정의와 생태 건전성을 지향하는 중요한 실천적·체제 전환적 사회운동의 장으로 볼 때, 그 필요성은 더욱 도드라진다.

탈성장과 돌봄

탈성장론은 1970년대 형성된 이래로 성장지상주의에서 탈피해 에너지와 물질의 사용을 자발적으로 줄이고, 가치를 재조정하며, 제도를 바꾸어 인간과 생태계에 대한 해를 줄이는 것을 목표해 왔다. 따라서 처음부터 '돌봄'이라는 가치에 친화적이었다. 실제로 탈성장론과 에코 페미니즘은 비슷한 시기에 발전하기 시작해 유사한 가치를 목표로 삼았다.*

앞서 이야기했듯 글로벌 북반구 중심의 담론이라는 비판도 받지만, 사실 탈성장론은 애초에 글로벌 북반구의 생활방식이 환경 및 노동 착취에 따른 비용을 다른 지역으로 전가

---

* 물론 탈성장론을 한 가지 경향으로만 이야기할 수는 없는 데다가 1980년대 후반 이후 환경 거버넌스와 지속 가능한 성장, 녹색 성장, 윤리적 소비 등 성장주의에서 완전히 벗어나지 못한 흐름이 지배하면서 탈성장론 자체가 주춤했던 것도 사실이다. 이에 따라 탈성장론으로는 성장의 폐해를 저지하는 데 한계가 있었다는 평가도 존재한다.

백영경

하면서 '제국적 삶의 양식imperial mode of living'⁴을 유지해 왔다는 반성에서 출발했다.⁵ 제국적 삶의 양식은 생태적으로 지속 불가능할 뿐만 아니라, 삶을 유지하는 데 필요한 노동을 여성이나 글로벌 남반구(혹은 남반구 출신 사람들)에 떠맡기고, 식민 지배를 받는 나라들의 자원을 약탈하며 유지되었다.⁶ 소위 '발전'을 이루었다는 나라에서도 일반 시민들이 영위하는 삶은 글로벌 남반구 시민들의 희생 없이는 불가능하다. 이러한 점에서 제국적 삶의 양식을 비판하는 탈성장론은 젠더 및 탈식민의 문제의식을 더욱 중요하게 다루었어야 한다.

그러나 탈성장론은 생태와 젠더 및 식민문제 사이에서 늘 생태문제를 우선해 왔다. 이는 2016년 형성된 '페미니즘들과 탈성장연대Feminisms and Degrowth Alliance, FaDA'가 주류 탈성장론에 던진 가장 큰 비판이기도 하다. 코로나19 이후 탈성장론이 돌봄을 중심으로 가치를 전환하고 페미니즘을 적극적으로 표방하면서 연대를 추구한다고는 하지만, 아직 그 관계는 구체적으로 드러나지 않았으며 지역에 따라 큰 편차를 보인다. 돌봄의 가치에 대한 강조, 자연을 수탈의 대상으로 여겨온 근대 자본주의 및 여성의 몸과 노동력 지배에 대한 비판 등 원칙적인 차원에서는 페미니즘과 맞닿아 있지만, 생태문제의 긴박성 앞에서 젠더문제가 뒷전으로 밀리고 있다는 비판은 계속되는 중이다.

　　　　　지구의 성장이 멈추는 곳에서 돌봄이 시작된다

이러한 문제의 원인 중 하나는 돌봄을 중심으로 사회를 전환하는 과정에서 왜 젠더문제가 중요한지, 페미니즘적 접근이 왜 필요한지 등 구체적 인식은 부재한 경우가 많기 때문이다. 돌봄의 가치를 재평가하자는 주장에 집중할 뿐, 여성에게 집중된 돌봄노동의 성별 집중 현상을 개선하려고 노력하지 않는 경우도 많다. 이러한 상황에서는 기존 탈성장론이 주장하는 것처럼 점증적이고 해방적인 방식으로 돌봄을 탈상품화할 수 없다. 여성주의적 개입 없이는 되레 탈성장론에 입각해 이루어지는 돌봄의 사회화가 돌봄노동의 상품화를 확대할 수도 있다.

탈성장 페미니즘에서 '탈성장'이 중요한 이유는, 돌봄문제가 해결되기 위해서는 시장에서 거래되는 화폐가치에 따라 노동의 가치를 평가하고, 공적 영역과 사적 영역, 생산 영역과 재생산 영역을 구분하며, 여성노동의 가치를 끝없이 평가절하하는 체제를 변화시켜야 하기 때문이다. 반대로 탈성장 페미니즘에서 '페미니즘'이 중요한 이유는, 탈성장이 제대로 이루어지기 위해서는 이제까지 여성에게 집중되어 온 돌봄노동이나 여성이 담당해 온 출산과 양육이 사회 재생산 과정에서 필수적이었음에도 사회적 가치를 인정받지 못했던 사실이 결국은 자본주의체제를 작동하는 데 핵심적인 역할을 했기 때문이다. 그렇게 보면 돌봄을 중심으로 사회를 재편한다는 것은 현재 이루어지고 있는 남성과 여성의 고정된 성 역할뿐 아니라, 가족제도 전반이나 핵가족 중심으로 이루어지는 돌봄의 현실에 대한 비판 없이는 이루어지기 어렵다.

대가가 아닌 가치로서의 '돌봄 소득'

그렇다면 탈성장 페미니즘이 체제 전환을 위해 구체적인 의제로 제시하고 있는 것은 무엇일까? 가장 현실적인 방안은 '돌봄 소득care income'이다. 보편적 기본 소득universal basic income의 문제의식을 확장하여 돌봄을 수행하는 모두에게 소득을 지급하는 방식으로, 이를 통해 돌봄중심사회로의 전환을 꾀하고자 한다.[7] 돌봄 소득을 주장하는 사람들은 소득 자체가 목적은 아니며, 돌볼 수 있는 사회를 만들고 개인의 돌봄 역량을 증진시키는 것을 목표로 한다고 강조한다. 하지만 돌봄 소득이 어떻게 산정되고 지급되어야 하는지에 대해서는 각 사회가 처한 현실에 따라 다양하게 모색되어야 할 일이라며 구체적인 방안을 이야기하고 있지는 않다.

이를 한국 상황에 대입해 보자. 돌봄 소득이라는 개념이 낯설기는 하지만, 이미 돌봄에 대한 보상으로 주어지는 소득은 다양한 형태로 지급되고 있다. 대표적으로 종일제 아이 돌봄 서비스를 이용하지 않는 가정에 주어지는 가정 양육 수당, 노인장기요양 서비스를 이용하지 못하는 가족에게 지급되는 가족요양비 등이 있으며, 요양보호사 자격증을 가진 사람은 아픈 가족을 돌보며 국가로부터 임금을 받는 것도 가능하다. 문제는 이러한 돌봄 수당이 가족을 1차적인 돌봄의 책임자로 간주하여 가족 위주의 돌봄체제를 유지시키고, 나아가 가족을 돌보는 노동의 가치를 타인을 돌보는 노동에 비해 낮게 평가하고 보상한다는 점이다.[8] 결국 가족 돌봄을 수행하는 이들은 더 높은 임금을 쫓아 타인을 유급으로 돌보면서 자신의 가정은 돌봄 공백에 시달리게 둘 것인가, 아니면 자신의 가족을 돌보는 무임노동과 타인을 돌보는 유급노동을 동시에 수행하는 이중노동의 부담을 질 것인가, 그도 아니면 사랑의 이름으로 가족이라는 울타리 안에서 돌봄노동을 낮은 보상으로 수행할 것인가 하는 갈림길에 서게 된다.

만약 한국에서 돌봄 수당이 지급된다면 현재의 가족제도와 규범 안에서 이루어지는 돌봄노동에 보상을 하는 방식이어서는 안 된다. 돌보고자 하는 사람 누구나 자기 자신을 포함하여 원하는 사람을 돌볼 수 있도록 사회의 변화를 유도하는 방식이 되어야 한다. 특히, 한국처럼 장시간노동이 문제가 되는 사회에서 돌봄을 민주적으로 재분배하는 데 있어서 가장 큰 걸림돌은 임금노동 종사자 대부분이 누군가를 돌볼 시간이 없다는 것이다. 이는 가족 구성원 중 임금을 받지 않거나 상대적으로 낮은 임금을 받는 사람, 즉 주로 여성이 독박 돌봄을 수행하게 만든다.

즉, 한국사회에서 돌봄을 확대하기 위해 가장 중요한 것은 돌볼 수 있는 시간을 확보하는 일, 노동시간의 감축이다. 지금 논의되고 있는 노동시간 감축 의제의 경우, 그 혜택이 일부 직종의 정규직에 한정된다는 한계가 있다. 돌봄을 가능하게 하는 수당으로 논의를 확장하면 사회 전반의 유급노동시간을 축소할 수 있을 것이다. 여기서 돌봄 수당이란 돌봄 행위 자체에 주어지는 보상이라기보다는, 돌봄중심사회로 나아가기 위한 하나의 방식이라고 할 수 있다.

자본과 복지를 넘어, 가치를 질문하는 돌봄

돌봄에 대한 강조만으로는 돌봄중심사회로의 전환도, 탈성장도 이루어 내기 어렵다. 탈성장 페미니스트들은 탈성장이 지역 간, 세대 간, 지역 내 생태 부정의를 가져온 '과도하게 발전된 제국적 삶의 양식'에 대한 비판에서 출발했음을 강조한다. 다만, 탈성장의 목표를 달성하기 위해서는 현실 세계에서 돌봄이 이루어지는 방식 자체에 이미 제국적 삶의 양식이

지구의 성장이 멈추는 곳에서 돌봄이 시작된다

깃들어 있음을 인지해야 한다고 주장한다. 그들은 돌봄문제를 개선하기 위해서 돌봄노동과 환경문제에서 어떤 방식의 젠더 분업이 이루어지고 있는지, 나아가 국제적으로 어떤 분업체계가 작동하고 있는지를 살펴볼 필요가 있다고 본다.

　이미 현실에서 돌봄노동이 수행되는 방식은 글로벌 이주문제를 빼놓고는 이해하기 어렵다. 글로벌 이주는 젠더화되어 있고, 인종적 위계를 동반한다. 글로벌 북반구 국가에서는 여성에게 쏠린 돌봄노동의 현실을 개선하고 남녀 모두 임금노동자로서 평등한 지위를 누리기 위해 여러 노력을 기울이고 있다. 하지만 탈성장이나 전 지구적 차원의 부정의에 대한 인식이 없이 이루어져, 종종 의도하지 않은 부작용을 발생시키기도 한다. 따라서 돌봄에서 젠더정의를 실현하기 위한 노력은 탈식민 운동과 탈성장을 함께 고려해야 한다.[9]

　실제로 돌봄노동, 그중에서도 무급의 돌봄노동은 기존 경제 이론에 내재한 젠더 규범과 남성중심주의적 성격을 잘 드러낸다. 탈성장을 내세우지 않는 기존의 페미니스트 경제학에서는 돌봄노동을 바꾸기 위한 전략으로서 '회피하기avoiding, 변화시키기modifying, 이전하기shifting, 재배치하기redistributing'라는 네 가지 방법을 제시하고 있다.[10] 개인적인 차원에서 자신에게 떠맡겨지는 부당한 돌봄노동을 거부할 수도 있고(회피하기), 일상에서 필요한 돌봄을 남에게 맡기는 태도를 변화시킴으로써 타인에게 전가하는 돌봄노동의 총량을 줄일 수도 있다(변화시키기). 그러나 기본적인 돌봄의 필요가 제대로 충족되지 못하는 상황에서, 지금보다 좋은 사회란 더 많은 돌봄이 이루어지는 사회이지 돌봄의 필요가 줄어드는 사회는 아니다. 따라서 여성에게, 아랫사람에게 맡겨지는 방식으로 자신만 돌봄을 회피하는 것은 근본적인 대책이라고 할 수 없을 것이다.

한편 기술을 통해 돌봄이 이루어지는 방식을 변화시키려는 것(이전하기) 역시 근본적인 해결이 아님은 분명하다. 어떤 노동은 기계로 대체할 수 없기도 하고, 기계화가 노동의 결과에 대한 기대치를 높여 장기적으로 더 많은 노동과 관리를 가져올 수 있다는 문제도 있다. 결정적으로 돌봄과 관련된 모든 노동을 기계화하면 막대한 생태 비용이 든다. 최근 들어 돌봄노동 인건비가 상승하면서 이를 대체하기 위해 가전제품을 많이 생산하고 있다. 이때 자원이 엄청나게 소비된다는 사실은 말할 것도 없고, 빠른 주기로 만들어지고 버려지면서 쓰레기 증가에도 크게 한몫하고 있다. 게다가 글로벌 북반구 소비자들이 감당할 수 있을 만한 가격으로 제품을 생산하기 위해서는 글로벌 남반구의 저임금노동이 전제되어야 한다.

이제까지 무급으로 이루어지던 노동을 유급으로 전환하는 문제에 대해서는 페미니즘 내부에서도 의견이 엇갈린다. 탈성장 페미니즘에서는 돌봄노동의 유급화 전략이 삶의 더 많은 부분을 화폐화하여 또 다른 문제점을 가져올 수 있다고 지적한다. 그러나 기본적으로 운동의 차원에서는 지나치게 저평가되어 있는 돌봄노동의 대가를 상향하는 문제를 도외시할 수 없다.[11] 탈성장 페미니스트들은 현재 이루어지고 있는 방식, 즉 국가의 지원 확대를 통한 돌봄의 사회화는 결국 화폐와 시장을 매개로 할 수밖에 없다고 본다. 국가가 돌봄을 책임지는 복지국가의 모델 역시 특수한 역사적 맥락에서 만들어졌다. 기후위기에 대한 문제의식을 바탕으로 볼 때, 서구 복지사회를 가능하게 한 대량생산 대량소비사회는 글로벌 남반구의 노동과 자연을 착취하고 현재의 환경 재앙을 가져온 화석연료체계를 기반으로 만들어졌다는 사실을 잊어서는 안 된다고 지적한다.

물론 돌봄체제로의 전환에 있어서 국가가 수행해야 할 역할이 없는 것은 아니다. 세계 곳곳에서 그나마 이루어지고 있는 국가 지원마저 축소될까 봐 전전긍긍하는 상황에서, 국가의 책임을 강조하는 것이 중요하지 않다는 의미도 아니다. 다만, 국가의 지원 확대는 하나의 방법일 뿐 목표가 될 수 없다. 이제는 돌봄의 영역을 화폐화할 것인가 말 것인가의 문제를 넘어서, 공적 영역과 사적 영역, 생산과 재생산, 생산과 소비 등의 개념 사이의 경계를 어떻게 다시 만들어 갈 것인지 질문해야 한다. 실제로 임금노동과 무임노동의 경계를 어떻게

설정하느냐, 노동의 가치를 어떻게 평가하느냐는 자본주의사
회를 작동시키는 근간이기도 하다.

우리에게 필요한 '돌봄 커먼즈'

돌봄의 영역에서 탈상품화된 돌봄을 추구하고, 그러면
서도 국가의 지원에 전적으로 의존하지 않는 방식을 모색하다
보면, 결국 국가와 시장을 넘어선 공통영역, 다시 말해 '커먼즈
commons'가 필요하다는 인식에 도달하게 된다.* 실제로 삶의 공
동 영역으로서 커먼즈가 작동하기 위해서는 화폐화되지 않은
자발적인 돌봄이 필수적이다. 따라서 커먼즈의 핵심에 돌봄이
있다고 보아도 무방하다. 하지만 현실에서 페미니스트에게 커
먼즈는 여성들의 자발적인 노동을 당연시하는 곳으로 여겨지
기도 한다. 그러면서 적은 임금이나마 제공하는 시장만도 못

---

* 커먼즈의 규범 표기는 '코먼스'이지만, 이 책에서는 대중에게 더 익숙한 표기를 사용하
기로 한다. 공유지, 공유재 혹은 공동자원으로도 번역되는 커먼즈는, 토지·물·숲·공간 등과
같이 잠재적인 사용자를 배제하는 것이 사회적으로 용인되지 않고, 한 주체의 사용량이 증
가함에 따라 다른 사용자들이 사용할 수 있는 양이 감소하는 자연적 자원이나 인공시설로
정의된다. 하지만 현대 정치에서는 자각한 시민들이 스스로의 삶과 자원을 자신의 손으로
책임지겠다는 비전으로 이해하여, 공유와 협동, 호혜성과 사회문화적 변화에 기반한 새로
운 사회적 실천과 가능성의 공간임을 강조하기도 한다. 자세한 내용은 다음을 참조하라. 「복
지와 커먼즈」(2017, 《창작과비평》 45권 3호).

하다는 의혹을 받는 곳이기도 하다. 생태적 가치를 앞세워 상품의 사용을 꺼리는 한편, 그에 따라 늘어나는 노동을 민주적으로 나누려 하지 않는 집단을 상상해 보자. 결국 늘 돌봄을 해오던 여성이나 억지로 할 수밖에 없는 약자가 그 일을 떠맡게 될 것이다. 이러한 사례들을 몇 번 경험하고 나면, 커먼즈에 대한 거부감과 의혹도 증가할 수밖에 없다.

그러나 현실의 모든 커먼즈가 각각이 지향하는 가치를 모두 구현하지 않는다는 점을 기억해야 한다. 나아가 그것이 체제 변혁을 위한 커먼즈인지, 혹은 공동체적인 가치를 내세울 뿐, 현실의 체제를 변화시키는 데는 관심이 없는 커먼즈인지 그 성격을 구분할 필요도 있다. 가령, 임금노동과 무임노동, 공과 사, 개인과 공동체, 자연과 인간 사이에 존재하는 이분법을 문제 삼는 커먼즈는 체제 변화를 목표로 할 것이다. 그러한 경우에는 특정 성별에만 돌봄노동이 부과되지 않도록 분배하는 내용이 포함되어 있는지, 나아가 작은 단위의 집합적 삶을 넘어서 현재 돌봄이 이루어지고 있는 국제적 분업 구조에 대한 문제의식을 가지고 있는지에 따라서 커먼즈의 성공 여부가 달라진다. 체제를 변화시키려는 적극적 노력 없이 국가와 시장이 아닌 공동체 그 자체를 목적으로 하다 보면 자원봉사와 다름없는 돌봄을 강요하는 일도 자주 발생하게 되고, 이는 차라리 시장에서 제값을 받는 것이 중요하다는 반발만 일으킬 우려가 있다.

돌봄 커먼즈를 구상할 때는 젠더적 관점뿐만 아니라 탈식민적 관점도 필요하다. 돌봄 커먼즈를 글로벌 북반구 시야에 한정해서 이야기하다 보면, 공동육아나 노인 돌봄을 위한 사회적 협동조합이나 사회적 기업, 마을 공동체가 운영하는 돌봄 공간 정도에서 상상력이 멈추는 경우가 많다. 동시에 앞에서 열거한 대안적 돌봄 모델이 그 자체로 의미가 없는 것은 아니지만, 체제 전환의 고리로서는 약하게 느껴지기도 하며 '과연 이러한 시도들이 대안이 될 수 있을까?' 하는 회의를 불러일으킨다.

돌봄 커먼즈 논의를 발전시키기 위해서는 도시 중산층의 삶이나 글로벌 북반구를 넘어 시야를 넓혀야 한다. 역사적으로 자본주의적인 방식 바깥에서 많은 공동의 삶이 이루어져 왔다. 한국에서도 빈민들이 생존하는 데 있어서 돌봄 커먼즈는 이미 매우 중요한 역할을 해왔다. 가령, 쪽방촌을 재개발한 후에 원래 살던 주민들이 다시 정착할 수 있도록 하더라도, 변화된 주거 형태나 공간 배치 속에서 이전에 도움을 주고받던 관계가 끊어져 버리는 경우, 공동의 삶 자체가 파괴된다. 현실 세계에는 이미 가족을 넘어서, 국가나 시장에 의존하지 않는 방식으로 이루어지는 돌봄이 존재하며, 이러한 돌봄이 없었다면 세계는 지금까지 지속될 수 없었을 것이다. 이제 돌봄을 취약계층이나 빈곤 지역, 저개발된 지역이 살아남기 위해 어쩔 수 없이 해온 일로만 보는 것이 아니라, 돌봄에서 사회변혁을 위한 단초를 발견하는 것이 관건이다.

돌봄이 이루어지는 단위가 나의 가족으로 한정되고, 돌봄을 통해서 내 가족의 지위와 재산만 유지하려 한다면, 돌봄은 결코 대안적 가치가 될 수 없다. 사회를 전환할 가치로 자리매김하기 위해서는 돌봄에 대해서도 다른 상상이 필요하다. 가족은 무엇일까? 혈연에는 어떤 가치가 있을까? 이웃은 누구일까? 좋은 휴식이란 무엇이고, 내 몸을 잘 돌본다는 것은 어떤 것일까? 잘 살고 잘 죽는다는 것은 어떤 의미일까? 인간은 자연과 우주 속에서 어떤 존재일까? 이제는 서구 중심의 근대적 사고에서 벗어나 이러한 질문에 답해야 한다. 약자에게 돌봄을 전가하지 않는, 돌봄노동의 평등한 재배치를 위해서는 전 지구적 차원에서 이루어진 분업과 인종주의의 문제, 서구적인 삶의 양식이 아니면 모두 낙후된 것으로 취급하거나 탄압하고 차별해 온 역사를 성찰해야 한다. 그런 의미에서 탈성장사회는 이윤이 아니라 삶의 유지와 안녕이 가장 우선시되는 사회이며, 코로나19 이후 돌봄이 중심 가치가 되는 변혁적인 사회를 만들기 위해서는 탈성장에 더해서, 탈식민과 교차성의 시각을 잃지 않는 페미니즘이 요구된다.

"위기의 최전선에 선 우리가 대안이다"

　　돌봄노동의 여성 쏠림 현상을 개선하고 돌봄을 수행할 수 있는 시간적 여유를 확보하는 일이 제국적 삶의 양식을 강화하는 방향으로 이루어지지 않으려면, 지금의 체제를 바꾸지 않고는 돌봄문제가 온전히 해결될 수 없음을 인지해야 한다. 돌봄문제는 기후위기를 악화시키는 식민주의나 성장주의적 자본주의와 같이 더 거시적인 차원의 문제이다. 이제는 돌봄 노동자의 현실을 고발하는 데서 한발 더 나아가, 돌봄 노동자들 역시 기후위기가 가져오는 위협의 '최일선'에 있으며, 동시에 체제 전환을 위한 '최일선 공동체frontline community'의 일부임을 인식할 필요가 있다.[12]

　　기후위기 속 '최일선 공동체'라는 개념은 기후변화의 결과를 가장 먼저, 가장 심각하게 경험하는 집단을 의미한다. 주로 빈곤층·유색인·토착민·소수자 집단이나 기후변화가 극심한 생태계에서 살아가는 지역 주민들을 포함한다. 이들은 기후위기 이전에도 이미 불이익과 차별에 노출되어 있었던 경우가 많으나, 특히 기후변화에 대처할 자원을 제대로 가지지 못한 집단이다.[13] 기후위기의 해결에 있어서 최일선 공동체의 현실과 관점을 반영하는 일이 중요한 이유는, 바로 이들이 문제해결의 주체가 될 수 있다는 인식과 연결되어 있다. 최일선 공동체는 기후변화에 가장 취약하게 노출되어 있는 집단이기도 하지만, 동시에 말 그대로 기후변화의 '최일선'에서 저항해 온 집단이기도 하다.[14] 현재 세계 곳곳에서 진행되고 있는 주요한 환경 정의 투쟁은 원주민들을 주축으로 진행되었다. 1990년대에 만들어진 원주민 환경 네트워크the Indigenous Environmental Network는 최근 선라이즈 운동the sunrise movement*으로 이어졌다. 이들은 그저 취약한 집단이 아니라 노동 및 여성문제를 비롯하여 경제 정의 이슈들을 광범위하게 다루는 새로운 사회운동 세력으로 부상하고 있다.[15]

최일선 혹은 최전선 공동체라는 용어는 최근 한국의 기후위기 대응 운동에서도 사용되기 시작했다. 2021년 8월, 탄소중립시민회의는 탄소중립위원회를 비판하면서 허울뿐인 시민 참여 대신 "최전선 시민과 영역의 목소리"를 들을 것을 요구했으며[16], 10월에는 기후 정의 행동 참가자 일동의 이름으로 "기후위기 최전선에 선 우리가 대안이다, 우리가 희망이다"라는 성명을 발표했다.[17] 기후 정의 행동 참가자들은 "기후위기 최전선의 민중과 공동체는 '취약계층'이 아니라 변혁의 주체이며, 청소년, 청년, 빈민, 장애인, 여성, 노동자, 농민은 기후위기

---

* 2017년 4월, 기후변화를 멈추고 좋은 일자리 창출하는 것을 목표로 미국 청년들의 주도 하에 결성된 기후 행동 단체이다.

시대에 더 큰 피해를 겪는다는 이유에서 취약계층이라 말해지지만, 이는 민중의 취약함이 아니라 체제가 만들어 낸 권리의 박탈과 배제의 결과일 따름이며, 이러한 '착취와 폭력'에 맞서 싸우는 기후위기 최전선의 민중과 공동체는 기후위기를 넘어설 변혁의 주체"라고 선언하고 있다. 여기에서도 최일선 공동체의 의미는 취약성과 투쟁의 주체라는 이중적인 의미를 담고 있는데, 중요한 것은 그 두 가지 측면이 결코 분리되지 않는다는 사실이다. 취약함의 성격이나 원인이 제대로 공유되지 않고, 거기에 맞서는 투쟁의 전망이 보이지 않으며, 다양한 방식으로 맞서는 주체들이 함께 연대할 가능성이 확보되지 않는다면, 취약함은 그저 취약함에 그칠 수밖에 없다. 그런 면에서 최일선 공동체가 맞서 싸우고 있는 위협의 내용이 무엇이고, 그들은 어떤 종류의 취약함에 노출되어 있으며, 그러나 어떤 방식으로 투쟁하면서 새로운 가능성을 열어가고 있는지를 적극적으로 규정하고 의미를 읽어내면서 새로운 연대를 열어가는 것이 중요하다.

이를 돌봄의 문제로 확장해 보자. 여성의 재생산노동을 비경제적인 영역으로 규정하면서 평가절하하고, 돌봄노동을 값싼 저임금노동으로 만들어 착취하며, 돌봄의 지구적 연쇄 효과를 통해 글로벌 남반구로 그 부담을 전가하는 체제는 자연을 착취하고 비용을 외주화한 끝에 기후위기를 낳은 체제와 다르지 않다.[18] 현재의 위기는 소위 생산노동만을 노동이라 여기고, 물질적으로뿐 아니라 감정적으로도 사회를 생산하고 유지하고 보수하는 재생산노동을 평가절하해 온 체제의 결과이다.

현재 돌봄 노동자들이 겪고 있는 문제는 기후위기와 관련된 감염병위기로 인해 그 상황이 악화되었다는 점에서, 이들의 취약성과 투쟁을 모두 최일선 공동체의 문제로 재평가할 필요가 있다. 최일선 공동체라는 발상과 실천이 기후변화와 관련되어서 출현한 것은 사실이지만, 좁은 의미의 기후재난 피해에 갇혀야 할 일은 아니다. 특히 코로나19가 기후위기와 무관하지 않다는 것을 인정한다면, 2022년 현재 코로나가 3년째 지속되는 상황에서 고통받고 있는 의료와 교육 노동자들은 최일선 공동체의 일원임이 분명하다. 따라서 이들이 주장하는 공공의료 확충과 의료진의 안전, 전염병 속에서도 제대로 배우고 가르칠 수 있는 권리 역시 새로운 의미를 부여받아야 한다. 사회적 재생산 영역인 교통과 주거, 교육, 복지 등에서 공공성을 확대하고 그 권리를 보장해 가는 투쟁은 이윤만을 추구하는 자본주의적 체제에서는 달성되기 어려운 숙제이다. 하지만 돌봄에서도 이러한 투쟁 없이 그 위기를 해결할 수 있기를 기대하기는 어렵다.

돌봄 노동자의 현실이 어렵다고 해서 이들의 문제를 취

약성의 차원으로만 접근하는 것은 옳지 않다. 돌봄을 사회의 중심 가치로 전환하려는 목적이 돌봄의 공백을 메우는 데 한정되어서는 안 된다. 돌봄의 문제를 단지 돌봄 부담을 경감하는 해결책으로 접근하게 될 때, 그 해결책은 지구적인 불평등이나 환경 정의의 문제를 더욱 악화시킬 수도 있다. 코로나19 이후 우리가 겪고 있는 돌봄의 위기는 기후위기와 무관하지 않을 뿐 아니라, 삶에 대한 근본적인 인식 전환과 이를 통해 사회구조를 바꾸려는 노력 없이는 해결할 수 없다. 돌봄의 현장에서 나와 내가 속한 사회, 나아가 인간 너머의 세계를 돌보려 노력하는 사람들은 모두 최일선 공동체의 일원이며, 돌봄의 공백 속에서 나타나는 문제를 극복하기 위한 실천은 새로운 세계를 위한 투쟁의 최일선일 것이다.

주

돌봄은 진실을 묻는다 - 조한진희

1. 조한진희, 2020, "코로나와 젠더: 정의로운 돌봄을 향하여", 『포스트코로나 사회』, 글항아리., 조한진희, 2020년 봄호, 「코로나19, 이전으로 돌아가길 원하지 않는다」, 페미니즘교육잡지 《바꿈F》, 전교조여성위원회.

2. 한국여성민우회, 2020, 「돌봄 분담이요? 없어요, 그런 거: 89명의 여성 인터뷰와 1,253건의 언론보도를 통해 본 코로나19와 돌봄위기」, 『한국여성민우회 토론회 자료집』.

3. Asian Development Bank, *Asia's Journey to Prosperity: Policy, Market, and Technology Over 50 Years*, 2020. [강지남, 2021, 「2021 서울대학교 국제이주와 포용사회센터 국제 컨퍼런스 〈코로나19와 돌봄경제〉 리뷰1」에서 재인용.]

4. 김희래, 박동환, 2021-05-10, 「500만 맞벌이 비명에… '외국인 가사도우미' 검토 나섰다」, 《매일경제》.

우리의 목소리를 들어라 - 박목우

1. I. 매드저 & J.A 월턴, 2001, 『질병체험연구』, 신경림 외 옮김, 현문사, 82쪽.

2. 주디 챔벌린, 1997, 『On Our Own』, 이지은 옮김, 미간행, 131쪽.

3. 박미옥, 2020, 「정신장애인 당사자 운동에 참여한 정신건강사회복지사의 경험에 대한 연구」, 『제1회 전국 정신장애인 당사자 컨퍼런스 새로운 대안 자료집』 259-276.

4. 공병혜, 2017, 『돌봄의 철학과 미학적 실천』, 서울대학교출판문화원, 75쪽.

5. 공병혜, 앞의 책, 81쪽.

6. 김애령, 2020, 『듣기의 윤리』, 봄날의박씨, 76쪽.

7. 대니얼 피셔, 2020, 『희망의 심장박동』, 제철웅 외 옮김, 한울, 287쪽.

8. 대니얼 피셔, 앞의 책, 288-292쪽.

9. 샌드라 스타인가드 엮음, 2020, 『비판정신의학』, 장창현 옮김, 건강미디어협동조합, 295쪽.

10. 송승연, 2019-10-08, 「정신과적 증상인 '환청'이 '목소리'가 되었을 때」, 《가톨릭뉴스 지금여기》.

장애를 중심에 둔 돌봄사회 - 전근배

1. A. Ne'eman, 2020, "I Will Not Apologize for My Needs", The New York Times.

2. A. Wong, 2020, "I'm disabled and need a ventilator to live. Am I expendable

during this pandemic?", Vox.

3. 이민호, 2020, 「지체장애인 당사자 발표문」, 국가인권위원회대구인권사무소, 대구장애인차별철폐연대, 『코로나19 상황에서의 장애인 인권 상황과 대책마련을 위한 제언 토론회 자료집』, 13-14.

4. Siebers, T., 2008, *Disability Theory*. [토빈 시버스, 2019, 조한진·손홍일·이지수·정지웅·강민희·최복천 옮김, 『장애이론: 장애 정체성의 이론화』, 학지사.]

5. 국립재활원, 2016, 「장애와 건강통계」.

6. 보건복지부, 2018, 「2017년 장애인실태조사」.

7. 보건복지부, 앞의 자료.

8. 최용걸, 2020, 「코로나19 상황에서 복지협곡으로 떠밀리는 발달장애인과 그 가족의 삶」, 『코로나19와 장애인의 삶: 감염병 및 재난 장애인 종합대책 마련 토론회 자료집』, 국회의원 남인순·맹성규·박주민박홍근·배진교·장혜영·최혜영, 41-46.

9. 정부의 로드맵에 대한 전반적인 검토는 장애인 언론 《비마이너》에 2021년 8월 10일 기고한 「'탈시설로드맵', 문재인 정부의 선진국 흉내 내기」를 참고할 수 있다.

10. 노금호, 2015, 「중증장애인 자립생활 지원체계 강화를 위한 정책」, 『중증장애인 자립생활 지원체계 강화방안 토론회 자료집』, 한국장애인개발원.

11. Colin Barnes, 1991, *Disabled People in Britain and Discrimination: A case for anti-discrimination legislation*, Hurst.

12. Jim Elder-Woodward, 2001, Recent Initiatives: A service user's perspective; or, Farewell to Welfare – The perspective of an ungrateful bastard, 'MAKING SENSE OF COMMUNITY CARE', Community Care Providers Scotland

Conference, Sept, 2001 CCPS CONFERENCE, Sept 01.

13. Spinoza, B., 1670, *Political treatise*. [B. 스피노자, 2013, 황태연 옮김, 『정치론』, 비홍출판사.]

의존과 질병의 '정상성' – 조한진희

1. 야스토미 아유무, 2018, 『단단한 삶』, 유유.

2. 김진우, 2018-11-21, 「장애인 실수를 OK하는 조직, 실적도 높아져」, 《경향신문》.

3. 탐사기획부, 2018-09-03, 「[간병살인 154人의 고백] 간병은 전쟁이다, 죽어야 끝나는」, 《서울신문》.

4. 이영경, 2018-01-26, 「국가는 가족에, 가족은 비혼자에 떠넘겨… '돌봄의 민주화' 고민할 때」, 《경향신문》.

5. 이영경, 2018-01-26, 「나의 노후도 부모의 노후도 내몫… '화려한 싱글'의 삶은 멈췄다」, 《경향신문》.

6. 김원정, 임연규, 2020, 「코로나19를 계기로 돌아본 돌봄노동의 현주소」, 《한국여성정책연구원》.

7. 조한진희, 2017, "건강두레가 있다면", 『아파도 미안하지 않습니다』, 동녘.

돌봄이 노동이 될 때 – 오승은

1. 보건복지부, 「2020년 보육통계」, 국민건강보험공단, 「2020년 노인장기요양보험통계연보」.

2. 앞의 자료. 위 시기 기준 영유아 약 124만 명, 어르신 약 81만 명이다.

3. 보건복지부·한국보건사회연구원, 「2019년도 장기요양 실태조사」, 「2020년 보육통계」. 요양보호사의 약 96%, 보육교사의 약 99%가 여성이다.

4. 보건복지부·육아정책연구소, 「2018년 전국보육실태조사: 어린이집조사 보고」., 보건복지부, 「2019년도 장기요양 실태조사」., 고용노동부, 「2019 고용형태별근로실태조사 보고서」.

5. 보건복지부, 「2019년도 장기요양 실태조사」.

6. 고용노동부, 「2019 고용형태별근로실태조사」.

7. 보건복지부·육아정책연구소, 「2018년 전국보육실태조사: 어린이집조사 보고」.

돌봄 없이는 교육도 없다 - 채효정

1. 채효정, 2021, 「돌봄과 교육, 그 분리와 위계의 역사」, 《교육공동체벗》 59.

보살핌 윤리와 페미니즘 이론 - 정희진

1. 안드레아 마이호퍼, 2005, "38. 보살핌", 『여성주의 철학 2』, 앨리슨 재거, 한국여성철학회 옮김, 서광사, 85-96쪽.

2. 정희진, 권김현영, 루인, 류진희, 한채윤, 2016, 『양성평등에 반대한다』, 교양인.

3. 허연, 2003, 「출판저널」, 《대한출판문화협회》 337: 29.

4. 사라 러딕, 2002, 『모성적 사유』, 이혜정 옮김, 철학과현실사.

5. 사이토 고헤이, 『지속 불가능 자본주의: 기후 위기 시대의 자본론』, 김영현 옮김, 다다서재, 2021.

6. 안드레아 마이호퍼, 앞의 책, 94쪽.

7. Tronto, Joan., *Moral Boundaries: A Political Argument for an Ethics of Care*, New York: Routledge, 1993.

돌봄은 혁명이 되어야 한다 - 안숙영

1. Winker, Gabriele., 2011, "Soziale Reproduktion in der Krise - Care Revolution als Perspektive", *Das Argument* 292: 333-344., Winker, Gabriele., 2015a, "Care Revolution als feministsch-marxistische Transformationsperspektive", *Das Argument* 314: 536-539., Winker, Gabriele., 2015b, *Care Revolution: Schritte in eine solidarische Gesellschaft*, Bielefeld: Transcript Verlag., Winker, Gabriele., 2021, *Solidarische Care-Ökonomie: Revolutionäre Realpolitik für Care und Klima*, Bielefeld: Transcript Verlag.

2. 안숙영, 2020, 「독일에서의 젠더와 기본소득 논의」, 《EU연구》 55: 250.

3. 낸시 프레이저, 2017, 『전진하는 페미니즘: 여성주의 상상력, 반란과 반전의 역사』, 임옥희 옮김, 돌베개, 157-158쪽., 안숙영, 2020, 앞의 논문, 250-253.

4. 낸시 프레이저, 앞의 책, 187쪽.

5. Winker, Gabriele., 2015a, 앞의 논문, 537.

6. Statistisches Bundesamt, 2021, "Bevölkerung: Haushlate und Familien", https://www.destatis.de/DE/Home/_inhalt.html.

7. Netzwerk Care-Revolution, 2021, "Geschichte und Gründung des Care

Revolution Netzwerk", https://care-revolution.org/geschichte.

8. Netzwerk Care-Revolution, 2021, "Resolution der Aktionskonferenz Care Revolution: Vor der Care Revolution kommt die Care Resolution", https://care-revolution.org/veroeffentlichungen.

9. Netzwerk Care-Revolution, 2021, "Regionale Vernetzungen", https://care-revolution.org/regionale-vernetzungen.

10. Winker, Gabriele., 2015a, 앞의 논문., Winker, Gabriele., 2015b, 앞의 책., Winker, Gabriele., 2021, 앞의 책.

11. Schrader, Kathrin., 2014, "Warum Care Revolution?" *Widersprüche* 34(4): 59.

12. 세르주 라투슈, 2014, 『탈성장사회: 소비사회로부터의 탈출』, 양상모 옮김, 오래된생각, 111-112쪽.

13. Bücker, Teresa., 2020, "Zeit, die es braucht: Care-Politik als Zeit-Politik", *Aus Politik und Zeitgeschichte* 45: 8-9.

14. 니코 페히, 2015, 『성장으로부터의 해방: 탈성장 사회로 가는 길』, 고정희 옮김, 나무도시.

15. 자코모 달리사·페데리코 데마리아·요르고스 칼리스 엮음, 2018, 『탈성장 개념어 사전: 무소유가 죽음이 아니듯, 탈성장도 종말이 아니다』, 강이현 옮김, 그물코.

16. 바르바라 무라카, 2016, 『굿 라이프: 성장의 한계를 넘어선 사회』, 이명아 옮김, 문예출판사, 54-59쪽.

17. Birkenstock, Maren, Sabine Carl, Mike Korsonewski und Carla Wember., 2017, "Ein Gutes Leben für Alle?: Postwachstum Meets Gender", *Feministische Studien* 2: 370-373.

18. Birkenstock, Maren, Sabine Carl, Mike Korsonewski und Carla Wember., 2017, 앞의 논문.

19. 이하 미즈의 논의에 대한 설명은 다음 논문에 주로 의존하고 있다. 안숙영, 2021, 「성장의 한계를 둘러싼 독일에서의 논의와 젠더적 함의: 마리아 미즈의 빙산 모델을 중심으로」,《세계지역연구논총》 39(2): 53-81.

20. Mies, Maria., 2010, *The Village and the World: My Life, Our Times*, North Melbourne: Spinifex Press, 176-177.

21. 마리아 미즈, 베로니카 벤홀트-톰젠., 2013, 『자급의 삶은 가능한가: 힐러리에게 암소를』, 꿈지모 옮김, 동연출판사, 55쪽.

22. 마리아 미즈, 2014, 『가부장제와 자본주의: 여성, 자연, 식민지와 세계적 규모의 자본축적』, 최재인 옮김, 갈무리, 442쪽.

23. 한국경제연구원, 2021, 「한국, 연평균 저출산·고령화 속도 OECD 37개국 중 가장 빨라」.

24. Lutz, Helma, 2010, "Unsichtbar und unproduktiv? Haushaltsarbeit und Care Work: Die Rückseite der Arbeitsgesellschaft", *Österreichische Zeitschrift für Soziologie* 35: 23-37.

25. 백영경, 2017, 「커먼즈와 복지: 사회재생산 위기에 대한 통합적 접근을 위한 시론」,《환경사회연구 ECO》 21(1): 111-143., 백영경, 2020, 「탈성장 전환의 요구와 돌봄이라는 화두」,《창작과 비평》 48(3): 36-48.

26. Seidl, Irmi und Angelika Zahrnt(Hrsg.), 2019, *Tätigsein in der Postwachstumsgesellschaft*, Marburg: Metropolis.

27. 안숙영, 2017, 「젠더와 돌봄: 남성의 돌봄 참여를 중심으로」,《한국여성학》 33(2): 107-136., Scholz, Sylka und Andreas Heilmann(Hrsg.), 2019, *Caring Masculinities? Männlichkeiten in der Transformation kapitalistischer Wachstumsgesellschaften*, München: oekom Verlag.

28. Elliott, Karla, 2016, "Caring Masculinities: Theorizing an Emerging Concept", *Men and Masculinities* 19(3): 240-259.

29. 안숙영, 2017, 앞의 논문, 127-128.

30. Schnerring, Almut und Sascha Verlan, 2020, *Equal Care - Über Fürsorge und Gesellschaft*, Berlin: Verbrecher Verlag.

국경을 넘는 여자들 - 김현미

1. 나혜심, 2020, 「돌봄노동이주의 역사적 기원」, 《서양사론》 144.

2. Yusuf Abdu Misau, Nabilla Al-Sadat, and Adamu Bakari Gerei., 2010, "Brain-drain and health care delivery in developing countries", *Journal of Public Health Africa* 1(1): 20-21.

3. Salami, Bukola and Nelson, Sioban., 2014, "The downward occupational mobility of internationally educated nurses to domestic workers", *Nursing Inquiry* 21(2): 153-161.

4. Oishi, Nana., 2020, "Skilled or unskilled?: The reconfiguration of migration policies in Japan", *Journal of Ethnic and Migration Studies*.

5. Kofman, Eleonore et.al, eds, 2000, *Gender and International Migration in Europe: Employment, Welfare and Politics*, Routledge.

6. Tavernise, Sabrina., 2003, "Women Redefine their Roles in New Russia", *The Russia Journal*.

7. Pratt, Geraldine., 2004, *Working Feminism*, Edinburgh University Press.

8. 김현미, 2010, 「글로벌 신자유주의 경제 질서와 이동하는 여성들」, 《여성과

평화》5.

9. Kelly P, M Astorga-Garcia., 2009, "Explaining the deprofessionalized Filipino: Why Filipino immigrants get low paying jobs in Toronto", *CERIS Working Paper No. 75.*

10. Sassen, Saskia., 1998, *Globalization and Its Discontents*, New York: The New Press.

11. 김현미, 2021, "영화 〈기생충〉의 여성은 어떻게 '선'을 넘는가: 계급주의의 불안과 젠더," 아시아 미 탐험대, 『일곱 시선으로 들여다본 기생충의 미학』, 서해문집, 240-270쪽.

12. Lydia Lam, 2021, "Woman admits killing maid; starved her to 24kg and assaulted her almost daily in 'utterly inhumane' case", CNA.

13. 앨리 러셀 혹실드, 2016, 『가족은 잘 지내나요?: 현대 가족의 일과 삶과 사랑의 공감 지도 그리기』, 이계순 옮김, 이매진.

14. 이혜진, 김현미, 2021, 「고령 이주민의 돌봄의 자격: 일본 고베정주외국인지원센터(KFC)의 고령 이주민 지원 사례를 중심으로」, 《민족연구》 78: 138-171.

15. Elson, Diane., 2017, "Recognize, Reduce, and Redistribute Unpaid Care Work: How to Close the Gender Gap," *New Labor Forum* 26(2): 52-61

지구의 성장이 멈추는 곳에서 돌봄이 시작된다 - 백영경

1. 김리안, 2022-02-06, 「구글, 공급망 위험요인에 '산불' 추가⋯ "기후변화 위협적"」, 《한경 ESG》.

2. 강경석, 김선철, 정건화, 채효정, 2020, 「기후위기와 체제전환」, 《창작과비평》 48(4): 223-251.

3. Sultana, F., 2021, "Critical climate justice", *The Geographical Journal* 1-7.

4. Brand, U., & Wissen, M., 2012, "Global environmental politics and the imperial mode of living: articulations of state-capital relations in the multiple crisis", *Globalizations* 9(4): 547-560.

5. Dengler, C., & Seebacher, L. M., 2019, "What about the Global South? Towards a feminist decolonial degrowth approach" *Ecological Economics* 157: 246-252.

6. 라셀 살라자르 파레냐스, 2009, 『세계화의 하인들: 여성, 이주, 가사노동』, 문현아 옮김, 여성문화이론연구소.

7. Feminisms and Degrowth Alliance(FaDA), 2020, "Collaborative feminist degrowth: pandemic as an opening for a care-full radical transformation."

8. 조기현, 2021-08-17, 「'돌봄의 화폐화'에 대한 단상」, 《생태적지혜》.

9. Dengler, C., & Lang, M., 2021, "Commoning Care: Feminist Degrowth Visions for a Socio-Ecological Transformation", *Feminist Economics* 1-28.

10. Knobloch, U., 2013, *Geschlechterverhältnisse in Wirtschaftstheorie und Wirtschaftspolitik*. Widerspruch: Beiträge zu sozialistischer Politik 62: 60-65. [Dengler, C., & Lang, M., 2021에서 재인용.]

11. 여성노동자회×전국여성노동조합, 2022, 「2022 20대 대선, 여성노동자가 제안하는 대선의제 성평등 노동 가치 실현을 위한 사회적 대전환을 위하여」.

12. Butt, M. N., Shah, S. K., & Yahya, F. A., 2020, "Caregivers at the frontline of addressing the climate crisis" *Gender & Development* 28(3): 479-498.

13. Fernandez-Bou, A. S., & Ortiz-Partida, J. P., "challenges, 3 errors, and 3 solutions to integrate frontline community needs in climate change policy and research."

14. Dhillon, J., 2018, "Introduction: Indigenous resurgence, decolonization, and movements for environmental justice", *Environment and Society* 9(1): 1-5.

15. Dolan, P., 2020, "Inclusion of Frontline Communities in the Sunrise Movement", Brandeis University.

16. 기후 정의 행동 참여자 일동, 2021-10-14, 「기후위기 최전선에 선 우리가 대안이다, 우리가 희망이다」.

17. 탄소중립시민회의, 2021-08-06, 「'시민참여'를 가장한 비민주적 논의 규탄한다」.

18. 낸시 프레이저, 2017, 「자본과 돌봄의 모순」, 《창작과비평》 45(1): 329-353.

돌봄이 돌보는 세계

취약함을 가능성으로, 공존을 향한 새로운 질서

ⓒ 김창엽·김현미·박목우·백영경·안숙영·염윤선·오승은·전근배·정희진·조한진희·채효정, 2022. Printed in Seoul, Korea

초판 1쇄 펴낸날	2022년 8월 5일
초판 4쇄 펴낸날	2023년 12월 22일
기획	조한진희×다른몸들
지은이	김창엽·김현미·박목우·백영경·안숙영·염윤선·오승은·전근배·정희진·조한진희·채효정
펴낸이	한성봉
편집	최창문·이종석·오시경·권지연·이동현·김선형·전유경
콘텐츠제작	안상준
디자인	권선우·최세정
마케팅	박신용·오주형·박민지·이예지
경영지원	국지연·송인경
펴낸곳	도서출판 동아시아
등록	1998년 3월 5일 제1998-000243호
주소	서울시 중구 퇴계로30길 15-8 [필동1가 26]
페이스북	www.facebook.com/dongasiabooks
전자우편	dongasiabook@naver.com
블로그	blog.naver.com/dongasiabook
인스타그램	www.instargram.com/dongasiabook
전화	02) 757-9724, 5
팩스	02) 757-9726
ISBN	978-89-6262-444-1 03330

※ 잘못된 책은 구입하신 서점에서 바꿔드립니다.

만든 사람들

책임편집	조연주
디자인	정명희
크로스교열	안상준
표지그림	한차연
본문조판	최세정